U0495102

塑造现代经济的100大发明（下）

The Next Fifty Things That Made the Modern Economy

[英] 蒂姆·哈福德
（Tim Harford） 著
杨静娴 译

中信出版集团 | 北京

图书在版编目（CIP）数据

塑造现代经济的 100 大发明 . 下 /（英）蒂姆·哈福德著；杨静娴译 . -- 北京：中信出版社，2022.6

书名原文：The Next Fifty Things That Made the Modern Economy

ISBN 978-7-5217-3674-8

I. ①塑… II. ①蒂… ②杨… III. ①经济学－通俗读物 IV. ① F0-49

中国版本图书馆 CIP 数据核字（2021）第 213880 号

塑造现代经济的 100 大发明（下）
著者：［英］蒂姆·哈福德
译者：杨静娴
出版发行：中信出版集团股份有限公司
（北京市朝阳区惠新东街甲 4 号富盛大厦 2 座 邮编 100029）
承印者：宝蕾元仁浩（天津）印刷有限公司

开本：880mm×1230mm 1/32 印张：11 字数：376 千字
版次：2022 年 6 月第 1 版 印次：2022 年 6 月第 1 次印刷
京权图字：01-2020-6566 书号：ISBN 978-7-5217-3674-8
定价：58.00 元

服务热线：400-600-8099
投稿邮箱：author@citicpub.com

蒂姆·哈福德

《卧底经济学》

《谁赚走了你的薪水》

《亲爱的卧底经济学家》

《试错力》

《卧底经济学家反击战》

《混乱》

献给　弗兰

目录

序言 铅笔 VII

第一部分 不要被简单的外表欺骗

1 砖头 003
2 工厂 009
3 邮票 013
4 自行车 019
5 眼镜 024
6 罐头食品 029
7 拍卖 035

第二部分 给梦想贴上价签

8 郁金香 043
9 王后御用瓷器 048
10 香烟广告 053
11 缝纫机 057
12 邮购目录 062
13 快餐连锁店 067
14 筹款行动 072
15 圣诞老人 077

第三部分 金钱似水流

16 环球银行金融电信协会（SWIFT） 085
17 信用卡 090
18 股票期权 096
19 维克瑞的旋转栅门 102
20 区块链 108

第四部分 隐形的系统

21 可互换零件 115
22 射频识别 120
23 接口信息处理机 125
24 全球定位系统 130

第五部分 秘密与谎言

25 活字印刷机 137
26 卫生巾 143
27 闭路电视 149
28 色情作品 154
29 禁令 160
30 “点赞” 165

第六部分

同心协力

31 木薯加工 173
32 养老金 178
33 QWERTY 键盘 183
34 朗式蜂箱 188
35 水坝 193

第七部分

地球没有备份

36 火 201
37 石油 206
38 橡胶硫化工艺 211
39 沃德箱 216
40 玻璃纸 221
41 回收利用 226
42 矮秆小麦 230
43 太阳能光伏 235

第八部分

我们的机器人帝国

44 霍列瑞斯穿孔制表机 243
45 陀螺仪 248
46 电子数据表 253
47 聊天机器人 258
48 立方星 263
49 老虎机 268
50 国际象棋算法 273

注释 281

序言

铅笔

19 世纪伟大的美国散文家亨利·戴维·梭罗（Henry David Thoreau）曾列出一份详尽的旅行用品清单，其中包括那些显而易见的必备物品，如帐篷和火柴，再加上绳索、旧报纸、卷尺和放大镜，此外还包括用来做笔记和写信的纸张和邮票。但奇怪的是，他竟然忘了提及自己列清单时所使用的铅笔。[1] 更奇怪的是，你也许不知道，梭罗和他的父亲正是靠着制造高质量铅笔赚了大钱。[2]

铅笔似乎难逃被人们忽视的命运，这使得它在很久之前就成为一个绝佳选择，被编进了下面这则老谜语："出身于矿井，关进小木房，从未被放出，人人用我忙。"从未有人宣称"铅笔比刀剑更强大"①——至少只要橡皮擦存在一天，就没人敢这么说。

但惨遭忽视恰恰是我喜欢铅笔的原因。我天生就喜欢欣赏那些

① 作者此处借用著名俚语"笔比刀剑更强大"（The pen is mightier than the sword.）作为对比，以获得幽默效果。——译者注

被人们习惯性地视而不见的东西。从砖头到“点赞”按钮，从玻璃纸到卫生巾，本书中罗列的种种发明，常常是人们习以为常因而不以为意之物。这些发明的故事很少被人讲述，它们可能蕴含的经验教训也很少被人吸取。这就是我讲述这些故事的初衷，因为我觉得，与探讨诸如蒸汽机或电脑等众所周知的科技突破相比，这些故事及其蕴含的经验教训也许可以带来更多启迪。

在选择本书介绍的50项发明时，我旨在讲述一些出人意料的故事，向你展示这些创意和构想如何为我们带来令人着迷的影响。已经有众多的书描写了那些改变世界的发明，我希望本书所介绍的发明，能改变你对我们所在的世界的看法。

显然，再没有比这支备受忽视的卑微铅笔更好的开场之物了。我们甚至没有给它一个合理的名字。英语的“铅笔”（pencil）一词源自拉丁语单词*penis*，其原本的意思是——好啦，好啦，别激动——“尾巴”（tail）①。这是因为古罗马人用来写字的毛笔是以动物尾巴上的一簇毛制成的。

“铅笔”不需要墨水就能达到毛笔的效果。不过，也许有必要再提一句所谓的“铅”芯——因为铅芯实际上是由石墨制成的。把石墨嵌进木条的想法大概已有450年的历史。然而在两个多世纪之后，《大英百科全书》仍将“铅笔”定义为一种毛笔，就像西塞罗②或塞涅卡③可能使用过的一样。[3]

---

① penis在当代英语中为“男性生殖器”，作者此处借此双关语意获得幽默效果。——译者注

② 马尔库斯·图利乌斯·西塞罗（Marcus Tullius Cicero），公元前106—前43年，古罗马著名政治家、哲人、演说家和法学家。——译者注

③ 卢修斯·阿奈乌斯·塞涅卡（Lucius Annaeus Seneca），约公元前4—65年，古罗马政治家、斯多葛派哲学家、悲剧作家、雄辩家。——译者注

不过，铅笔确实有一些拥趸。研究铅笔的历史作家亨利·波卓斯基（Henry Petroski）指出，铅笔笔迹可以擦除，这使得它对设计师和工程师来说不可或缺。用他的话来说，“墨水是思想出街时遮瑕的化妆品，而石墨则是它们丑陋的真面目”。[4]

此外，美国经济学家伦纳德·里德（Leonard Read）也是铅笔的拥护者之一，他还是小政府和自由市场经济原则的积极倡导者。1958 年，里德发表了一篇以铅笔自述的口吻写就、题为《铅笔的故事》（I, Pencil）的散文。如果说在前面那则古老的谜语中，铅笔看上去安于默默无闻，那么里德文章中的铅笔则是一个略带戏剧性、循循善诱的自由主义者：“你如果能意识到我所蕴含的奇迹，就能帮助人类挽回正在不幸失去的自由。”[5]

里德文章中的铅笔很清楚自己一眼望去并无惊人之处：“把我拿起来仔细端详，你看到了什么？没什么呀——无非是些木头、漆、印制的标签、石墨，还有一丁点金属和一小块橡皮。”然而，铅笔接下来细数自己的家谱：它的诞生始于一棵雪松，而砍伐和运输这棵松树需要动用锯子、斧头、汽车、绳子和一列火车；它的石墨来自锡兰（今天的斯里兰卡），还要与密西西比黏土和硫酸混合在一起，再加上动物脂肪和许多其他成分。千万不要让铅笔打开话匣子，再来详细描述它身上所涂的六层漆、黄铜套圈或是橡皮擦——它一定会告诉你，用来制造橡皮擦的可不是橡胶，而是用氯化硫与菜籽油反应得出的物质，用产自意大利的浮石来增强擦除能力，再以硫化镉染成粉红色。[6]

至于那个长期以来令人迷惑的问题，即人们如何把石墨嵌入木材，它的神奇答案又是什么呢？诀窍是将雪松木切割成一块块薄薄的板材，在烘干炉中烘干，然后在板条上开出一排凹槽。一开始，凹槽是方形的，以便于用手切割。现在，它们则被用机器精密加工成半圆截面。[7] 在石墨圆柱棒被放置到凹槽中之后，再在板材上面粘上另一块有凹槽的木板（这次是底部有凹槽），做成“石墨三明治”，然后沿石墨棒的方向把板材切成细木条。这些木条就是尚未成形的铅笔，然后再抛光、上漆，就大功告成了。[8]

所有这一切，都是为了生产出一支售价仅为几便士的铅笔——一盒 150 支的铅笔零售价格为 14.99 英镑——我们大多数人对此根本不会在意。

但是里德文章中那支勇敢的铅笔毫不气馁，它从自己复杂的国际供应链和精密的制造过程得出了一个激动人心的结论：

“让一切创造性的活力不受妨碍地发挥出来……要相信，自由的男男女女会对那只看不见的手做出反应。这种信念将会得到证实的。”[9]

经济学家米尔顿·弗里德曼（Milton Friedman）——诺贝尔经济学奖得主、自由市场的倡导者和超凡的经济学思想传播者——在其 1980 年的系列电视节目《自由选择》（*Free to Choice*）中引用了里德的文章，从而使这篇文章声名大噪。弗里德曼从看似不起眼的小小铅笔那令人生畏的复杂起源中吸取了同样的教训。这是一个惊人的证据，证明了市场力量能够协调大量人力，而无须有人来主宰：

“没有一个人专门坐在中央办公机构对这成千上万的人发布命令，一切都拜价格体系的魔力所赐。”[10]

回到 500 年前，你已经能看到价格体系的魔力开始发挥作用。石墨最早是在英国湖区被发现的。根据传说，一场猛烈的风暴将风景优美的博罗代尔山谷中的树木连根拔起，树根盘结处附着一种奇怪的、亮闪闪的黑色物质，最初被称为“黑铅”。[11]它有什么用途吸引人们来投资采矿吗？有的。石墨很快就被用作“标记石”，正如下面这位伦敦街头小贩在3个世纪前大声吆喝的那样：

> 来买标记石啊，标记石等着你买；
> 使用它们好处多，三言两语说不完；
> 红色标记石传喜讯，还有黑铅供你选。[12]

因为石墨既柔软又耐高温，所以它也被用来铸造炮弹。因此，它很快成为一种宝贵的资源。虽然没有它的矿物表亲钻石（石墨和钻石的成分都是碳）那么昂贵，但其价值也足以让开采石墨的矿工在下班换衣服时需要接受武装警卫的监督，以免他们偷偷夹带走一块矿石。[13]

到了18世纪末，法国铅笔制造商心甘情愿地花钱进口产自博罗代尔的优质石墨。但随后，由于英法战争爆发，英国政府明智地决定不能让法国人轻易制造出炮弹投向己方，法国的铅笔制造商惨遭池鱼之殃。此时，法国陆军军官、气球驾驶员、冒险家（以及铅笔工程师）尼古拉斯–雅克·孔戴（Nicholas-Jacques Conté）闪亮登场。孔戴煞费苦心地发明了一种方法，用黏土和欧洲大陆产低品位石墨粉混合制成铅笔芯。作为对其成果的认可，法国政府授予他一项专利。

事实证明，伦纳德·里德文章中那支充满英雄气概的铅笔身世之复杂，甚至超过它所承认的。但这个背景故事里的一些细节让我们不禁怀疑，里德的铅笔是否拥有充足的理由为其自由市场血统而无比自豪。如果没有考虑过可能会获得国家专利，孔戴先生还会为铅笔芯的配方实验投入如此多的精力吗？也许会，也许不会。经济学家约翰·奎金（John Quiggin）提出了另一个不同的反对意见：虽然里德的铅笔着力强调了它原产森林和铁路运输的历史，但森林和铁路通常是由政府拥有和管理的。[14]

此外，尽管弗里德曼说得很对，世界上没有主宰铅笔生产的沙皇，但即使在自由市场经济中，也存在等级制度。另一位诺贝尔奖得主，弗里德曼的同事罗纳德·科斯（Ronald Coase）深入探索了这一洞见。伦纳德·里德文章中那支滔滔不绝的铅笔是由埃伯哈德·法贝尔公司（Eberhard Faber）制造的，该公司现在隶属于纽威尔·罗勃梅德公司（Newell Rubbermaid），与任何一家企业集团一样，其员工听命于老板的指示，而不是市场价格。

因此，在实际生活中，铅笔是一个混乱的经济体系的产物，在这个体系中有政府的一席之地，同时公司的等级制度使许多工人远离弗里德曼所称的“价格体系的魔力”。伦纳德·里德认为，一个纯粹的自由市场会更好，这种观点或许完全正确，但他的铅笔并没有证明这一点。

不过，它确实提醒我们，生产日常物品的过程极其复杂，尽管这些物品的价值往往被我们忽视。这些物品价格低廉，品质可靠，为我们组装它们的经济体系无疑是一个让人难以置信的系统，并挑战着我们的理解力。不过，作为探索的第一步，我们不妨仔细审视某一件日常用品，比如信用卡、麦当劳汉堡、一罐烤豆，或是一件T恤上的RFID（射频识别）标签。每一件物品都会开启一个故事，并带给你意想不到的联系和饶有趣味的结局。

简言之，如果我们希望努力了解现代经济，里德的铅笔为我们指明了方向。

第一部分

不要被简单的外表欺骗

1
砖头

“我来时，罗马是一座砖石之城，我走后，留给后世一座大理石的城市。”

据说，这是两千多年前古罗马帝国开国皇帝恺撒·奥古斯都（Caesar Augustus）的豪言壮语。如果他确实说过这样的话，那么他就是在夸大其词：[1] 古罗马确实是一座砖头建造的城市，但它并未因此而失色半分。

奥古斯都因此也成为一个悠久传统的一部分，那就是诋毁或忽视一种最古老、用途最广泛的建筑材料。罗马伟大的建筑师和作家维特鲁威（Vitruvius）对它只是顺口一提。[2] 德尼·狄德罗（Denis Diderot）于 1751 年出版的法文巨著《科学、美术与工艺百科全书》（*Encyclopaedia of the Sciences, Arts and Crafts*）激发了亚当·斯密的灵感，让他写下了关于扣针工厂的著名描述[3]——不过，狄德罗并没有屈就费心，在自己的书里放入有关制砖的任何图像。[4]

那是因为砖头实在是太简单了：几千年来，人们一直无师自通地用砖头建造各种东西，从简单的结构到宏伟的大型建筑物。巴比伦的空中花园是用砖石砌成的，《圣经》中的巴别塔（Babel）① 也是如此。《圣经·旧约·创世记》第 11 章第 3 节写道：“来吧，我们要作砖，把砖烧透了。他们就拿砖当石头。”[5] 到了第 5 节，耶和华降临，对这一切体现出的狂妄自大极其不满意，于是钟爱砖石的巴别城公民遭到了惩罚。

正如詹姆斯·坎贝尔（James Campbell）和威尔·普赖斯（Will Pryce）在其有关砖砌建筑历史的著作中所指出的那样，这些谦逊的长方体无处不在。[6] 地球上最大的人造结构，中国的明长城主体是由砖块建造的。缅甸令人惊叹的蒲甘神庙、波兰壮观的马尔堡城堡、意大利锡耶纳市政厅和佛罗伦萨主教座堂、伊朗伊斯法罕的桥梁，以及伦敦西部的汉普顿宫，所有这些都是砖砌建筑。还有世界上最伟大的教堂，包括伊斯坦布尔的圣索菲亚大教堂，最著名的摩天大楼，例如曼哈顿的克莱斯勒大厦，乃至泰姬陵，莫不是如此。砖头，砖头，全是砖头。弗兰克·劳埃德·赖特 ② 曾经夸下海口说，给他一块砖，他能够使其拥有等重黄金的价值。[7]

这一切的历史源远流长。砖块似乎自文明诞生之日起就与我们同在——现存最古老的砖块是考古学家凯瑟琳·肯扬（Kathleen Kenyon）于 1952 年在约旦的耶利哥发现的。这些砖块已有

---

① 巴别塔也被意译为通天塔，出自《圣经·旧约·创世记》。当时，人类语言互通，于是联合起来兴建希望能通往天堂的高塔。为了阻止人类的计划，上帝让人类说不同的语言，使人类相互之间不能沟通，计划因此失败，人类自此各奔东西。——译者注

② 弗兰克·劳埃德·赖特（Frank Lloyd Wright）是美国建筑师、室内设计师、作家、教育家，被誉为美国最伟大的建筑师之一，在世界上享有盛誉。——译者注

9600~10300年的历史，只是一块块在阳光下烘干的土坯，然后垒在一起，并用泥浆黏合。[8]

砖块向前发展的另一个重要步骤是简单的砖模，砖模同样起源于美索不达米亚，至少已有7000年的历史，埃及底比斯的一幅墓葬画对此也有着非常清晰的描绘。砖模是一个木制的矩形，有四个侧板，但没有顶板或底板，人们可以在其中填满黏土和稻草，从而更快地制出更精确的泥砖。这些模具制造起来显然并非易事，因为它们早于金属的使用，一旦被制造出来，立刻使泥砖更加便宜，品质也更好。[9]

即使在干燥的气候下，晒干的泥砖也通常难以持久。烧制的砖块则更加耐用，它们更坚固，并且能够防水。好几千年前，人们就已经学会在大约1000摄氏度的高温下加热黏土和沙子来烧制砖块，不过当时造价很高。据乌尔第三王朝①的记载（可追溯到4000多年前），一块银子大概可以购买14400块泥砖，但只能购买504块烧制的黏土砖——也就是说，每一块烧制的黏土砖可换取将近29块泥砖。大约1500年后，到了巴比伦时代，砖窑的技术得到了改善，烧制的黏土砖价格降到了2块到5块泥砖的水平。[10]

对于许多人来说，这个价格仍然太贵了，因此便宜并且易得的泥砖也许仍然是世界上建造房屋最流行的材料。[11]但是，正如诺贝尔奖得主、经济学家阿比吉特·班纳吉（Abhijit Banerjee）和埃斯特·迪弗洛（Esther Duflo）所观察到的那样，烧制的砖头可能成为一个极度贫困的家庭储蓄的有效途径。如果你有一点点钱，可以

① 乌尔第三王朝又称为新乌尔帝国，是苏美尔城邦乌尔建立的第三王朝，并在公元前2112—前2004年统治整个美索不达米亚。——译者注

买一两块砖。然后，一点一点，慢慢地，你就会拥有一座更坚固的房子。[12]

砖就像轮子和纸张一样，是一种似乎无法从根本上加以改进的古老技术。爱德华·多布森（Edward Dobson）在他的《砖瓦制造技术初步论述》（*Rudimentary Treatise on the Manufacture of Bricks and Tiles*）第14版中写道："无论在任何地方制造，砖的形状和尺寸都没有太大差异。"[13] 砖之所以会是现在的尺寸，原因很简单：它必须适合人手抓取。至于其形状，则是因为如果宽度是长度的一半，那么用它来建筑会简单便捷。

正是这个原因，如果你近距离观察一些看起来截然不同、呈现鲜明文化特色的建筑物，例如乌兹别克斯坦的卡兰清真寺尖塔、英格兰的赫斯特蒙索城堡，以及中国苏州的双塔，就会发现建造它们的砖块全都大同小异。恰恰是因为砖块如此整齐划一，才能用它们建造出如此风格多样的建筑——当孩子们开始玩乐高的时候，所有父母都会发现这一点。

顺便说一句，乐高公司曾指出，它生产的塑料积木不需要回收，因为这些塑料方块几乎可以无限期地重复利用。乐高玩具砖具备的这些特性在真正的砖块身上体现得更明显。由于相互锁扣，乐高积木之间的契合需要很高的精度——其次品率仅有百万分之十八。[14] 但是，依靠砂浆黏结在一起的砖块具有更高的容错性。许多中世纪建筑，例如英格兰的圣奥尔本斯大教堂，完全是重复使用罗马砖建造而成的。为什么不呢？

"砖块十分经久耐用，"斯图尔特·布兰德（Stewart Brand）在他的著作及系列电视节目《建筑如何学习》（*How Buildings Learn*）中指出，"它们几乎可以永存。它们粗糙的表面历经数百年岁月的打磨，散发着迷人的光泽。”[15]我自己的房子是一栋19世纪中叶的砖砌建筑，现在有一个大大的玻璃后门。为了在墙壁上开出装玻璃门的位置，我们取走了一些砖块。然后，我们将这些砖与其他回收来的砖块放在一起，再用这些零散收集来的砖块扩建房屋。

在世界许多地方，人们仍然使用传统的生产方法来制砖。例如在印度，手工砖的烧制一般还在使用古老的沟窑——在一道长长的沟内铺满待烧的砖坯，几乎可以使用任何燃料完成烧制，每天可生产30000块砖。这种方法可能非常浪费燃料并且污染严重，但它使用的是本地的劳动力和材料。[16]

不过，制砖的大部分工作正在逐步实现自动化：黏土使用液压铲来挖掘，缓慢的传送带通过长长的隧道砖窑运送砖块，叉车将精确堆叠的砖块托盘运到所需地点。这些自动化技术正在使得砖块的价格逐步降低[17]。

但建筑工地的自动化进程十分缓慢：由于天气和每个工地的独特需求，训练有素的工人仍然是必需的。长期以来，瓦工一直被认为是熟练手工劳动尊严的象征，瓦工工具自17世纪以来也几乎没有改变。但是，正如许多其他专业一样，有迹象表明机器人可能正在进军砌砖业。一位人类瓦工师傅一天可以砌300~600块砖，而设计师声称，一种名为SAM（Semi-Automated Mason）的半自动化泥瓦匠机器人可以做到每天砌3000块砖。[18]

那么，砖本身是否发生了什么变化？各种像乐高那样的互锁砖设计在建筑行业风行一时：这种砖的强度和防水性不如传统的砖头和灰浆组合，但砌起来更快，造价也更便宜。[19]而且，既然已经有了砌砖机器人，为什么不给它们设计更大的手，从而制造出块头更大的砖头？砌砖机器人Hadrian X就是一个可以堆砌巨大砖块的机器臂，而以前，任何人类瓦工都无法砌这么大的砖块。

不过，也许我们不应该高兴得太早。SAM 的前身，机器泥瓦匠（Motor Mason）早在 1967 年就曾试图实现类似的功能。[20] 也许瓦工这个行业还会存在更长一段时间。至少，砖头肯定会。

2
工厂

意大利西北部的皮埃蒙特大区以盛产美酒而闻名。不过在18世纪初，一位年轻的英国人约翰·隆贝（John Lombe）前往那里，并不是为了品尝当地名产巴罗洛（Barolo）葡萄酒。他的目的是从事工业间谍活动。隆贝希望弄清楚皮埃蒙特人是如何把蚕丝合股捻成强力丝线的。当时，泄露这些秘密是非法的，因此隆贝在天黑后溜进一个作坊，借着烛光勾画出捻丝机的图样。1717年，他带着这些图样回到了位于英格兰中心的德比。[1]

据当地的传说，意大利人对隆贝进行了可怕的报复，派出一名女杀手暗杀了他。不管真相是否如此，隆贝确实在其意大利冒险之旅仅仅几年之后就突然去世，年仅29岁。

尽管隆贝可能仿造了意大利人的捻丝机，但他和他同父异母的兄弟托马斯使用这种机器的方式完全是原创的。隆贝兄弟是纺织品经销商，他们发现，一种被称作加捻生丝的强力丝线供不应求，因此决定扩大其生产规模。

在德比的中心，湍急的德文特河旁边，隆贝兄弟建造了一座建筑（该建筑在全世界范围内被仿效），这是一栋狭长的五层楼高建筑，其外立面是一排排格子状的大窗户。建筑中摆放了三台大型机器，由一个 7 米高的水车驱动。历史学家乔舒亚·弗里曼（Joshua Freeman）曾指出，这是规模上的巨大变化，雷鸣般地宣告了大型工厂时代的来临。[2]

这座建筑还见证了德比丝绸厂长达 169 年的有效运转，工厂仅会在周日和干旱期间暂时停工（旱情会让德文特河的水位过低，水流缓慢）。在此期间，世界经济增长了三倍多，[3] 而工厂对实现这种增长做出了主要贡献。学者们也注意到这一点。《鲁滨孙漂流记》的作者丹尼尔·笛福曾来到丝绸厂并着迷地观察这一奇观。亚当·斯密 1776 年出版的《国富论》则以对一家扣针工厂的描述开篇。[4]30 年后，威廉·布莱克①在其诗中写下了“黑暗的撒旦磨坊”的名句。[5]

从那以后，对工厂恶劣条件的担忧从未消退。1811 年建成的“圆形工厂”（Round Mill）距德比丝绸厂不远，以杰里米·边沁（Jeremy Bentham）著名的环形监狱（Panopticon）为蓝本建造，在那里工作的人永远都不知道自己是否正在受到监视。尽管这种圆形设计并没有流行开来，但是对工人不间断的监督成为普遍的做法。[6]

批评者声称，工厂对工人的剥削不亚于邪恶的奴隶制——这种

---

① 威廉·布莱克（William Blake）生于 1757 年 11 月 28 日，卒于 1827 年 8 月 12 日，是英国诗人、画家，浪漫主义文学代表人物之一。其长诗《弥尔顿》（*Milton, a Poem*）的自序短诗后被休伯特·帕里爵士（Sir Hubert Hastings Parry）谱上音乐，改名为《耶路撒冷》，成为英国最受欢迎的赞歌之一。“黑暗的撒旦磨坊”即出自该诗。——译者注

论调在当时和现在都令人震惊。1832 年，在参观了曼彻斯特的工厂之后，小说家弗朗西斯·特罗洛普写道，工厂的条件与种植园奴隶的工作条件相比“无可争议地更为严酷”。[7] 的确，19 世纪 50 年代，许多工厂的招募马车游走于马萨诸塞州乡村地区，希望说服那些“拥有红润面庞的少女”进城到工厂里工作，这些招募者被人们称为“奴隶主”。[8]

弗里德里希·恩格斯的父亲在曼彻斯特拥有一家工厂，他撰文痛斥工厂严酷的工作条件，并激发了他的朋友卡尔·马克思的灵感。[9] 不过，马克思从中反而看到希望，因为如此多的工人聚集在一起，可以组织工会和政党，甚至发动革命。他对工会和政党的论断十分正确，但有关革命的推测则不尽然：革命并没有发生在工业化社会，而是发生在农业社会。

现在在发达经济体中，“黑暗的撒旦磨坊”逐渐让位于更清洁、更先进的工厂。[10] 反而是发展中国家的工厂工作条件引起人们的极大关注。经济学家倾向于认为，血汗工厂的条件仍然胜于农村地区更极端的贫困环境，并且它们肯定足以吸引工人流向快速发展的城市。长期以来，制造业一直被视为经济快速发展的引擎。[11]

那么，工厂下一步将去向何方呢？我们能够以史为鉴。

工厂的规模正在不断壮大。18 世纪的德比丝绸厂雇用了 300 名工人，与当时可以在家中或在一个小作坊里进行基于机器的劳动相比，那是一个根本性的进步。带给恩格斯巨大震惊的 19 世纪曼彻斯特工厂可能雇用超过 1000 名工人，其中主要是妇女和儿童。[12] 而当代发达经济体中的现代化工厂规模更大：大众汽车公司在德国沃尔夫斯堡的主工厂雇用了 6 万多名工人，几乎占据沃尔夫斯堡市人口的一半。[13]

商业秘密促成了首家现代工厂的诞生，并从此塑造了工厂的模样。理查德·阿克赖特①效仿隆贝兄弟的丝绸厂建立了自己的棉纺厂，他曾发誓："我下定决心，在未来绝不会让任何人参观工厂如何运动（运作）。"[14]

不过，当代工厂在一点上与过去存在着显著区别。过去，工厂主要用于集中生产过程：原材料不断进入，再变成制成品出去。组件都是在现场制造或是由附近的供应商提供。工厂狂热的拥护者，维多利亚时代原型计算机的设计师查尔斯·巴贝奇（Charles Babbage）指出，这省去了在制造过程中运输重物或易碎物品的麻烦。[15]

但在今天，生产过程本身就是全球性的。人们无须物理上的近距离也可以协调和监控生产，同时运输集装箱和条形码技术大大简化了物流。现代工厂——甚至包括雇用人数达到几十万人的庞大工厂——只是分布式生产链上的某一环节。组件能够以不同的装配状态实现跨境流动。[16]

以富士康为例，它并不"生产"苹果手机：它只是使用来自日本、韩国甚至美国的玻璃和电子产品组装苹果手机。[17]长期以来，庞大的工厂曾为全世界各地提供货物。现在，世界本身已成为一个巨大的工厂。

---

① 理查德·阿克赖特（Richard Arkwright，1732—1792 年），英国棉纺工业的发明家和企业家，现代工厂体制的创立人。他于 1768 年发明水力纺纱机，并于 1769 年建立了最早使用机器的水力纺纱厂。——译者注

3
邮票

“我们应该记住，只在极少数的部门中，重大改革是由那些熟知实际操作细节的人实施的。发现瑕疵和缺陷的，往往是那些没有因为长期接触它们而对其丧失敏感性的人。”[1]

这些话是某人在1837年所说。这是一位雄心勃勃的管理顾问的早期宣传？当然不是，管理顾问作为一种职业要到将近1个世纪之后才会出现。实际上，这些话出自罗兰·希尔①，他自告奋勇，主动要为英国邮政系统提供顾问服务。

希尔当时是一所学校的校长，他和邮政系统的唯一交集在于，他是一位对其服务极不满意的用户。并没有人要求他提出一份彻底改革的详细建议，他利用业余时间进行调查，写出了一份分析报告，并私下寄给了英国当时的财政大臣，天真地以为：“只要我的计划能被看懂，它就一定会被采纳。”[2]

---

① 罗兰·希尔爵士（Sir Rowland Hill，1795—1879年），英国邮政改革家、邮票创始人，发明家。他曾任教师、中学校长、政府职员和邮政高管，是世界上第一枚邮票（黑便士）的发明人和设计者，被人们誉为“邮票之父”。——译者注

他很快在人性方面被上了一课：如果一个人的职业完全维系于某个系统，那么无论这个系统的效率如何低下，这个人都不一定会欢迎某个局外人跳出来，对其缺点进行翔实的诊断并提出改进建议。时任英国邮政总局秘书的马伯里上校怒斥这份报告“完全是一派胡言……极其荒谬”；而邮政总局局长利奇菲尔德伯爵又加上一句：“非同一般的……胡说八道。”[3]

看到自己的建议被财政大臣抛在一边，希尔改变了策略。他自掏腰包印制了题为“邮政局的改革——其重要性和实用性”（Post Office Reform: Its Importance and Practicability）的小册子，并广为散发。[4]他为这本册子添加了序言，阐述了为什么恰恰因为他在邮政服务方面毫无经验，才使他有能力发现其“瑕疵和缺陷”。他并不是唯一对英国邮政系统满腹牢骚的人，每一位读到他的宣言（并且不是邮局雇员）的人，都认为他的建议完全合理。《旁观者》（*The Spectator*）开始行动起来，大力推动希尔的改革。[5]人们递交请愿书，实用知识传播协会（The Society for the Diffusion of Useful Knowledge）也专门为此做了说明。[6]三年后，政府迫于公众压力，任命了新的邮政总局最高领导人——罗兰·希尔本人。[7]

希尔都发现了哪些问题？那时候，寄信的时候无须付费，收信时才要花钱。邮资的定价公式极其复杂，而且往往非常昂贵，普通人无力负担。举例来说，假设你住在伯明翰，某天邮递员敲开你家的门，手里举着一封来自伦敦的三页纸的信，而你只有在乖乖掏出2先令3便士之后，他才会让你读这封珍贵的信。[8]这个价钱基本相当于当时人们的平均日工资，[9]尽管“整封信的重量可能还不到1/4盎司①”。[10]

---

① 1盎司≈28.35克。——编者注

面对这种情况，人们想出了各种变通之道。当时，议员可以寄出免费信件，如果你碰巧认识一位议员，他可能会卖个人情，使你的信件“免收邮费”。邮资免费的特权被大量滥用——到了19世纪30年代，议员们每年寄出700万封免费的信件，这是一个不可思议的数字。[11] 另一个常见的伎俩是通过信封上地址和收信人的小变化来传递编码信息。例如，你和我可能会事先约定，如果你寄给我一封写着“蒂姆·哈福德收”的信，那说明你身体很好；如果你写的是“T. 哈福德先生收”，我就会明白你需要帮助。这样，当邮递员敲门时，我就可以看一眼信封，然后拒绝付款。

希尔的解决方案是一项大胆的两步改革。首先，要求寄件人而非收件人支付邮资；而且邮资费用低廉——对于重量最高为半盎司的信件，无论距离多远，邮资一律为1便士。希尔认为，亏本经营邮政系统是值得一做的行为，因为“能够以低廉的价格邮寄信件和其他文件”……将会非常有力地刺激全国的生产力。[12] 同时，他还提出了一个令人信服的论据，指出这样做之后，邮政系统的利润实际上会增加，因为如果寄信更便宜，人们就会寄出更多的信件。[13]

经济学家将在后来证明希尔试图回答的问题：需求曲线有多陡峭？如果降低价格，需求将增加多少？希尔对需求曲线一无所知，首个需求曲线图发表于1838年，即他提出改革方案的第二年。[14] 不过，他很善于讲故事：有一对兄妹分别居住在雷丁和汉普斯特德，两地相距大约40英里①，但他们30年来从未联系过，然后，一位友善的议员向他们提供了免费邮寄的帮助，于是他们

① 1英里≈1.6千米。——编者注

频繁联系。[15] 阻碍他们相互联系的，显然仅仅是高昂的邮资。

几年前，出生于印度的经济学家普拉哈拉德①曾表示，如果满足他所谓的“金字塔底层”人群（发展中国家的贫困和中下阶层）的需求，将会赢得一笔巨大的财富。他们每个个体都没有很多钱，但是将为数众多的他们汇聚在一起，则会积少成多，积累巨额资金。罗兰·希尔比普拉哈拉德领先了超过一个半世纪。他提出了一个论证，当时，大量穷人向政府缴纳的小额款项：“麦芽酒和烈酒税”（毫无疑问，其主要的消费者是比较贫穷的阶层）所带来的收益远远大于“葡萄酒税”（富人的饮品）。希尔略带轻视地总结道：

> 与朋友交流的愿望可能不如对烈性酒的渴望那么强烈，或是那么普遍，但是我所了解到的事实表明，如果不是考虑到高昂的邮资，人们本来会寄出很多封信，那么就会有许多人满心欢喜地收到它们。而现在，无论是真金白银，还是珍贵的友情，都受到了损害。[16]

1840 年，在 1 便士一封信政策开始实施的第一年，寄出的信件数量翻了一倍以上。在 10 年之内，这个数字又翻了一番。[17] 希

---

① 哥印拜陀·克利修那·普拉哈拉德（C. K. Prahalad）1941 年出生于印度南部泰米尔纳德邦的哥印拜陀镇，获哈佛大学的博士学位。他在印度及美国都担任过教职，最终加盟密歇根大学商学院，后为商业管理哈维·C. 弗鲁豪夫讲席教授。普拉哈拉德对世界上的贫困群体一直保持深切的关注，并写出了《金字塔底层的财富》（*The Fortune at the Bottom of the Pyramid: Eradicating Poverty Through Profits*）一书。他指出，每天生活在 2 美元贫困线下的 40 亿人加起来是一个巨大却被冷落了的市场。——译者注

尔最初预计，邮资已付的信封会比邮票更受欢迎——但是“1便士邮资已付”（Penny Mulready）的信封逐渐淡出市场，而“黑便士”（Penny Black）邮票则走向全世界。瑞士和巴西紧随英国脚步，仅仅在三年后便发行了邮票；邮票进入美国花的时间略长一点；到1860年，全世界90个国家和地区拥有了自己的邮票。[18] 希尔已经证明，金字塔底部的财富就在那里静待开采。

当然，廉价的邮寄服务也给世界带来了一些公认的现代问题：垃圾邮件、诈骗和人们对即时响应不断增长的需求——在希尔开启1便士邮寄服务半个世纪之后，伦敦的邮政投递频率已经达到了每小时一次，而且人们期望通过“回邮”获得答复。[19]

不过，1便士邮寄服务是否有助于传播有用的知识，从而激发生产力呢？经济学家达伦·阿西莫格鲁（Daron Acemoglu）、雅各布·莫斯科纳（Jacob Moscona）和詹姆斯·罗宾逊（James Robinson）在美国提出了一个巧妙的设想，并对这一想法进行测试。他们收集了19世纪邮局分布以及全美不同地区专利申请数量的数据。数据显示，新邮局的设立确实带来了更多的发明创造，就像希尔预测的那样。[20]

如今，被人们戏称为“蜗牛邮件”的邮寄服务似乎正走向寿终正寝。人们拥有很多其他方法来取悦朋友。各种表格和银行对账单已经可以在网上处理，甚至连垃圾信件的数量也在下降，因为在线向人们发送垃圾邮件成本更低、效益更高：发达国家邮寄信件的数量以每年百分之几的速度逐年下降。[21] 而与此同时，一位普通的办公室职员每天都会收到100多封电子邮件。[22] 我们不再需要各种协会来促进有用知识的传播——我们需要更好的方法来提炼其精华。

但是阿西莫格鲁和他的同事们认为，19 世纪的邮政服务至少在下面一点为今天的我们提供了经验：“政府的政策和机构设计拥有支持技术进步的力量。”[23] 相应地，目前在这些领域存在的瑕疵和缺陷是否可能正在阻碍进步？我们需要罗兰·希尔的接班人来告诉我们。

4
自行车

1865 年的一个秋日，两个男人坐在康涅狄格州安索尼亚的一间小酒馆里推杯换盏，靠着烈性酒来平复他们的心情。在那之前，他们正在附近的山坡上驾着马车前行，突然听到身后传来令人毛骨悚然的尖叫声。然后，长着人形的头和某种未知生物的躯体的“魔鬼”，从山上向他们飞来，低低地掠过地面。他们拼命抽打着马夺路而逃，“魔鬼”则一头栽进路边涨满水的沟中。

他们的恐惧和敬畏之情很快上了一个台阶，因为就在那时，一个偷听到他们交谈的黑发男子穿过酒馆朝他们大步走来：浑身湿透，伤口血痕未干，并且是个法国人。他向那两个人自我介绍称，他就是那个“魔鬼”。

这位“魔鬼”的真名叫皮埃尔·拉勒门特（Pierre Lallement），是一位年轻的机械师。他刚到美国几个月，并从法国带来了他自己设计的机械——一种带有踏板曲柄、两轮结构的装置，他称其为 velocipede（蹬地脚踏车），我们可以称之为自行车。拉勒门特先生很快就为其发明申请了专利，他的发明并不具备现代自行车的齿轮和链条传动，也没有刹车——这就是为什么他会以那种可怕的高速从山坡上冲向马车。[1]

这是经过半个世纪的沉寂后，自行车戏剧性地卷土重来。1819年夏天，拥有两个轮子、一个车座，但没有踏板的“玩具马”（Hobby horses）曾短暂地风靡一时，但很快就被当作一个愚蠢的玩具抛弃了。那么，真正的踏板自行车的命运如何？它们将促使全世界的社会、科技甚至基因格局发生巨大的变化。[2]

拉勒门特先生那辆笨重的自行车很快就被高轮车取代，这种车被称作“便士法新”（penny-farthing）①，并不是我们凭着一腔怀旧之情想象出来的那种优雅的交通工具。得益于它巨大的前轮，它更像一台赛车，速度能够达到蹬地脚踏车的两倍。骑它的几乎全都是无所畏惧的年轻人，他们坐在5英尺②高的轮子上，在最微小的障碍物面前都很容易向前一头栽倒。一位勇敢的骑手解释说，到那时，你会发现“一个笔直的漂亮铁把手紧紧箍着你的腰，使你的双腿不得动弹，从而确保一定是你的脸……最先接触到我们这个永不屈服的星球表面”。[3]

但下一个技术进步，即“安全自行车”的问世具有更广泛的吸引力。这种自行车在拉勒门特像魔鬼一样猛冲下山的20年后推出，它看起来十分接近现代自行车，由链条驱动，有大小相同的车轮和菱形车架。它的速度并不是靠着巨大的车轮，而是依靠齿轮得来。[4]

如果对大梁做些微小改动，安全自行车甚至可以被人穿着裙子

---

① 之所以得名于此是因为其造型看上去像一枚当时英国最大的硬币（penny，便士）和最小的硬币（farthing，法新）组合在一起。——译者注

② 1英尺≈30.48厘米。——编者注

骑行。不过，这一点并没有给安吉琳·艾伦（Angeline Allen）带来困扰，她于 1893 年在纽约市郊的纽瓦克骑行，没有穿裙装，立刻引起了轰动。“她穿的是裤子！”一本流行男性杂志的文章以此作为标题，并在文章中补充说，她年轻、漂亮，并且离了婚。[5]

自行车成为妇女解放的一股力量。即使其他妇女并没有效仿艾伦女士，穿着深蓝色灯芯绒灯笼裤骑自行车，她们仍然需要脱掉紧身束腰和鲸骨裙箍撑起的宽大裙装，换上更简单舒适的衣服。她们也将在没有男性伴侣陪同的情况下骑行。[6]这令保守力量大惊失色，痛斥“骑自行车这种伤风败俗的行为”会导致自慰，甚至是卖淫。但是这些抗议之声很快就成为公众的笑柄。

正如自行车历史学家玛格丽特·古罗夫（Margaret Guroff）指出的那样，似乎没有人担心安吉琳·艾伦在干什么——人们关注的，仅仅是她在做这件事时所穿的衣服。一个在公共场所独自骑着安全自行车的妇女似乎根本不算丑闻。[7]

三年后，19 世纪最活跃的女权活动家，已步入晚年的苏珊·安东尼（Susan B. Anthony）宣称，骑自行车“在解放妇女方面的作用超过了世界上任何其他事”。[8]

时至今日，自行车仍然继续赋予年轻女性力量。2006 年，印度比哈尔邦政府开始大力资助升入中学的少女购买自行车——政府的初衷是，这些自行车将使少女们可以到几英里之外的学校就读。这个计划似乎卓有成效，大大增加了女孩完成中学学业的机会[9]。

即使在美国，自行车也是一种开阔眼界的廉价方法：篮球巨星勒布朗·詹姆斯（LeBron James）创办了一所学校，并为每个学生提供自行车。他说，当他和朋友们骑自行车时，他们充满了自由。“我们觉得自己站在了世界之巅。”[10]

的确，自行车长期以来一直是造福低收入人群的解放性发明。在早期，它比马匹便宜许多，还能够提供与马相同的出行范围和自由。遗传学家史蒂夫·琼斯（Steve Jones）甚至认为，自行车的发明是近代人类进化史中最重要的事件，因为它最终使人们得以便捷地与居住在其所属社区之外的人相识、结婚和繁衍后代。[11]

在引发社会革命的同时，自行车还引发了一场制造业的革命。19 世纪上半叶，精密制造的可互换零件被用于生产军用枪支，供应美国陆军，其成本相当可观。起初，可互换零件的成本过高，民用工厂无法完全效仿。正是自行车，在高端军事制造和复杂产品的大规模生产之间架起了桥梁。自行车制造商开发了简单、易于重复的技术，例如将冷金属板冲压成新形状，在不牺牲质量的前提下维持低成本。[12] 他们还开发了滚珠轴承、充气轮胎、差速齿轮和刹车装置。[13]

这些制造技术和创新的组件后来被亨利·福特等汽车制造商适时采用。全世界首辆安全自行车是 1885 年在英国考文垂的罗孚工厂生产的。而罗孚后来成为汽车行业巨头并非偶然。从制造自行车向制造汽车转变是显而易见的一个发展。[14]

自行车也为日本工业一步步实现现代化奠定了基础。第一步是在 1890 年左右，日本将西方自行车进口到东京。然后，日本顺理成章地建立起自行车修理厂。下一步是开始在本土制造零部件，这对熟练的机械师来说不是什么困难的事。[15] 不久，大约在 1900 年前后，在东京本地制造自行车的所有零部件就都已齐备。[16] 到第二次世界大战爆发时，日本本土已可以每年生产超过 100 万辆自行车，并因此催生了新一代商业家。[17]

人们很容易把自行车看作过时的技术。不是吗？它的出现，创造了对更好道路的需求，让制造商磨炼了工艺技术，然后它就让位于汽车。但数据显示，事实并非如此。半个世纪前，全球自行车和汽车的产量不相上下，均为每年 2000 万辆。在那之后，汽车的产量翻了三倍，而自行车产量的增长率则是汽车的两倍，目前的年产量高达 1.2 亿辆。[18]

同时，说自行车又为我们指明了前进的方向也不为过。现在，自动驾驶汽车时代似乎已经触手可及，许多人认为，未来人们将不再拥有自己的汽车，而是会租用汽车（只需轻点智能手机的应用程序即可实现）。如果真是这样的话，你现在就可以目睹未来的交通工具：全球已有超过 1000 个自行车共享计划，据统计，数以千万计无固定停靠点，可供便捷租赁的自行车正奔驰在大街小巷，并且其数量还在迅速增长。[19]

在许多交通拥堵的城市里，骑自行车仍然是最快的出行方式。许多骑行者只是因为汽车尾气和可能发生皮埃尔 · 拉勒门特式的撞车事故而有所犹疑。但是，如果未来的汽车是无污染的电动汽车，由小心谨慎的机器人驾驶，那么自行车很可能很快就卷土重来——就像它在美国戏剧性的首次亮相那样。

5
眼镜

制造宇宙飞船的工作容不得半点马虎。举例来说，在从前，洛克希德·马丁公司（Lockheed Martin）① 的一名技术人员需要花足足两天的时间，仔细测量一块弯曲面板上 309 个紧固件的位置。但这家航空公司新兴技术部门的负责人雪莱·彼得森（Shelley Peterson）介绍说，现在这项工作只需要花上两个多小时的时间。[1]

什么地方发生了变化？技术人员开始佩戴眼镜了。当然，他们佩戴的并不是任何普通的眼镜，确切地说，是微软 Hololens②。它看起来像一副笨重的护目镜，可将数字信息叠加于现实世界之上——在洛克希德·马丁公司，它被用于扫描那块弯曲面板、进行计算，并向技术人员显示每个紧固件的确切位置。

---

① 洛克希德·马丁公司全称洛克希德·马丁空间系统公司（Lockheed Martin Space Systems Company，简称 LMT），前身是洛克希德公司（Lockheed Corporation），创建于 1912 年，是一家美国航空航天制造商。——译者注

② Hololens 是微软公司开发的一种混合现实头戴式显示器（MR 头显）。——译者注

生产力专家现在对微软 Hololens 和谷歌眼镜（Google Glass）等增强现实设备赞不绝口。[2] 不过，2012 年谷歌刚刚推出智能眼镜时，对其未来的期待似乎颇为不同。[3] 它们被定位为一种消费产品，旨在帮助人们方便地查看 Instagram（照片墙）和拍摄视频，而不用麻烦地掏出手机。但这一装置并没有流行开来，只有极少数人在公共场合戴着谷歌眼镜，而他们给自己招来了"眼镜浑球"（glassholes）的不雅绰号。[4]

谷歌很快意识到自己错在何处：他们的目标市场定位不对。于是，他们针对工作场所重新设计了眼镜。毕竟，许多工作都需要频繁暂停并查看屏幕，以得到下一步要做什么的指令。有了智能眼镜，人们就可以在不停止工作的同时看到这些指令，从而节省了信息从互联网到大脑的关键几秒钟。

1000 年前，信息传播速度远远慢于现在。在 11 世纪的最初十年，出生于巴士拉的博学家哈桑·伊本·海赛姆（Hasan ibn al-Haytham）在开罗写出了他的传世之作《光学之书》（*Book of Optics*）；[5] 他的洞见花了两个世纪之久才被从阿拉伯语翻译成其他语言。[6] 伊本·海赛姆比他之前任何人都更了解视觉。例如，一些早期的学者认为，看的行为必须包括从眼睛发出某种光线。但通过仔细实验，伊本·海赛姆证明了他们是错误的：事实上，是光线进入眼睛。

在伊本·海赛姆之前，光学设备一直十分笨重：罗马作家塞涅卡曾使用装在透明玻璃碗中的水来放大文本。[7] 但是知识的逐渐传播激发了新的灵感 [8]：到了 13 世纪末，世界上第一副眼镜问世。我们并不知道是谁制造了它，但它的制造者很可能生活在意大利北部。当时那一地区，尤其是威尼斯，是一个玻璃制造中心——这显然会造成严重的问题，因为威尼斯的建筑是用木头建造的，而玻璃制造者的熔炉却要一直生着火。1291 年，威尼斯的市政当局将整个产业转移到附近的穆拉诺岛上。[9]

到了 1301 年，“阅读用眼镜”已经广为流行，足以被写入威尼斯水晶工人协会（Guild of Venetian Crystal Workers）的规则手册中。但历史学家发现眼镜起源的最大线索来自 1306 年一位修士乔达诺 · 达皮萨（Giordano da Pisa）的一次布道。他对自己在佛罗伦萨的教众说，这项发明已经有 20 年的历史，[10] 同时他热情洋溢地称其为“世界上最有用的一个装备”。[11]

他说的一点儿都没错。在最好的情况下，阅读也会让人的眼睛疲劳，而中世纪的建筑并没有宽大的窗户，当时人工照明设备不但非常有限，而且价格高昂。[12] 随着年龄的增长，人们越来越难以聚焦在近景物体上；人到中年的僧侣学者、司法人员和商人对此一筹莫展。乔达诺修士在当时已经年届五旬，[13] 因此，可以想象他为什么会对自己的眼镜如此感谢不已。

但眼镜当时只对少数能读书识字的人有用。随着印刷机的问世，眼镜迎来了更大的市场。1466 年，全世界第一家专业眼镜店在斯特拉斯堡开业。[14] 除了能帮助人们看清近处物体的凸面镜片之外，眼镜制造商还学会了如何研磨凹面镜片，帮助人们对焦远处的物体。[15]

把凹透镜和凸透镜叠放在一起，则变成了显微镜或望远镜的基本材料。这两项发明都是 1600 年左右从荷兰的眼镜店起步，它们为科学研究开辟了全新的天地。[16]

如今，我们已经对眼镜熟视无睹——至少在发达国家是这样。英国的一项调查发现，全国大约 3/4 的人口佩戴眼镜或隐形眼镜，或是接受过矫正视力的手术。[17] 美国和日本的情况也基本相同。[18]

但在欠发达国家，情况就大不一样了，并且我们直到最近才对此有了更清晰的认识。传统上，世界卫生组织仅仅收集一个国家视力存在严重问题的人口数据。[19] 还有更多人的视力虽然足以让他们正常生活，但他们仍然会从佩戴眼镜中受益。然而，这部分人口到底有多少呢？全球领先的镜片制造商依视路决定找出这个问题的答案，当然，该公司宣称完全是出于无私的目的。然后，他们终于在2012 年得出结论：全世界有 25 亿人需要但尚未拥有眼镜。[20] 这真是一个令人大跌眼镜的数字，但很多专业人士相信它是可信的。[21]

这 25 亿人中的许多可能并不知道眼镜可以帮助他们。2017 年，研究人员前往印度阿萨姆邦的一个茶园，给几百位 40 岁以上采茶工人检查了视力，并向其中一半需要佩戴眼镜的人分发了价格仅有10 美元的简易老花镜。然后，他们对比了佩戴眼镜和不戴眼镜工人的采茶量。

佩戴眼镜的工人平均多采了 20% 的茶。而且他们年龄越大，眼镜对他们提高采茶量的帮助就越大。而采茶工人的工资是与其采茶量挂钩的。在那次研究之前，他们中没有一个人拥有眼镜。到最后，几乎没有人愿意把眼镜还给研究者。[22]

我们可以从这项研究中得到多少推论很难说：良好的视力对于采茶业来说可能比其他一些行业更能带来回报。[23] 尽管如此，即使进行保守的估计，全世界范围内由视力低下造成的经济损失至少也达上千亿美元，这还不包括对人们生活质量的影响，或是青少年因为近视所导致的在学业上的苦苦挣扎。[24] 一项随机试验得出结论，让孩子佩戴眼镜可能相当于增加其半年的学习时间。[25]

同时，对眼镜的需求一直在增长。老花眼是随年龄增长而发生的远视现象，但是在当代青少年中，存在全球性的近视大流行。研究人员不确定其原因何在，尽管这可能与孩子们现在花在户外的时间变少有关。[26]

我们能做些什么来矫正世界的视力？显然，如果拥有更多眼科医生会有所帮助。各个国家或地区的眼科医生人数差异很大。例如：希腊大约每五千人拥有一名眼科医生；在印度，这个数字是七万分之一；而在一些非洲国家，这个数字是百万分之一。[27]

不过，如果说严重的眼睛问题需要技术高超的专业人员，那些不算严重、更容易解决的普通视力问题则可以由不那么专业的人员来处理。在卢旺达，一家慈善机构培训护士进行视力检查；研究人员发现，他们在 90% 的时间内都做得很好。[28]

老师也可以发挥很大作用。我在小学就开始佩戴眼镜，这多亏了当时我的老师看到我眯着眼睛使劲盯着黑板看，于是叫妈妈带我去检查视力。另一项研究支持这一观点：经过数小时的培训，中国农村学校的教师就可以识别出大多数需要眼镜但还没有配眼镜的孩子。[29]

推广眼镜这一 13 世纪的技术不应该成为复杂的科学问题。人们不禁要问，如果乔达诺修士看到我们能够借助增强现实技术制造航天器，但却未能帮助 20 多亿人看清楚身边的世界，他会做何感想？他也许会提醒我们应该将目光投向何方。

6
罐头食品

用“硅谷”（Silicon Valley）一词玩词语联想游戏，你不太可能会联想到“罐头食品”。硅谷象征的是最先进的科技，是改变世界的大胆构想。罐头食品则是平庸生活的最高境界：在你太累或是太穷，无法做出精致美食的时候，它们是唾手可得的应急之物。没有人会指着一个锡罐，称其为尖端科技，尽管严谨的人可能会指出，从字面意思上讲，“尖端”（cutting-edge，切开边缘）很可能出自开罐器。

然而，在属于它的时代，罐头食品同样是颇具革命性的新生事物，丝毫不亚于现在湾区（硅谷所在地）的初创企业。它的故事还揭示出，出乎许多人的意料，在过去两百年里，围绕创新的一些深层次困境几乎没有改变。

首先，我们如何激励好的想法？当然，申请专利或先发优势会有一定的诱惑力。但是，如果真的想激励创新思维出现，那么提供实实在在的奖赏吧。自动驾驶汽车就是目前一个绝佳的例子。2004

年，美国国防部高级研究计划局①提供100万美元，奖励第一辆能够自主穿越莫哈韦沙漠的车辆。[1]这引发了一场现实版的“怪车大赛”②：车辆着火，翻车，因为被风滚草③搞糊涂而撞毁栅栏，无法启动。[2]然而，仅用了不到十年的时间，自动驾驶汽车已经足够可靠，可以在公共道路上自由驰骋。[3]现在，从苹果到谷歌，再到优步，这项技术已经成为硅谷巨头们的心头之好。

不过，美国国防部高级研究计划局并不是第一家提出奖赏的政府机构。1795年，法国政府就提供了一笔12000法郎的奖金，以激励人们发明保存食物的方法。这笔奖金最终被尼古拉·阿佩尔（Nicolas Appert）赢得。他是一位巴黎的食品和糖果商人，据传他发明了浓缩汤块和基辅炸鸡的配方。通过反复实验，阿佩尔发现，如果把煮熟的食物放进一个玻璃罐子中，再将罐子放入水中煮沸，然后用蜡封起来，食物就不会变质。[4]阿佩尔不知道他的方法为什

---

① 美国国防部高级研究计划局（Defense Advanced Research Projects Agency），简称DARPA，是美国国防部下属的一个行政机构，负责研发用于军事用途的高新科技。该机构成立于1958年，最初的名称是“高级研究计划局”（Advanced Research Projects Agency，ARPA），1972年3月改名为DARPA，在1993年2月改回原名ARPA，至1996年3月再次改名为DARPA。——译者注

② 《怪车大赛》（*Wacky Races*）是一部20世纪60年代由汉纳巴伯拉动画（Hanna-Barbera Productions）制作的美国电视动画系列片，2007年被翻拍。该片讲述了各种不同风格的赛车在北美各地的公路拉力赛中相互角逐，以赢得“世界上最古怪的赛车手”称号的故事。——译者注

③ 风滚草，一种一年生草本植物，生长于北美或澳大利亚沙漠地区，秋季在地面处折落，随风像球一样到处滚动。——编者注

么奏效——要再等上几十年，路易斯·巴斯德①才会出来解释，加热可以杀死细菌。不过，这种方式反正十分有效，而阿佩尔从此被称为“罐头食品之父”。[5]

为什么法国政府会对保存食物感兴趣？其出发点与美国国防部高级研究计划局对能够自行穿越沙漠的车辆感兴趣是一样的，那就是希望能够赢得战争。在公布这笔奖金时，拿破仑·波拿巴是一位雄心勃勃的将军，当奖金被发出时，他已是法国的皇帝，即将对俄国发动那场将他引入灾难深渊的进攻。拿破仑可能说过，也可能没有说过那句名言，即“军队靠着它的胃行进”，[6]但他显然热衷于扩大士兵的给养范围，使他们不必仅仅以熏肉和咸肉为食。[7]

阿佩尔对实验的倾情投入证明了一个说法，即军事需求能够刺激创新，从而改变经济。这个说法在本书的故事中经常出现，从全球定位系统（GPS）到后来演变成为互联网的阿帕网（ARPANET），硅谷的建立与腾飞，正是得益于最初由美国国防部资助的技术。

不过，就算是创意来自公共部门，我们仍需要企业家精神来探索到底能做些什么。

阿佩尔将自己的实验经历写成一本书。他的书后来被翻译成英文出版，名为《保存各种动植物食品数年的艺术》，这本书有许多非常实用的章节，从“新下的蛋”到“各个品种的梨”。[8]与此同时，另一位法国人菲利普·德·吉拉德（Philippe de Girard）开始将

---

① 路易斯·巴斯德（Louis Pasteur，1822—1895年），法国著名的微生物学家、爱国化学家。他研究了微生物的类型、习性、营养、繁殖、作用等，把微生物的研究从主要研究微生物的形态转移到研究微生物的生理途径上来，从而奠定了工业微生物学和医学微生物学的基础，并开创了微生物生理学。其发明的巴氏消毒法直至现在仍被应用。——译者注

这种技术应用于锡制而非玻璃容器。他在计划把自己的想法付诸商业实践时，决定横渡英吉利海峡。[9]

这又是为什么？雷丁大学的诺曼·考威尔（Norman Cowell）表示，那是由于法国的官僚主义盛行，而“英国信奉重商主义哲学，并拥有充足的风险投资。人们愿意冒险”。吉拉德雇用了一位英国商人代表他为自己的创意申请了专利——这是一个必要的“诡计”，因为英国当时正在与拿破仑交战——一位名叫布莱恩·唐金（Bryan Donkin）的工程师以及多家企业的创办者花 1000 英镑买下了这项专利。唐金在伯蒙德赛的工厂很快就开始为各色人等供应罐头食品，从极地探险家到肯特公爵。[10]

如果吉拉德生活在当代，为了寻找风险投资和冒险家，他一定会前往硅谷。几十年来，其他地方一直试图模仿其催生创意和发展商业的诀窍（用当今流行的说法就是打造“创新生态系统”）。[11] 伦敦建立了类似的硅环岛，都柏林拥有硅码头，喀麦隆自豪地推出所谓硅山（Silicon Mountain），菲律宾建设了自己的硅湾（Silicon Gulf），班加罗尔则被毫无想象力地冠以“印度硅谷”。[12] 但这些地方还没有一个能够彻底成功。[13] 我们经济学家可以自信地告诉你创新生态系统的一些要素，例如使创建企业更加便利，以及鼓励加强与学术研究的联系，但是尚没有人能够找出完美的配方。

争议最大的因素之一是如何进行最适度的监管。由于没有繁文缛节的官僚体系，英格兰吸引了吉拉德，但罐头食品本身很快将证明，规则和检查有其意义。1845 年，随着唐金的专利到期，英国海军力图节省经费。他们开始从斯蒂芬·戈德纳（Stephen Goldner）那里购买产品，后者的产品价格较低，因为他的罐头生产厂设在罗马尼亚，那里劳动力较为便宜。不幸的是，较低的劳动力成本并不是戈德纳降低成本的唯一方法。在收到水手的抱怨之后，海军的检查人员开始检验戈德纳供应的产品：有一次，他们共测试了 306 罐食品，其中只有 42 罐是可食用的。其余的则装着诸如腐烂的腰子、病变的内脏以及狗舌等“美味佳肴”。[14]

这一丑闻登上报纸的时机非常不凑巧。就在 1851 年的万国工业博览会上，普通伦敦市民刚刚有缘得见原本只有豪华食品店才有的罐装美食，包括沙丁鱼罐头、松露罐头、洋蓟罐头和龟汤罐头。腐烂的腰子显然不应该是这个故事的一部分。随着品质提高和价格下降，罐头食品已经蓄势待发，准备进军大众市场，但重建公众信心却花了好几年的时间。[15]

不言而喻，大众市场极具吸引力：在冷藏技术尚未发明的情况下，安全的罐头食品将丰富人们的饮食并改善营养状况。[16] 但是，预测新技术将如何发挥作用，以及监管机构是应该推动某项新技术的发展还是对其加以控制，是应巧妙引导其发展方向还是给予其充分的自由，这一切并不总是那么简单。以社交媒体为例：仅仅用了五年时间，社交媒体就跌落神坛，人们才欢欣鼓舞地看到它成功推动“阿拉伯之春”（Arab Spring）①，转过头来就束手无策地看着它帮助唐纳德·特朗普入主白宫。[17]

或者，再以自动驾驶汽车为例：我们是应该期待着它带来的更大便利，还是担心随之而来的失业？人工智能是否会极大地扩大不平等？政府应该介入吗？如何介入？这些都是有待探讨的问题，但一些硅谷派人物已经极度担心他们的创新可能会把人类带入歧路，

① 指 2010 年年底在北非和西亚的阿拉伯国家及其他地区的一些国家发生一系列以“民主”和“经济”等为主题的反政府运动。——译者注

以至于他们已经在认真地想象世界末日的景象。脸书①的一位前经理向《纽约客》解释了他为什么要在一个岛上买地并囤积弹药，他说："我们的文化现在正随时面临崩塌。"还有一些人花钱建造了地下掩体，并有飞机随时待命，以防社会崩溃。据估计，这些"未雨绸缪者"至少包括硅谷一半的亿万富翁。[18]

科技进步可能会非常脆弱。尼古拉·阿佩尔已经发现了这一点：他将自己赢得的12000法郎奖金用作投资来扩大自己的罐头食品业务，但最终他的生意在拿破仑统治崩溃之际，被普鲁士和奥地利军队入侵者所摧毁。[19]现在的世界看起来更加稳定，硅谷的"未雨绸缪者"可能担心得过头了。不过，如果他们最担心的事情一旦成真，那么世界上最有价值的商品便可能是……呃，罐头食品。

① 2021年10月28日，脸书创始人马克·扎克伯格宣布，脸书（Facebook）更名为"Meta"。——编者注

7 拍卖

公元前 211 年，罗马和迦太基进行了一场长期的战争，这场战争塑造了古地中海文明。北非将军汉尼拔所向披靡，击败了罗马军团。当罗马人重新集结并开始反击时，汉尼拔做出了一个大胆的假动作：向罗马城进军。他虽然对攻破罗马城防不抱多大希望，但希望罗马人会因此惊慌失措，并召回他们的军队。历史学家爱德华·吉本①讲述了接下来发生的故事：

> 汉尼拔在离城市三英里远的阿尼奥河畔安营扎寨，很快他就得知，他驻军的土地在一场公开拍卖会上以相当高的价格转手交易。[1]

这件事的含义显而易见：罗马人已经看穿了他的虚张声势。罗

① 爱德华·吉本（Edward Gibbon，1737—1794 年）是近代英国杰出的历史学家，18 世纪欧洲启蒙时代史学的卓越代表，著有影响深远的史学名著《罗马帝国衰亡史》（*The History of the Decline and Fall of the Roman Empire*）。——译者注

马人愿意以高价购买汉尼拔军队扎营的土地，表明他们根本没觉得他的军队会久留。事实确实如此：汉尼拔很快就撤退了。

这可能是史上唯一借用拍卖来打击敌人士气的例子，但这绝不是第一次有记录的拍卖。例如，早在此前300年，希罗多德①就描述了巴比伦的男人竞相出价，以迎娶最漂亮妻子的场面：想要娶妻的有钱人互相竞价，争娶那些最漂亮的女孩，而不需要妻子拥有漂亮外表的穷人，能够获得一定的酬金，以此换取他们娶走丑陋的女孩子。[2]

没错，这种做法自然值得商榷，但它也颇具创意：这场拍卖成为一次社区活动，从出高价者那里筹集资金，然后用来补偿穷人。

拍卖似乎和市场本身一样普遍。不难想象，竞价的想法在世界各地不断涌现，每当有商人提出愿意为一罐橄榄油付三个银币的时候，旁边总会有人插话说："不要理他，我会付四个。"

正是从这些简单的竞价行为，逐步发展出人们称为"公开喊价拍卖"的戏剧性活动——一个房间里挤满了艺术品或古董交易商，还有通过电话提交投标的百万富翁竞投者，此外还有一位穿着正式的拍卖师在整个过程中不断调动气氛：第一次……第二次……成交！

拍卖这种形式让其他人准备出什么价变得一目了然，因此那些不诚信之徒很难利用人们的轻信来谋利。19世纪初期，英国商人利用拍卖在美国出售了大量廉价的英国产品。美国的消费者十分欣

---

① 希罗多德（Herodotus）公元前5世纪（约公元前480年—前425年）的古希腊作家、历史学家。他把旅行中的所闻所见，以及第一波斯帝国的历史记录下来，著成《历史》一书，该书成为西方文学史上第一部完整流传下来的散文作品，希罗多德也因此被尊称为"历史之父"。——译者注

喜，但美国商人则气愤不已。[3] 一位名叫亨利·尼尔斯的美国商人在 1828 年抱怨说：

> （拍卖是）一部庞大的机器，英国代理商借助它迅速摧毁了美国商人和制造商的所有正常商业行为。[4]

一个反对拍卖制度的委员会对国会展开游说，他们宣称：

> 拍卖是一种垄断，像所有垄断一样，它也是不公平的，因为它把本应在商业界普遍分配的利益分给了少数人。[5]

这是一个特别的诉求，“商业界”想要保留的，无非是他们的加价而已。然而，在这一抱怨中确实有一个重要的事实：对于任何拍卖来说，卖家都希望在买家众多的地点举办，买家则希望拍卖会的所在地卖家云集。这使得拍卖自然而然就形成了一种垄断：大型拍卖场确实存在滥用市场力量的风险。

公开喊价拍卖是最著名的拍卖形式，但还有许多其他方式可以设计拍卖。17 世纪的日记作家塞缪尔·佩皮斯① 描述过一种“1 英寸蜡烛”式拍卖，这种拍卖会以一根蜡烛作为计时工具，在其火焰燃尽时立即结束。拍卖结束时刻的不可预测性是为了防止人们使用一种不受欢迎的策略，即在最后一秒钟提交自己的出价。[6]

---

① 塞缪尔·佩皮斯（Samuel Pepys，1633—1703 年），17 世纪英国作家和政治家、海军大臣，以散文和流传后世的日记而闻名。他所著的《佩皮斯日记》（*Pepys' Diary*）详细描述了伦敦大火和大瘟疫等事件，成为 17 世纪最丰富的生活文献。——译者注

不借助蜡烛而借助时钟拍卖怎么样？“荷兰钟”拍卖系统目前在巨大的阿尔斯梅尔①花卉市场上使用，这种钟的钟面上显示的不是时间，而是价格。价格不断下降，直到有人按下按钮停止在某个价格上。按停钟表的买家则会以钟面显示的价格买下这批鲜花。乍一看，这种方法与公开喊价拍卖几乎完全不同，但事实上，它们的基本原理并没有太大区别。这种拍卖形式效率更高，更适合鲜花这种如果无法及时出售和运输就会枯萎的产品。[7]

此外，还有房地产经纪人钟爱的密封式拍卖。买家需要写下自己的出价，将其放入信封并封口，出价最高者将成为买主。但是这种方法有一点值得关注：抛开不同的表面形式，封闭式拍卖与荷兰钟拍卖完全一样。在这两种拍卖方式里，竞价者都只需要决定自己的出价。与公开喊价拍卖不同，在一切尘埃落定、结果无法改变之前，你对别人的出价情况将一无所知。

诺贝尔经济学奖得主威廉·维克瑞（William Vickrey）提出了一个著名的定理，表明在理想条件下，所有拍卖都有望产生相同的收益。[8]与任何经济定理一样，它也极大简化了实际情况。拍卖会的细节安排可能非常重要——如果拍卖会的设计存在漏洞，让作弊者有机可乘，或是让竞价者懒于出价，则拍卖可能会面临惨败的结果。[9]

有人可能会问，为什么在某些情况下会使用拍卖，而在其他情况下，卖家会公布一个“非买勿问”的明确定价呢？例如，你本地的超市就不会拍卖白菜。

---

① 阿尔斯梅尔（Aalsmeer）是荷兰西部城市，有着“世界花卉之都”的美称。闻名于世的阿尔斯梅尔花卉拍卖市场坐落于此。——译者注

这个问题的答案是，拍卖形式的出现，是因为没人能够完全确定所售物品的价值。在易贝平台上出售的二手货就是一个明显的例子，但还有许多其他例子，例如在未开发的土地上开采石油的许可证、达·芬奇的画作、使用无线电频率提供手机服务的许可证，等等。过去，一些公共资源，如无线电频率，曾经以极低的价格分派给有关系的公司。现在，政府通过拍卖能从中获得数十亿美元。[10]

在上述任何一种情况下，标的物的真实价值都是未知的。每位投标人都有自己的信息。拍卖会则可以汇集所有这些信息，并将其转化为价格。这是一个绝妙的做法。罗马人深谙此道，通过向汉尼拔通报那块土地的拍卖结果，他们传递了下面的信息：我们并没有被吓倒。

虽然拍卖看起来是一种极其老派的形式，但它在现代数字经济的最前沿每天都在发生。

设想一下，你在谷歌中输入一个搜索词时会发生什么。在你的搜索结果旁边，你会看到广告。这些广告之所以在那里出现，是因为它们在一个复杂的拍卖系统中胜出，这个系统会根据其对每次点击的出价和谷歌算法对广告吸引力的判定来为它们在页面上分配或好或坏的位置。[11]

例如，一个艺术品经销商可能会出高价以出现在“毕加索”的搜索结果旁边，但一个出售毕加索海报的广告商可能会引发更多的点击，因此他可能会以较低的单次点击出价在拍卖系统中获得最佳位置。

每当有人在谷歌上输入一个搜索词，都会引发一次拍卖，其规模十分惊人：谷歌的母公司 Alphabet 每月盈利超过 20 亿美元，[12] 这些利润大部分来自广告，而大部分的广告位通过拍卖出售。据估计，2019 年，谷歌从广告中获得的收入超过了其两大竞争对手脸书和阿里巴巴相应收入之和。[13]

你经常会看到谷歌自己产品的广告。谷歌在自己的拍卖系统中出价算不算是一个问题？很难确定。你可以想象，任何一家公司在竞购广告位置时，如果对竞争对手的策略了如指掌，肯定是有好处的，尽管谷歌坚称，它不会从其主导市场地位中获得不公平的优势。[14]

坚决反对拍卖的亨利·尼尔斯对此肯定会有话要说。

第二部分

给梦想贴上价签

8
郁金香

1637年初，一个寒冷的冬日早晨，一名水手来到一位富有荷兰商人的账房，并被赐予了一顿丰盛的早餐——美味的红鲱鱼。这时，水手发现柜台上放着一枚洋葱，至少他认为是洋葱。按照查尔斯·麦基（Charles Mackay）两个世纪后在苏格兰所写，随后发生的故事颇有戏剧性。“毫无疑问，水手认为一枚洋葱躺在名贵的丝绸和天鹅绒中间显然是待错了地方。于是，他偷偷摸摸地抓住一个机会将其揣进了自己的口袋，打算拿它给自己的红鲱鱼早餐添点滋味。这名水手带着自己的战利品扬长而去，来到码头享用自己的红鲱鱼洋葱早餐，”麦基接着写道，“老天哪，水手的一念之转，让这位富商痛失了一枚价值连城的‘永远的奥古斯都’①，这在当时价值3000弗洛林（约合280英镑）。”[1]

按照当时的工资水平来折算，这个价格相当于今天的100多万

① “永远的奥古斯都”（*Semper Augustus*）是郁金香花系的一类品种，花姿高挑优雅、色泽绮丽。在郁金香泡沫期间，其价格极其昂贵。——译者注

美元。这名水手只是想给自己的红鲱鱼大餐找点调味品，但他偷走的并不是一枚洋葱，而是一枚罕有的郁金香球茎，被称为“永远的奥古斯都”。而在1637年年初，郁金香球茎的价格达到了令人瞠目结舌的水平。

然后，一夜之间，这股狂热烟消云散：当年二月，郁金香球茎批发商云集在哈勒姆，这是一个位于阿姆斯特丹以西、步行一天即可到达的郁金香集散地。商人们发现，自己手中的货品已无人问津。短短几天之内，荷兰的郁金香价格就暴跌到只剩10%。[2]

郁金香狂热经常被人引用为金融泡沫的典型例子：某个物品的价格不断上涨，不是因为其内在价值，而是因为购买它的人希望能够出售它而获利。花上100万美元买一个郁金香球茎似乎很愚蠢，但如果你预期自己能够以200万美元的价格将其出售给一个更蠢的人，这仍然是一笔理性的投资。这就是所谓的“博傻理论”（greater fool theory）。

然而，这个理论是否能解释郁金香狂热是一个微妙的问题。

查尔斯·麦基在1841年的讲述充满了想象色彩。他的书《大癫狂：非同寻常的大众幻想与全民疯狂》充满了有关整个荷兰上下全部深陷郁金香泡沫的生动故事。但是那些夸张的故事（包括我刚刚讲述的那一个关于一位饥不择食的水手的故事）可能并不真实。

郁金香是16世纪传入欧洲的众多新植物品种之一，这些新植物还包括土豆、青椒和红辣椒、西红柿、洋姜、法国豆、红花菜豆。一开始，因为人们不了解郁金香球茎，它很容易被误认为是一种蔬菜：至少有一次，有人试图用油醋来烹煎郁金香球茎。这可能是查尔斯·麦基长篇大论中为数不多的真实部分。[3]

但一旦人们弄清楚了郁金香到底是怎么回事，很快，每个人都开始对郁金香的美丽赞不绝口。由于一些被病毒感染的郁金香花瓣从鲜艳的纯色变幻出千姿百态的图案，于是，就像今天的超级富豪以天价收藏美丽的油画一样，那些荷兰的新富商人阶层开始收集和展示稀有的郁金香。

当然，并非所有人在这样做的时候都遵守君子之道。当时著名的植物学家卡罗卢斯·克卢修斯（Carolus Clusius）慷慨地与朋友和同事分享自己培植的郁金香，但他的许多珍稀品种仍然被人盗走。毕竟，他的宝藏就在花园里。有一次，克卢修斯丢失了一些稀有的郁金香，最终，这些花出现在一位维也纳贵族的花园里。当然，她坚称对此一无所知。[4]

哲学家尤斯图斯·利普修斯（Justus Lipsius）对郁金香收藏家并不感冒。“我该怎么称呼这种行为，除了称其为一种为美痴狂？”他补充说，“他们的确在孜孜不倦地猎取奇花异草，一旦如愿以偿，则会对它们爱护有加，远比任何母亲爱护自己的孩子更甚。”[5] 尽管如此，在17世纪初期，郁金香的价格一路上涨。当时的巨富，实际行使首相之权的阿德里安·鲍尔（Adriaan Pauw）曾建了一座花园，里面精心摆满了多面镜子。花园的正中种植着几株罕见的郁金香，被镜子折射成遍布花园的许多株。这表明，甚至连鲍尔这样的顶级富豪也无力在整个花园中种满郁金香。[6]

我们有充分证据表明，在1637年冬天，一个郁金香球茎的最高价格达到5200荷兰盾。这个价格，是仅仅五年后伦勃朗为其名作《守夜人》作画收费的三倍有余，也是像木匠这样的技术工人年收入的20倍。如果说一个可怜的家伙用价值百万美元的郁金香球茎来搭配鲱鱼当早饭的想法可能是天方夜谭，那么最稀有的郁金香球茎价值百万美元的说法确实是正确的。[7]

郁金香球茎真的值100万美元吗？这并不像看上去那么荒谬。郁金香球茎不仅能开出花朵，还能分枝生出被称为分球的子球茎。如果一株郁金香拥有某种美丽的图案，其子球通常也会带有这种图案。因此，拥有一枚稀有的球茎有点像拥有一匹冠军赛马：不仅它本身价值连城，由于它可以繁殖出有潜力的后代，它的价值更是高得多。[8]

当预期达到临界点时，金融泡沫就会破裂：一旦有足够多的人预期价格下跌，傻瓜接盘侠的供给就会枯竭。这是否可以解释1637年2月郁金香价格的突然暴跌呢？也许吧。

不过，也有另一种说法。随着像“永远的奥古斯都”这样的稀有球茎在过去几年里大量繁殖，它们的价格自然会下降。[9]哈勒姆属于荷兰较为温暖的城市之一，二月正是郁金香出芽的季节。在旅途中看到大量郁金香嫩芽破土而出，球茎交易商可能已经意识到，当年的郁金香将会丰收，稀有的花卉也将不像他们所想的那么稀有。[10]如果是这样，价格下跌可能反映了供给的增加，而不是泡沫破裂。

不管具体原因是什么，郁金香狂热很快退去。其后果相当痛苦：许多交易并不是简单地用现金来交换球茎，而是承诺在未来支付购买球茎的价格。在没有钱的买家和没有球茎的卖家之间，诸多人为到底谁欠了谁多少而争吵不休。但繁荣的荷兰经济继续高歌猛进，丝毫没有受到影响。

后来出现的泡沫则带来更为严重的后果。历史上最大的繁荣与崩溃也许是19世纪40年代的铁路狂潮。拥有大量拥护者的评论家对未来金融危机的警告嗤之以鼻，大肆鼓动投资者购买英国铁路公司的股票，将其价格抬高到荒谬的水平。

前文曾出现过的查尔斯·麦基正是这样一位乐观的评论家，虽然他曾生动地讲述了许多有关荷兰郁金香投机者贪婪和愚蠢的故事。这些故事固然并不准确，但无疑引人入胜。在铁路狂潮泡沫破裂后，麦基那本有关群体性狂热的著作又出版了新的版本，但奇怪的是，他对最新的铁路狂潮只字未提。[11]

嘲笑过去出现并破裂的泡沫很简单，但判断我们眼前的到底是不是一个泡沫并没有那么容易。

9 王后御用瓷器

“王后陛下很高兴赐予这一产品自己的名号和恩典，赐其名为‘王后御用瓷器’，尊其发明者为‘王后御用瓷器供应商’。”

至少，这是乔舒亚·韦奇伍德（Josiah Wedgwood）讲述给世人的故事。乔舒亚的传记作者布莱恩·多兰（Brian Dolan）认为，夏洛特王后①的“诰令”更有可能是乔舒亚的建议。[1]她更可能认为这是一种恭维，而不是出于对自己利益的精明权衡。

为什么后面这种推测更有可能？因为乔舒亚·韦奇伍德确实是一个精明的人。他也许是世界上第一位管理会计师，也是一位颇具开创性的早期化学家，不断尝试处理和烧制黏土的新方法，并将结果以密码形式记录下来，以免自己的笔记被竞争对手偷走。他的首个重大突破是研制出一种新的“乳白瓷器”，即奶油色的瓷器，他制作的一套乳白瓷茶具深深地打动了夏洛特王后。他谦虚地表示：“它的外观相当新颖，表面覆盖着色彩丰富绚烂的釉料。”[2]

① 夏洛特王后（Queen Charlotte）指英国国王乔治三世之妻。——译者注

乔舒亚还是一个游说高手。在 18 世纪 60 年代，北斯塔福德郡的瓷器商不得不经受几英里长、破烂不堪的道路运输，才能把他们易碎的货物运送到大城市销售。[3] 乔舒亚吸引到投资者，并说服议会批准了一条连接特伦特河和默西河的运河。他的瓷器商同行都欣喜若狂，直到他们意识到乔舒亚早已精明地抢占了土地，将自己的新工厂恰好建造在新开挖的运河河岸边上。[4]

不过，也许乔舒亚最惊人的成就，是他成功解决了垄断理论中的一大问题，而且是在这一理论提出两个世纪之前。

提出这个问题的人是诺贝尔经济学奖得主、经济学家罗纳德·科斯。科斯提出一个设想：假如你是一个垄断者，即某种商品的唯一生产商，这种商品有很多人想购买，有些人愿意付极高的价格，有些人只愿意出较低的价格，但这一低价仍然足以让你获利。理想情况下，你肯定希望以高价将商品出售给第一群人，同时以低价将商品出售给第二群人。

但是，你怎么能做到这一点呢？一个可能的答案是以高价推出产品，随后降低价格来扩大市场。这就是史蒂夫·乔布斯为其第一款苹果手机采取的定价策略。苹果手机新机推出时的价格高达 600 美元。两个月后，乔布斯将价格下调至 400 美元。但是，那些花了 600 美元抢着尝鲜的人对此非常不满，这并不令人感到意外，尽管史蒂夫·乔布斯似乎对此大吃一惊。[5]

科斯指出，这种策略是行不通的。第一批买家将看透这个花招。他们会意识到，只要耐心等待，他们就能以更便宜的价格得到商品。这个想法被称作“科斯猜想”（Coase Conjecture），科斯在 1972 年发表的论文中对此进行了解释。[6]

早在 1772 年，乔舒亚就把自己与王后会面和涉足管理会计以来逐渐形成的商业模式记录成文。他已经掌握了经济学家现在所说的固定成本（例如研发成本）和可变成本（例如劳动力和原材料成本）之间的区别。[7] 他若有所思地对商业伙伴表示，“为王宫制造高档精美的花瓶装饰品”在一开始的时候会非常“昂贵”。

但是，一旦他完善了流程并培训了工人，就可以廉价地生产出仿制品。到了那个时候，“那些花瓶已经在贵人们的宫殿里被摆放了足够长的时间，以供中产阶层看到并欣赏”。乔舒亚接着写道，“中产阶层可能会以较低的价格大量购买此类产品”，[8] 因而你几乎可以听到收银机欢快地歌唱。

乔舒亚成功地预见到时尚自上向下传递的效应，该效应后来被称为“涓滴”理论：人们倾向于效仿那些他们认为社会阶层高于自身的人。[9] 当然，这并不是唯一的理论，如今，潮流也会“自下而上”，从大街上耍酷的年轻人开始向上扩散；[10] 许多时装公司都会雇用专门的“猎酷人”（coolhunters）来探寻并预测潮流趋势。[11]

但是，时尚的“涓滴”确实存在。例如，珠宝商安娜·胡（Anna Hu）据说曾付给女影星格温妮丝·帕特洛（Gwyneth Paltrow）100 万美元，以便让后者在奥斯卡颁奖典礼上佩戴其品牌的钻石手链。她为什么要花这个钱？[12] 显然，她是希望这样能刺激“中产阶层”的购买欲，并从中赚回这笔费用。

在出现地位堪比王室的影视明星之前，站在社会阶层顶端的，无疑只有王室成员：在 18 世纪 60 年代的英国，没几个人能比英国王后的地位更高。乔舒亚“王后御用瓷器”这一妙招的效果惊人。根据他的记载，销售额“极其惊人”。“王后御用瓷器”的售价高达竞争对手同类产品的两倍：正如历史学家南希·科尔（Nancy Koehl）所言，“赢得中产阶层顾客的，将是质量和时尚感，而不是低廉的价格”。[13]

乔舒亚向自己提出了一个至关重要的问题：“（王后御用瓷器）受到的这种普遍追捧和尊重，在多大程度上是由于它进入市场的方式，又在多大程度上是由于其实际功效和美丽的外观？”他总结说，从现在起，他将致力于使自己的产品获得“王室或贵族”的认可，并对此投入不亚于对产品本身的“努力和资金”。[14]

但乔舒亚下一步该怎么做呢？他开始亲自“猎酷”。他向那些“艺术鉴赏家”（富有的艺术品收藏家）大献殷勤，因为这些人会不断从欧洲之旅带回各种藏品。他发现，当时最热门的新事物是意大利正在发掘的伊特鲁里亚①陶器。[15]乔舒亚能做出类似的东西吗？他一头扎进了实验室，用青铜粉、硫酸铁、粗锑调制出一种颜料，让它完美地模仿了伊特鲁里亚风格。[16]为了宣传品牌，他毫不隐讳地将自己运河边的工厂称为“伊特鲁里亚”。

他的贵族客户对此欣然接受。一位上了年纪的贵族订购了三个花瓶，热情洋溢地表示：“你将‘超越古人’。”[17]

乔舒亚持续进行各种实验。按照传统工艺，人们先烧制黏土，然后再上漆或上釉。乔舒亚找到了在烧制前用金属氧化物对黏土进行染色的方法，从而产生了奇特的半透明效果。“浮雕玉石”（Jasper ware）瓷器拥有一种与众不同的浅蓝色，并带有浮雕的白色装饰，至今仍与乔舒亚品牌紧密相连。[18]

这个产品成为另一个巨大的成功。借用历史学家詹妮·乌格洛（Jenny Uglow）的话来说，乔舒亚已不仅可以“追随时尚，还可以

---

① 伊特鲁里亚（Etruscan），意大利古文明之一，是伊特鲁里亚地区（今意大利半岛及科西嘉岛）于公元前12世纪至前1世纪发展出来的文明。——译者注

引领时尚”。[19]

但是，为什么乔舒亚没有落入科斯猜想的陷阱呢？经过一段时间，他的贵族客户也应该会发现，每当乔舒亚推出新品时，他们完全可以再等一等，然后以更便宜的价格购买它们。

这个问题的答案也藏在时尚“涓滴”理论之中：如果人们试图效仿社会地位高于自己的人，那么假如你已经处于比较高的社会地位，你会怎么做？显然，你会努力与位于自己下方的阶层看起来有所不同。今天，一些经济学家将时尚视为科斯猜想的一种例外情况。[20]即便人们知道假以时日，他们就能以更便宜的价格买到某种商品，但有些时候，他们就是想当第一批尝鲜的人。

博得王后称赞之后几年，乔舒亚表示，王后御用瓷器“现在已经泛滥，变得庸俗而毫无特色”。[21]如果上层阶层想要和中产阶层有所区别，他们必须购买新东西来彰显自己的财富和品位。自然，乔舒亚总有新东西卖给他们。

10
香烟广告

20 世纪 20 年代，美国一名参加香烟品牌盲测的男子声称，骆驼牌香烟“味道可怕并且满嗓子烟味经久不散”，所以他确信自己刚抽的那支烟一定是好彩香烟①，他一直抽的牌子。好彩烟，你看，“能够轻松顺滑地一口吸进去”，就像他刚才抽的那支一样。

他刚刚抽的那支烟，当然，是一支骆驼香烟。[1] 如今，品牌的强大力量已经不再是什么新闻。但在当时，这一点才初露端倪。早期的大品牌有家乐氏麦片、金宝汤罐头和高露洁牙膏[2]，但它们中，没有一个比香烟的品牌更重要。例如，1914 年骆驼香烟的上市活动投入了史无前例的巨大资金，报纸上的广告——“骆驼将至”——日复一日地撩拨着人们的兴趣，然后是“骆驼香烟终于来了”。[3] 历史学家罗伯特·普罗克特（Robert Proctor）指出：“我们可以公平地说，这个行业发明了现代营销的许多手段。”[4]

---

① 好彩香烟（Lucky Strike）是著名美国香烟品牌，创建于 1871 年，也是世界上最古老的香烟品牌之一，1993 年被英美烟草收购。——译者注

为什么香烟会引领营销的潮流？这个问题并没有唯一的答案。如果不是有人在1839年偶然发现，通过烘烤可以降低烟草的碱性，香烟可能不会如此受欢迎。这种方法意味着人们可以把烟吸进肺部，这比只把烟含在嘴里更容易上瘾。安全火柴的发明也起到了帮助作用。[5]但主角是一位来自弗吉尼亚州，名叫詹姆斯·邦萨克（James Bonsack）的发明家。

1881年，邦萨克为他的新机器申请专利时，烟草已经存在了几个世纪，但香烟仍然是一种小众产品，其市场由烟斗、雪茄和咀嚼烟草所主导。邦萨克的父亲拥有一家羊毛厂。他在看到工厂里的梳棉机工作时（梳棉是将纤维变成纱线的一个步骤），忽然想到也许能用它来卷烟。他最终设计出的装置重达一吨，每分钟能生产出200支香烟，相当于一个人手工卷烟一小时的产量。[6]

烟草企业家詹姆斯·布坎南·杜克（James Buchanan Duke），也被称为巴克·杜克（Buck Duke），认识到这个发明的重要性，立即与邦萨克达成一笔交易，准备借此垄断卷烟市场。这对杜克而言，既是一个机会，也是一个挑战：现在他能够大量制造香烟了，但他能卖得出去吗？香烟的形象面临一个问题：人们认为香烟的地位不及雪茄，而很关键的一点是，雪茄已经被证明更难实现机械化。[7]

杜克没有被吓倒。他看到了自己必须做的事：做广告。他还想出了一些办法，比如发放优惠券和收藏卡。到了1889年，他已经将收入的20%左右用于促销——在当时，这是前无古人之举。[8]这个做法奏效了。到1923年，香烟已成为美国人最流行的烟草消费方式。[9]

一些早期的烟草广告宣传要是放在现在，很可能会让人觉得惊讶。举个例子，好彩香烟曾用吸烟有助于减肥来做推广，声称“与其吃糖，不如抽好彩”（Reach for a Lucky instead of a sweet），并配以一位苗条的年轻女士的形象。糖果制造商对此感到非常愤怒，有人以下面的广告反击说：“不要上任何人的当，相信香烟可以代替糖果。香烟会使你的扁桃体发炎，尼古丁会毒害你身体的每一个器官，使你的血液干涸，它们就是你棺材上的钉子。”[10]

但是，对你而言，谁提供的健康建议更可信：是糖果公司还是医疗专家？“20679 位医师表示，‘好彩的刺激性更小’”，一个好彩香烟推广活动传递了这样的信息。如果这对你来说还不够，那么“更多医生抽骆驼，而不是其他香烟”[11]的广告语怎么样？

香烟口味盲测试验表明，那些关于喉咙刺激的说法其实是子虚乌有。20 世纪 40 年代，《读者文摘》（*Reader's Digest*）杂志进行了一项更系统的调查，并得出了同样的结论，指出：就健康而言，购买哪个品牌的产品都“没有任何实质性的区别”。[12]到 20 世纪 50 年代，美国监管机构决定，禁止香烟广告再提及医生或身体部位。[13]这对广告商来说似乎是一场危机，但事实证明，这反而成为一种解放。电视连续剧《广告狂人》（*Mad Men*）戏剧化地呈现了这种解放：

> 这是自谷类食品发明以来最大的广告机会。我们有六家相同的公司生产六种相同的产品。现在，我们想说什么就说什么。[14]

广告人唐·德雷珀（Don Draper）是一个虚构的人物，但他的见解一语中的。当产品在本质上没有区别时，公司可能会在价格上竞争，但这么做会侵蚀其利润率，因此在品牌上进行竞争要好得多，也就是说，让人们认为你的产品与其他人的不一样，并以此来更有效地吸引不同的购买者。20 世纪 60 年代，美国购买香烟的人数比以往任何时候都多。[15] 也许你会通过抽万宝路香烟将自己与“万宝路男人”的阳刚之气联系起来；也许你被“走到今天不容易，宝贝儿！”（You’ve Come A Long Way, Baby.）的广告语打动，通过抽维吉尼亚细长型（Virginia Slims）女烟来表明自己支持女权的态度。[16]

经济学家谈论的则是商品产生的“消费者剩余”，即某件商品给消费者带来的享受减去他为购买该商品必须付出的代价。那么，消费者的享受是源于其对产品质量的欣赏还是对品牌的热爱有什么关系吗？换句话说，如果一个人在口感盲测试验中自信地将骆驼香烟误认为是好彩香烟，那么我们是否可以因此认为，他从好彩中获得的享受不那么真实呢？

毫无疑问，如果我们谈论的是麦片、罐头汤或牙膏，这个问题大可不必如此紧张。如果你因为被家乐氏、金宝汤或高露洁的广告所吸引而购买产品，那又会有什么危害？但是对于香烟这样的健康杀手，消费者体验与品牌捆绑在一起可能会引发我们的担心。许多国家已正式禁止香烟的电视广告和体育赞助。[17] 一些国家甚至坚持采用无设计的包装，以毫无吸引力的标准字体显示品牌名称。[18] 烟草公司表示，没有“令人信服的证据”表明这种方法有效果。[19] 当然，如果他们以前没有花很多年的时间一口咬定并无“令人信服的证据”表明香烟会引起癌症或心脏病，那么他们的这种说法可能会更“令人信服”。[20]

目前，许多地方的吸烟率正在下降；但在一些管制较为宽松的贫困国家，情况则大不相同。[21] 全球每年的香烟产量仍然高达约 6 万亿支，相当于地球上每个成年人平均分得 1000 多支。[22]

11
缝纫机

吉列的广告反对“有毒的阳刚之气”。[1]百威啤酒制作了带有特殊装饰的旗杯，以鼓励非二元性别者①和流性别者②为自己的身份认同感到骄傲。[2]这些都是所谓“觉醒资本主义”（woke capitalism）的例子，即企业出手，积极推动社会事业前进，这在目前似乎已经成为社会的大热门。[3]但是，觉醒资本主义并不像你想象的那样新潮。

早在1850年，社会进步运动已经有了一定的发展。在那之前几年，美国社会活动家伊丽莎白·凯迪·斯坦顿（Elizabeth Cady Stanton）在一个妇女权利大会上呼吁妇女参加投票，引起了巨大争议，甚至连她的支持者都觉得那个诉求太雄心勃勃了。[4]

同时，在波士顿，一位不成功的演员正试图通过转型为发明家来掘取自己的第一桶金。他曾在一间工作坊的展示厅租用地方，希

---

① 非二元性别者（non-binary）指那些超越传统意义上对男性或女性的二元划分、不单纯属于男性或女性的自我性别认同。——译者注

② 流性别者（genderfluid）指在不同时间经历性别认知改变的人。——译者注

望出售自己研制的木制活字雕刻机，但是木制活字很快过时。虽然他的设备独具匠心，但没人愿意花钱购买。[5]

这时，工作坊的主人邀请这位发明家来看看自己正在苦苦研发的另一种产品。那是一台缝纫机，但不大好用。尽管许多发明者已经为此尝试了数十年，但还没有人成功地研发出实用的缝纫机。

这里面蕴含的商机显而易见。诚然，在缝纫女工的时代，她们的要价并不高：正如《纽约先驱报》（*New York Herald*）的报道所说，“我们不知道还有哪一类女工的工资比她们更低，或是有哪个阶层的女工比她们更贫穷，日子过得更艰难”。[6]但是缝纫要花极长的时间——缝制一件衬衫要花 14 个小时[7]。提高速度显然会带来极大收益。

而且，受苦的不仅仅是女裁缝，多数为人妻女者都需要做针线活。用当代作家莎拉·黑尔（Sarah Hale）的话说，这项“永远没头，永无止境”的任务，使妇女们的生活“完全成为乏味的永恒劳作”。年轻的女士们“手指灵活，头脑空虚”。[8]

在波士顿的那间工作坊，上面提到的发明家估测了机器的尺寸，并打趣道：“你真想除掉唯一能让女人保持安静的事情吗？”[9]

这位发明家就是艾萨克·梅里特·辛格（Isaac Merritt Singer）。他衣着华丽、富有魅力、为人慷慨，但也可以变得冷酷无情。他是个不可救药的花花公子，至少生了 22 个孩子。在很多年间，他设法同时维持着三个家庭，每位妻子都不知道其他女人的存在，与此同时，在法律层面上，他和每个人都是合法夫妻。此外，至少有一个女人抱怨曾遭受过他的殴打。

简而言之，辛格绝不是天生支持妇女权利的人，尽管他的某些做法可能会激励一些妇女团结起来抗争。他的传记作者露丝·布兰登（Ruth Brandon）曾冷冷地评论道，他是“那种为女权运动奠定了某种坚实基础的人”。[10]

辛格认真打量了那台机器，然后他告诉工作坊的老板：“我不想让梭子绕着圈走，我要让它沿直线来回移动，此外，不要让针杆水平地推动弯曲的针头，而是改成一个直针上下移动。”[11] 辛格获得了专利，并开始销售自己研发出的机器。这种缝纫机令人印象深刻：它是第一个真正实用的设计，可以在一个小时内完成一件衬衫。[12]

不幸的是，这台机器要依赖其他多种创新发明，而它们已经被发明人申请了专利，例如用来锁针的开槽眼子针和给布的机制。[13] 在 19 世纪 50 年代的“缝纫机大战”中，各家相互竞争的缝纫机制造商对相互起诉专利侵权的兴趣比对出售缝纫机的兴趣更大。[14] 这种情况现在被称为“专利丛林”现象（patent thicket）。

最后，一位律师将各方聚在一起。他指出，他们中的四人所拥有的专利足以制造出一台好的缝纫机，那么，他们为什么不互相许可，然后齐心协力地起诉其他所有人侵权呢？[15] 这是一个天才的想法，而这种所谓“专利池”（patent pools）的做法目前在复杂的发明中已经非常普遍。[16]

摆脱了法律上的纷争之后，缝纫机市场开始腾飞，而辛格开始主宰市场。他的工厂可能会让参观过竞争对手工厂的人大吃一惊。其他人已经争先恐后地拥抱了所谓的“美国制造体系”，使用定制工具和可互换零件。我们将看到，这个体系的确在枪械制造方面拥有巨大的价值。不过，辛格在这方面却落后一步：在很多年的时间里，他的机器都是用手工加工的零件和商店买来的螺母和螺栓制造的。[17] 但辛格和他精明的商业伙伴爱德华·克拉克（Edward Clark）在另一个领域，即市场营销领域，却是开拓者。当时，缝纫机价格昂贵，售价高达普通家庭几个月的收入。[18] 克拉克想出了分期付款的主意：一个家庭可以每月花几美元租用缝纫机，当他们的租金总额等于购买价格时，他们就拥有了这台缝纫机。[19]

这是一个很有吸引力的提议：没有债务，没有购买义务。[20] 这种方法有助于抵消过去几年那些速度较慢、可靠性较低的缝纫机带来的坏名声。此外还有辛格的大批代理人，他们会在你购买机器后帮助你安装好机器，然后打电话回访，检查机器是否正常工作。[21] 辛格在世界各地雇用了这些代理，他们被公司毫不谦虚地称为“文明先驱”（Herald of Civilization）。[22]

不过，所有这些营销努力都面临一个问题，那就是对妇女的歧视。

当时的两幅漫画生动地反映出伊丽莎白·凯迪·斯坦顿致力反抗的社会态度。在其中一幅漫画里，一个男人问，既然可以娶回家一个妻子，为什么还要买一台缝纫机呢；在另一幅漫画中，一位推销员宣称，这样女人就会有更多的时间“提高她们的智力了”！这些荒谬的想法被广为接受，[23] 并且这种偏见还助长了人们对女性能否操作这些昂贵机器的怀疑。[24]

不管他自己在生活中对妇女表现出多么的不尊重，辛格的事业能否成功，有赖于他是否可以证明妇女具备这种能力。他在百老汇租了一家商店的橱窗，并雇用年轻妇女来演示他的机器。这些演示吸引了大量人围观。[25] 他带着这些妇女到展览会和嘉年华上巡回演示，在那里，他充分发挥了自己的天分，放声高唱哀伤的流行歌曲，悲叹缝纫女工的凄惨命运：[26]

十指疲惫酸痛，
双目红且肿，
一个女人漠然枯坐，衣衫褴褛，
用手中的针线，
缝啊！缝啊！缝！

辛格的广告将女性打造成拿主意的人："由制造商直接卖给家里的女主人。"[27] 广告暗示女性应该追求经济独立："任何优秀的女性经营者每年都能从中赚到 1000 美元！"[28]

到了 1860 年，《纽约时报》热情洋溢地写道：没有任何一样其他发明能给我们的母亲和女儿带来如此大的解脱；女裁缝们找到了"报酬更高，也更轻松的工作"。[29] 尽管如此，《纽约时报》仍然暂时放下了其一贯高举的性别平等意识大旗，将这一切归因于"男人的创造性天才"。也许我们应该问问一个女人。莎拉·黑尔在《戈迪女性丛书》(*Godey's Lady's Book and Magazine*) 中指出："那个忙于缝纫的妇女只是……在夜晚可以休息，在白天履行家庭责任并享受居家的快乐。这对世界而言难道不是一大收获吗？"[30]

今天，很多人对"觉醒资本主义"持怀疑态度。它只不过是一个幌子，目的是多卖些啤酒和剃须刀，不是吗？也许确实是这样。艾萨克·辛格喜欢说他只在乎钱，[31] 但他的故事表明，即使是最自私的动机，也可能推动社会进步。

12
邮购目录

“当心！不要从蒙哥马利·沃德公司（Montgomery, Ward & Co.）买东西。他们是不靠谱的骗子。”

鉴于蒙哥马利·沃德这个品牌目前仍然存在[1]，我最好说清楚，这可不是我现在给各位的建议，而是《芝加哥论坛报》在1873年11月8日发出的警告。[2]

那么，亚伦·蒙哥马利·沃德（Aaron Montgomery Ward）都干了些什么，以至于让《芝加哥论坛报》的编辑确信，他经营的是一家专门对农村地区天真纯朴、容易上当的老乡下手的“诈骗公司”？事实是，在沃德散发的传单上，他以令人难以置信的低价提供同样令人难以置信的海量商品，商品种类超过200种。此外，蒙哥马利·沃德公司不仅从未在任何商店中展示过它的商品，也没有雇用任何代理人：“事实上，他们完全隐藏在公众的视线之外，只能通过寄到邮局某个信箱的邮件进行联络。”[3]

很明显，这一定是某种“骗局”。还有什么别的可能吗？《芝加哥论坛报》似乎没有考虑过，沃德之所以能够提供“不真实”的低价格，正是因为他没有租用昂贵的店面，也没有雇用中间人。不过，在诉讼的威胁下，编辑们很快搞清楚了沃德的全新商业模式。几周后，他们刊登了一封言辞恳切的道歉信，承认“这是一家真正的公司，其成员值得敬重，以完全合法的方式从事完全合法的业务”。[4] 沃德在他的新一期邮购目录单上印上了这封道歉信。[5]

亚伦·蒙哥马利·沃德当时年仅二十多岁，曾在一家乡村商店当店员，随后前往芝加哥，在后来发展为商业巨头的马歇尔百货公司（Marshall Field）找到了一份推销员的工作。这份工作需要沃德往返于多个农村地区的杂货店，并且让他意识到，这些商店的库存商品选择极其有限，且价格极高。[6]

农民们也注意到了这一点。他们已经开始探索其他方法，以更便宜的价格将货物运到他们遥远的农村居所。新近成立的一个组织的本地分会吸引了大量农民，这个组织有一个拗口的名字，叫作“全美格兰其农业保护者协会”（National Grange of the Order of Patrons of Husbandry），简称“格兰其”。其初衷是希望通过集中组织成员的购买力来协商出更优惠的价格。[7] 这是一个老生常谈的想法，团购网站高朋网（Groupon）其实也是它的一个最新变种。

邮购在那时虽然已经出现，但并不普遍——仅有少数几家专业公司提供邮购服务，涵盖的商品种类也极为有限。[8] 沃德抓住了这个巨大的商机，他采用的模式非常简单，即通过邮购销售多类商品，在批发价之上附加低微的利润，然后直接出售给消费者。[9] 同时，买家在收到货物时才需要支付货款，也就是说，如果他们不喜欢收到的商品，可以拒绝付款并将其退回。正如一扫此前持狐疑态度的《芝加哥论坛报》所承认的那样，“很难看到这样一种交易模式如何能够欺诈任何人，或是对他们强买强卖”。[10] 沃德的才能还扩展到文案写作，他后来留给世界一个经典名句：“不满意就退款。”[11]

在遭到《芝加哥论坛报》质疑仅仅两年后，沃德的邮购目录单已经变成一个长达 72 页的目录册，列出了约 2000 件物品。[12] 例如，你可以花 55 美分买 250 个鲜黄色的 5 英寸信封；或者以同样的金额买到 12 打小号煤油灯芯；花 6.5 美元，你就可以买到一条白色的大号超细毛毛毯。沃德还将满意顾客的好评印刷出来，其中有人说，他的商品价格只有本地商店售价的一半。[13]

沃德的邮购目录册本质上只是一份商品和价格清单，但这个目录册后来被纽约的文学协会格罗里埃俱乐部（Grolier Club）评为美国历史上最具影响力的 100 本书之一，与《白鲸》、《汤姆叔叔的小屋》和《圣诗全集》① 比肩。[14] 评委表示，该目录册“也许是对提高美国中产阶层生活水平影响最大的一本书”。[15]

它也激励了竞争对手的出现，尤其是西尔斯·罗巴克（Sears Roebuck），后者很快就成为市场领导者。（根据传说，西尔斯·罗巴克的邮购目录册比蒙哥马利·沃德的目录册稍微小一点，其目的是让喜欢一切都井井有条的家庭主妇在摆放这两本书时，会自然地将西尔斯的目录放在上面。）[16]

到 19 世纪末，邮购公司每年能获得 3000 万美元的收入，按今天的价值计算，它已成为一项 10 亿美元的大生意；[17] 在接下来的 20 年里，这个数字又增长了近 20 倍。[18] 邮购的普及还引发了农村居民对邮政服务的需求——当时，如果你住在城市，你的信件会递

① 《圣诗全集》俗称《海湾圣诗》（*Bay Psalm Book*），是美国历史上的第一本印刷书籍。该书是当时清教徒对希伯来文《圣咏》的忠实英文翻译，被视为“美国文学的开端”。——译者注

送到门口，但如果住在农村，你则不得不亲自赶往最近的邮局取信。政府最终听取了农村居民的呼声，并意识到，如果要让邮递员奔赴广大偏远地区，他们最好也能改善公路网。[19]

“农村免费递送服务”取得了巨大成功，蒙哥马利·沃德和西尔斯·罗巴克则成为主要的受益者。[20]这是邮购的黄金时代。邮购商品目录册膨胀到上千页，图文并茂。[21]人们迫不及待地等着新的版本。忘了鲜黄色的信封吧，你可以邮购一整栋房子。例如，只要花上 892 美元，西尔斯·罗巴克就会给你寄来一栋拥有五间屋的大房子。严格地说，他们会寄给你“木材、板条、木瓦、预制构件、地板、天花板、饰面板、建筑用纸、水管、排水槽、吊窗锤、五金和油漆材料”。[22]当然，还有建筑图纸，肯定比你从宜家购买比利书柜时配的图纸更让人望而生畏。100 年已经过去了，许多通过邮购工具包建造的房屋仍然屹立未倒，有些已经以超过 100 万美元的价格易手。[23]

然而，邮购目录本身却没有那么耐久。蒙哥马利·沃德和西尔斯都开始建立百货公司，因为随着汽车的普及，人们越来越喜欢去购物中心购物，邮购渐渐淡出了人们的生活。1985 年，蒙哥马利·沃德终止了他的邮购业务，[24]西尔斯也在几年后做出同样的决定。[25]不久后，互联网出现了：杰夫·贝佐斯认为，没有必要每年给消费者寄一本上千页的亚马逊目录。公司发现了其他向客户推销产品的方法：营销专家鼓吹说，尽管与以龟速邮递、光鲜亮丽的目录册相比，电子邮件收到的回复要少得多，但是它们的成本也低很多，所以仍然可以带来更高的投资回报。[26]不过，如果说邮购目录的全盛时期已经过去，它们如今正在这样一个地方重新焕发活力：一个实力迅速提升的经济体，一个在偏僻的农村地区大举修建道路和通信基础设施的政府，[27]一群渐渐厌倦现有零售方式的消费者，[28]还有一些富有远见、不断创造全新商业模式的企业家，让人们安坐家中即可浏览网页和订购商品。

这个地方就是中国。只不过在那里，互联网取代了邮政服务，邮购巨头的角色则让位于中国的电子商务巨头——京东和阿里巴巴。[29]

中国已经掀起了全民网购的热潮：中国人的网上消费额大致相当于美国、英国、法国、德国和日本的总和。[30]将农村地区纳入经济体系不仅能够扩大消费者的选择范围，而且能够提高中产阶层的生活水平：拥有良好的道路和畅通的信息访问渠道还意味着拥有了制造和销售物品的更大空间。经济学家詹姆斯·费根鲍姆（James Feigenbaum）和马丁·罗滕伯格（Martin Rotemberg）研究了农村免费递送服务在美国的发展情况，他们发现，当这种服务扩展到一个新县时，对制造业的投资也随之而来。[31]中国似乎正在经历同样的过程，国内已经出现了众多“淘宝”村，在那里，大量乡镇企业生产从红枣到银器工艺品，再到儿童自行车等各种商品[32]。

淘宝是阿里巴巴旗下的在线购物平台。它从本质上讲就是一个商品和价格目录。但是，也许它有望像任何一部文学巨著一样塑造社会，正如蒙哥马利·沃德当年所做的那样。

13 快餐连锁店

在这一边，雷·克罗克（Ray Kroc）兴奋地描绘着美好的前景，鼓励麦克唐纳（McDonald）兄弟开设更多的汉堡包餐厅，但另一边，兄弟俩皱紧了眉头。

这个场景发生在1954年，地点是在加州的圣贝纳迪诺。那里在当年还是沙漠边缘一个安静的小镇，位于洛杉矶以东大约50英里。克罗克以销售奶昔机为生，而迪克（Dick）和麦克·麦克唐纳（Mac McDonald）是他最好的顾客。他们的餐馆很小，但每天都卖出很多奶昔。很明显，他们经营有道。

但他们并不想扩张。麦克·麦克唐纳解释了原因：“我们喜欢傍晚时坐在门廊上看日落……身心宁静。”[1] 开设更多分店会让人头疼，那意味着要四处奔走、寻找合适地点、面试门店经理、住在汽车旅馆里。为什么要找这个麻烦？他们赚的钱已经花不完了。[2]

这个解释对很多人来说可能言之有理，但对雷·克罗克来说却不是。克罗克后来回忆说：“他的这种说法从来就没进过我的脑子。”他最终说服兄弟俩允许他来扩大他们的连锁餐厅。30年后，当他去世时，麦当劳已经拥有数千家连锁餐厅，每年带来数十亿美元的收入。[3]

这表明：成功的企业家并不都是一个模子塑出来的。他们想要不同的东西，也拥有不同的才能。以迪克和麦克为例，他们很擅长想出更有效的方法来做汉堡包。他们与当地工匠合作，发明了一种新的抹刀，一种每次喷射同等数量番茄酱和芥末酱的新型分配器，还有一种可以更快地把汉堡肉饼、面包和调味酱组合在一起的旋转平台。麦克唐纳兄弟针对汉堡包和炸薯条所做的一切，正像亨利·福特针对汽车制造所做的：将流程分解为简单和重复性的任务。这意味着他们可以快速、廉价地生产出品质均一的食物。当时还没有任何人这样做过。[4]

但是，一旦走出厨房的方寸世界，兄弟俩几乎表现得相当无知。在竞争对手透过窗户窥视，并拿出记事本开始画草图时，迪克和麦克一笑置之。[5] 如果有人问起那些巧妙的调味品分配器，他们会兴高采烈地告诉对方自己工匠朋友的名字。他们没有一个费心为这项设计申请专利。[6]

鉴于有些人不再满足于偷偷画下草图加以模仿，兄弟俩开始出售特许经营权，但用的是他们的方式。只需一次性支付一笔费用，你就可以买到他们餐厅（带有金色拱门设计）的蓝图，一个 15 页的“快速服务系统”说明，以及为期一周的培训。在那之后，特许经营人就全靠他们自己了。[7]

迪克和麦克从没想过让接受他们培训的人提供相同的菜单，甚至使用相同的名字。当他们的第一个特许经营人提到，他也会把自己的新餐厅起名“麦当劳”时，迪克回答说：“这是什么鬼主意？”[8]

此时，一个拥有不同才能和想法的人适时出现，加入了这个由运转顺畅的厨房和半生不熟的特许经营模式组成的生意。雷·克罗克年届五旬，深受从糖尿病到关节炎等各种健康问题的困扰。[9]但他对金钱的渴求胜过追求享受宁静的日落时光，他热爱出差生活。克罗克后来写道："为麦当劳餐厅寻找新址是我能想象到的最具创造性和成就感的事情。"[10]在麦克唐纳兄弟琢磨如何改进炸薯条的时候，克罗克则在殚精竭虑地思考如何改进特许经营。

特许经营的想法本身并不新鲜。"特许经营"一词来源于古法语"franche"，意思是"免费"或"免税"。在过去的年代，君主可能会授予你组织一个集市的特许经营权，换句话说，就是在特定时间段、特定区域内做某件事的专营权。在19世纪，你可能会购买专营权，以便在当地销售辛格生产的缝纫机。[11]

现在，特许经营已经无处不在。无论你入住某家希尔顿或是万豪酒店，还是从赫兹或欧乐驾租车，或是在7-11便利店或家乐福购物，为你提供服务的，可能都是一个特许经营人。[12]这种商业形式的特许经营似乎始于19世纪90年代，由加拿大的玛莎·马蒂尔达·哈珀（Martha Matilda Harper）创造。她曾经是一位女仆，但最终建立了一个国际美容院网络，而她的特许经营权模式改变了许多女仆的生活。[13]

不过，真正赋予连锁式特许经营以现代形式的，是20世纪50年代的快餐业。当时，陆续出现了一系列快餐连锁店，不仅有麦当劳，还有汉堡王、肯德基和许多现在已被人们遗忘的品牌。[14]雷·克罗克的一个重要理论是，食物品质均一极其重要。[15]特许经营人不仅获得使用公司品牌和了解其方法的权利，还应承担以特定方法来做事的义务。麦当劳开设了一个全日制培训中心，叫作"汉堡大学”（Hamburger University），教授学生各个相关方面的知识，例如应该购买哪种土豆。[16]公司的督察员奔赴各地，撰写长达27页的报告，内容涉及特许经营人是否在适当的温度下烹熟食物，并保持卫生间干净。[17]

乍一看，这种方式对新入行的餐厅老板并没什么吸引力：难道人们不想设计自己的品牌并开发自己的菜单？为什么要向麦当劳公司支付45000美元，再加上总销售额的4%，[18]就是为了换取他们可以随时派遣督察员监督自己洗刷卫生间的马桶？好吧，支付这些代价主要是为了获得品牌的好处——换个角度想想，如果受到监督能确保你不偷工减料损害品牌，那么你也大可放心，相信其他加盟商也会这么做。

至于特许人，为什么不自己拥有和经营新的分支机构呢？许多公司同时使用这两种方法，在麦当劳的36000个门店中，大约15%是其自营的。[19]但加盟商也为公司带来了很多好处，包括现金流。别忘了，麦当劳开一家新餐厅的费用可能超过100万美元。[20]

特许经营人还可以提供有关本地情况的知识，如果希望扩张到拥有陌生文化的新国家，这一点尤其重要。而且从激励的角度来看，自己投入资金的所有者兼经理人与领公司薪水的职业经理人相比，往往会付出更多努力来降低成本。经济学家艾伦·克鲁格（Alan Krueger）发现了一些证据，也许可以支持这一观点：在公司自营的快餐店中，工人和值班主管的收入显然比其在特许经营店中的同行收入要高。[21]

当然，双方也都同时承担了一定的风险。特许人必须相信特许经营人会努力工作，而特许经营人则必须相信，特许人会不断创造并宣传令人兴奋的新产品。当双方担心对方不够努力时，将出现所谓的“双边道德风险”（double-sided moral hazard）。这是经济学的一个分支，代理理论（agency theory）的研究范畴，即特许经营合同如何通过前期费用和百分比提成的组合来解决这个问题。[22]

但这种模式似乎运行顺畅，这也许是因为像克罗克和麦克唐纳兄弟一样，不同的企业家想要不同的东西。有些人希望每天都能自由地经营自己的生意，但对开发产品或建立品牌不感兴趣。

麦克唐纳兄弟的一位早期特许经营人觉得自己不喜欢麦当劳的金色拱门，因此，他让建筑商把拱门改成尖顶，并把自己的餐厅改名为“巅峰”（Peaks）。[23]那时仍然是一个自由的时代；而如今，企业的劳动分工已经像一个摆满汉堡的旋转台一样受到严格管理。

14 筹款行动

亚当·斯密曾在《国富论》中写下了这样的名句："我们每天有吃有喝，并非由于肉商、酒商或面包商的仁心善行，而是由于他们关心自己的利益。我们诉诸他们自利的心态而非人道精神，我们永远不会向他们诉说我们多么可怜，物质又是如何的匮乏，而只说他们会获得什么好处。"[1]

但是，斯密在18世纪70年代写下上面的论断时，他的信箱里可能并不会收到附有饥饿儿童照片的信件。当他在自己的家乡柯科迪闲逛时，也不会被挥舞着标语牌的年轻女性搭讪，试图让他加入每月定期捐款者的队伍。在当今世界，我们经常被教导不要只关心自己会获得什么好处，而是应该关注他人的匮乏。

慈善事业已经成为一项大生意，尽管很难说它到底有多大，因为一目了然的数据并不算多。例如，一项研究估计，英国人平均每花费100英镑，就包括54便士的捐款；这个数字是德国人的3倍，但美国人的数字则是这个数字的3倍。[2]

这个数字还大致相当于英国人在啤酒上的花费，也不比他们花在肉类上的钱少太多，并是他们购买面包费用的 3 倍。[3] 从经济意义上讲，慈善募捐者占据着和肉商、酒商与面包商同等重要的地位。

当然，慈善和人道精神一样古老。过去宗教上传统收取什一税，即把个人收入的十分之一间接地奉献给有价值的事业，这使得今天人们每 100 英镑中不到 1 英镑的捐款略显可笑。[4] 尽管如此，考虑到税收制度已经取代了什一税，并且现代的募捐者并没有声称为上帝代言的优势，因此募捐者需要拥有专业的说服能力。在这个领域中，有一个人不得不提，他被誉为“募捐领域之父”。[5]

他的名字叫查尔斯·萨姆纳·沃德（Charles Sumner Ward）。19 世纪末，他开始为基督教青年会（YMCA）工作。《纽约邮报》形容沃德是“一个中等身材的人，性情十分温和，以至于人们根本想不到他有能力让那些迄今为止一毛不拔的人慷慨解囊”。[6]

他的这种能力在 1905 年首次引起了广泛关注。当时，他的雇主派他前往华盛顿特区，为一座新建筑筹款。沃德找到一位富有的捐赠者，对方愿意认捐一大笔现金，但前提是沃德能够从公众处筹集到剩余的资金，同时捐赠者还人为地设定了最后期限。报纸大肆报道了此事，有一篇报道冠以如下标题：“基督教青年会与时间赛跑，争分夺秒筹集 5 万美元。”[7]

沃德将自己的方法发挥到极致：明确的目标、清晰的时间限制、一个显示筹款进度的目标钟表，加上军事行动般精确计划的宣传策略。这些元素在现代社会似乎已经司空见惯，但在沃德 1912 年来到伦敦时，它们还属于新鲜事物。毫不意外地，他“对人性的洞悉，还有他极其精明地运用商业原则，以求在最合适的时机获得优势的能力”给《泰晤士报》留下了深刻的印象。[8]

第一次世界大战催生了筹款领域的更多创新，包括彩票和爱心卖旗日（flag days）等，后者在今天已经发展出腕带、丝带和贴纸等多种形式，以表明你已经捐过款。[9] 1924 年，沃德成立了一家筹款公司，并通过广告公开宣传它已经为从童子军（Boy Scouts）到美国共济会总部（Masonic Temples）等各个组织共筹集了多少资金，以及它可以为客户执行筹款活动，并对服务仅收取低廉的费用。[10]

对于查尔斯·萨姆纳·沃德当今的门徒来说，什么才算是“商业原则的精明运用”？我们可以从《卫报》采访的多位广告主管那里获得一些线索。他们表示，饥饿儿童的照片在社交媒体上并不会带来很多人点赞。相反，你需要建立自己的品牌，吸引公众参与并使人们感到有趣。[11]

经济学家还针对捐赠行为的动机进行了研究。一种被称为“信号传递”的理论指出，人们做出捐赠行为的部分原因是为了给他人留下好印象。[12] 这可以解释为什么腕带、丝带和贴纸会经久不衰地流行：它们不仅展示了我们认为重要的事业，还展示了我们的慷慨大方。[13]

还有一种所谓“温暖的光辉”（warm glow）理论，指人们捐赠是为了让自己感觉好一点儿（或是为了减少内疚感）。你可能注意到了，这两种理论都没有讨论慈善事业是否真的发挥了作用。

针对这些想法进行的实验得出了——呃，有点儿令人沮丧的结论。经济学家约翰·李斯特（John List）和他的同事们派人上门劝捐；一些人直接募捐，另一些人则针对同样的项目推销慈善彩票。一点也不令人奇怪的是，慈善彩票筹集到更多的钱。

但研究人员也发现，在直接募捐的工作人员中，那些魅力十足的年轻女性的表现要好得多——基本上达到了彩票推销的水平。正如这项研究就事论事指出的那样，“这一结果主要是由男性应门者参与率提高所推动的”。[14]

这是利他主义信号传递理论的证据，你可以看到，这些绅士在传递这种信号时，热衷于选择什么类型的年轻漂亮的女士。

经济学家詹姆斯·安德雷奥尼（James Andreoni）从另一个角度研究了“温暖的光辉”理论，他研究了慈善机构开始获得政府补贴后对私人捐款的影响。如果捐赠者纯粹是出于无私的愿望做出捐赠，目的是确保慈善事业能够运转，那么当政府补贴到来时，捐赠应转移到其他有价值的慈善事业中。但这种情况并没有发生，这表明人们捐赠不是纯粹出于无私的目的——我们只是感觉自己是无私的，因而获得了“温暖的光辉”。[15]

现在听起来，亚当·斯密的理论说到底似乎仍然适用于慈善事业。募捐者大可以声称：“我们之所以得到捐款，并非由于捐赠者的仁心善行，而是由于他们希望让自己感觉好一点，或是让自己在他人眼中好一点。”

但是，如果慈善机构的卖点是它们散发出温暖的光辉和传递社交信号的能力，那么它们就不会有强烈的动力去做真正的善事。它们只需要讲好故事就行了。

当然，有些人会严肃地审视慈善机构善举的价值。有一项运动呼吁“有效的利他主义”，[16] 该运动的推动者包括一些非政府组织，如“妥善付出”（GiveWell），该组织研究慈善机构的有效性，并向公众建议哪些机构值得我们做出捐赠。[17]

经济学家迪安·卡兰（Dean Karlan）和丹尼尔·伍德（Daniel Wood）希望了解有效性的证据是否会改善筹款结果，因此他们与一家慈善机构合作以找出答案。这家机构的部分支持者收到了一封典型的筹款邮件，一个关于受益人塞巴斯蒂安娜（Sebastiana）的感人故事："她一生所知，只有无尽的贫困……"其他支持者在收到同样故事的同时，还有另外一段话，指出"严谨的科学方法"证明了这家慈善机构的影响。

结果如何？一些过去曾给予大笔捐款的支持者似乎被打动，并做出更多捐赠。但他们的行动被其他小额捐助者捐款的减少所抵消。[18] 只是提及科学似乎就已经破坏了人们的情感吸引力，并使温暖的光辉变得暗淡。

这也许可以解释为什么"妥善付出"组织甚至根本没有尝试去评估慈善世界中那些家喻户晓的名字，例如乐施会①、救助儿童会②和世界宣明会③。在一篇愤怒的博客文章中，他们解释说，此类慈善机构"喜欢发布大量旨在筹款的网络内容，但对注重实际效果的捐助者而言毫无意义"。[19]

或者，套用亚当·斯密的话就是："永远不会向他们诉说我们的行为效果如何。"

① 乐施会（Oxfam）是一个具有国际影响力的发展和救援组织的联盟，由十四个独立运作的乐施会成员组成。——译者注

② 救助儿童会（Save the Children）1919 年始创于英国，是全球领先的、独立的儿童慈善组织，目前在 120 多个国家和地区开展工作。——译者注

③ 世界宣明会（World Vision）是一个以儿童为本的国际性救援、发展及公共教育机构，于 1950 年为援助朝鲜战争的孤儿而创立。——译者注

15 圣诞老人

日本有一个奇特的年度习俗，“圣诞节的肯德基”，也就是在12月24日那一天吃肯德基炸鸡。这个习俗起源于一个富有创意的市场宣传。20世纪70年代，肯德基公司注意到，由于在日本找不到心心念念的圣诞节火鸡大餐，一些外国人开始以最接近的炸鸡作为替代品。现在，这在日本已成为一个流行的传统：那一天，各家肯德基炸鸡店周围都排着长队，顾客最早会在10月就开始预订他们的炸鸡套餐。[1]

当然，圣诞节在日本并不是一个宗教节日，因为日本只有极少数人是基督徒。但“圣诞节的肯德基”表明，宗教节日很容易就会被商业利益所绑架——从印度的排灯节①到以色列的逾越节②和犹

① 排灯节（Diwali），又称万灯节、印度灯节或者屠妖节，于每年10月或11月中举行，是印度教、锡克教和耆那教“以光明驱走黑暗，以善良战胜邪恶”的节日。——译者注

② 逾越节（Passover）在犹太教历尼散月（公历3月、4月间）14日黄昏举行。《出埃及记》记载：摩西率以色列人出埃及时，上帝命令宰杀羔羊，涂血于门，以便天使击杀埃及人长子时，见有血记之家即越门而过，称为“逾越”，犹太人遂立此节以志纪念。——译者注

太新年①莫不如此，但最著名的，是美国的圣诞节。

为什么圣诞老人会穿镶白边的红色外套？很多人会告诉你，现代圣诞老人的穿着是为了与可口可乐罐的红白颜色相配，在20世纪30年代借由可口可乐的广告而广为传播。[2]这听上去是一个好故事，但是身着红白两色服装的圣诞老人并不是因为给可口可乐做广告而诞生——为什么这么说？因为他早在1923年就已出现，当时是为了推销可口可乐的竞争对手白石汽水（White Rock）。[3]可口可乐当年为了广告创造出的卡通形象是红鼻子驯鹿鲁道夫。[4]

现代的圣诞老人实际上已经诞生了一个多世纪。它是19世纪初，在曾经的荷兰殖民地纽约市，由富裕的曼哈顿居民从荷兰传说人物中创造出来的。他的创造者包括华盛顿·欧文②和克莱门特·克拉克·摩尔③。欧文和摩尔还希望将平安夜从街头小混混喧嚣的聚会变成静谧的家庭时光，每个人都蜷缩在床上，没有任何生物走动，甚至见不到一只小老鼠。[5]

摩尔于1823年写下了著名的诗歌《圣诞节前夜》（Twas the

① 犹太新年（Rosh Hashanah）是犹太民族重要的传统节日，是犹太历的每年七月初一，一般在公历9月到10月之间。根据犹太习俗，犹太新年是为了纪念上帝开天辟地、爱心驾驭世间。与中国春节一样，犹太新年也是祈求来年的幸福和顺意，是阖家团聚、充满美食和快乐的日子。——译者注

② 华盛顿·欧文（Washington Irving，1783—1859年），是19世纪美国最著名的作家，号称"美国文学之父"。1819年，欧文的《见闻札记》出版，引起欧洲和美国文学界的重视，这部作品奠定了欧文在美国文学史上的地位。——译者注

③ 克莱门特·克拉克·摩尔（Clement Clarke Moore，1779—1863年），是美国19世纪古代语言及神学学者。他因创造了著名的圣诞诗歌《圣尼古拉斯的来访》（*A Visit from St. Nicholas*）而广为人知，该诗于1823年首次匿名出版。——译者注

Night Before Christmas），他对创造美国人心目中圣诞老人的形象做出了无人能及的贡献。这位圣诞老人是一位慷慨的圣人，给每个人赠送礼物，无论他们是否提出了要求。也正是在 19 世纪 20 年代，圣诞节礼物的广告在美国普遍出现。到 19 世纪 40 年代，圣诞老人已经成为广告中经常出现的商业偶像。[6] 毕竟，眼看年底将至，零售商必须找到某种方式来清理当年的存货。

圣诞节互赠礼物的传统根深蒂固。1867 年，多达万人付费到现场聆听查尔斯·狄更斯在波士顿朗读他的《圣诞颂歌》（*A Christmas Carol*）——一个并不执着于《圣经》细节，而是强调慷慨给予的故事。[7] 同一年，从波士顿沿着海岸向南行进，纽约市的梅西百货决定，商店在圣诞节前夜将一直开门营业到午夜，以满足人们在节前最后一刻购物的需要。[8] 次年，路易莎·梅·奥尔科特的小说《小妇人》问世。这本书开篇第一行便是："连礼物都没有，还叫什么圣诞节。"

因此，圣诞节后大减价也并不新鲜。《送礼经济学》（*Scroogenomics*）的作者、经济学家乔尔·沃德弗格（Joel Waldfogel）成功地追踪研究了圣诞老人在过去几十年中对美国经济的影响。通过比较 12 月的零售额与 11 月和 1 月的零售额，沃德弗格教授估算出可一直追溯到 1935 年（可口可乐圣诞老人的时代）的圣诞节消费规模。可能会让某些人大吃一惊的是，相对于经济规模而言，当年的圣诞节消费达到今天的 3 倍。显然，今天我们的日常放纵在 20 世纪 30 年代可能是一年一次的大事。[9]

沃德弗格还比较了美国与世界其他高收入国家的圣诞节购物热潮。同样可能令人惊讶的是，相较于其他国家，美国每年 12 月的消费热潮并不算特别高涨。相对于各自的经济规模而言，葡萄牙、意大利、南非、墨西哥和英国的圣诞节零售数字最为惊人，美国根本不值一提。[10] 总体上看，从财务角度而言，圣诞节只是小事一桩。美国人全年支出的每 1000 美元中，只有 3 美元可特别归因于圣诞节。毕竟，人们需要吃饭、付房租、给汽车加油，还要买衣服。不过，对于某些零售部门——尤其是珠宝、百货商店、电子产品和没有实用价值的小东西——圣诞节确实是非常重要的。而且，由于总量惊人，即使只占消费支出的一小部分，它也仍然是一个大数目——沃德弗格估计，仅在美国，圣诞节消费就至少高达 600 亿到 700 亿美元，全球的圣诞节消费更是高达 2000 亿美元。

那么，这些钱花得值得吗？

“有人说，每年在这个时候，人们浪费大量金钱去购买没有人想要，并且在收到后也没人喜欢的东西。”[11] 这句话是《汤姆叔叔的小屋》一书的作者斯托夫人（Harriet Beecher Stowe）1850 年说的，她的这个抱怨每年都会得到许多人的响应。

经济学家和宗教说教者通常不会认为与对方有什么共同语言，但在圣诞节这个话题上，却能达成共识：我们都认为，大量圣诞节支出纯属浪费。大量时间、精力和自然资源被投入到制作圣诞礼物上，而收到这些礼物的人往往并不喜欢它们。

圣诞老人送出的礼物很少出错，毕竟，他是世界上第一大送礼专家。[12] 但我们其他人并没有这个本事。沃德弗格教授最著名的学术论文是《圣诞节的无谓损失》（The Deadweight Loss of Christmas），这篇论文试图衡量各种圣诞礼物的价格与受赠者对其价值的评价之间的差距——撇开“重要的是对方想着自己”这个“温暖的光辉”因素。他得出的结论是，典型情况下，100 美元的礼物在受赠者心中的价值平均只有 82 美元。[13]

这一无谓浪费数字看起来在各国都相当强劲——已经有两位印度经济学家发表了研究论文，估算排灯节的无谓损失[14]——它表明，全世界共有 350 亿美元因为圣诞礼物选择不当被无谓地浪费掉。具体来说，这是世界银行每年向发展中国家政府提供的贷款总额。[15]

这可是实实在在的钱，被实实在在地浪费了。而且，它还没有考虑下面的因素，即将零售支出压缩在一个月之内而不是分散在全年给经济带来的压力，以及花在购物过程中的时间和麻烦，我们都知道，在 12 月的购物高峰期购物并不总是一个令人愉快的过程。

因此，其他经济学家研究了可以替代这种低效送礼的方法。礼品卡和代金券确实可以避免得到不想要的礼物所带来的物质资源的浪费，但在其他方面，它们并没有像人们希望的那样有效：人们经常不会兑现这些卡，或是在网上折价出售它们。如果你一定要买一张礼品卡，请注意，在易贝上，内衣代金券的售价远远低于面值，不过办公用品和咖啡代金券的价格相当坚挺。[16]

愿望清单的效果相对更好。研究表明，收礼人如果收到他们指定的礼物通常会很开心；送礼者则往往自欺欺人，以为不走寻常路的礼物更受欢迎。[17] 甚至连圣诞老人也喜欢从好孩子那里收到一份礼貌的愿望清单，我们又怎么敢奢望我们可以做得更好？

或者，我们可以向改过自新的埃比尼泽·斯克鲁奇①学习，狄更斯宣称他“知道怎么过好圣诞节，如果有任何活着的人知道的话，

---

① 埃比尼泽·斯克鲁奇（Ebenezer Scrooge）是查尔斯·狄更斯的小说《圣诞颂歌》的主人公。小说开始时，他是一个冷酷无情的守财奴，但在圣诞夜历经过去、现在和未来三个圣诞幽灵的造访后，痛改前非，变得不再吝啬。——译者注

那就是他”。在圣诞节的清晨，他送出的唯一实物礼品是一只巨大的火鸡，因为圣诞精灵向他表明，有人急需火鸡。

除此之外，他慷慨地向人们送出了自己的公司和自己的钱——包括给鲍勃·克拉奇特[①]加薪。钱！这是真正的圣诞精神。愿上帝保佑我们，每一个人！

---

① 鲍勃·克拉奇特（Bob Cratchit）是《圣诞颂歌》中的人物，埃比尼泽·斯克鲁奇的雇员。——译者注

第三部分

金钱似水流

16
环球银行金融电信协会（SWIFT）

我们往往并不会注意到那些关键的基础设施，除非它们出现问题。20 世纪 60 年代，伦敦花旗银行就发生过这种情况。在银行一楼，付款指令被放入一个筒中，通过真空管道送到楼上。二楼的银行人员在确认交易后，再通过管道将他们的授权书发回一楼。

有一天，一楼的支付部门没有收到他们需要的任何授权，于是派了一个人上楼查看，结果发现负责确认交易的团队一直无所事事地在上面等着，并且好奇为什么没有任何交易需要确认。最后，银行发现，原来是真空管道堵塞了。在烟囱清洁工的协助下，花旗银行的支付处理业务得到了及时恢复。[1]

确认大额金融交易十分困难，如果是跨境交易则难上加难。19 世纪上半叶，电报开始出现并发展，自那以后，发送指令的速度大为提升，但是快速并不一定意味着万无一失，费城的羊毛经纪人弗兰克·普里姆罗斯对这一点有着切肤之痛的认识。

1887 年 6 月，普里姆罗斯先生给他在堪萨斯州的代理人发了一封电报，指示购买羊毛的事宜。由于西联电报公司按照每封电报的字数收费，所以这封电报以代码写成，以便能省点钱。他本来想要发出的消息是“BAY ALL KINDS QUO”，代表“已经买入了50万磅羊毛”，但电文被误写成“BUY ALL KINDS QUO”，所以这位堪萨斯州的代理商误以为自己得到的指令是“请购买50万磅羊毛”。这个失误导致普里姆罗斯先生损失了两万美元，相当于今天的数百万美元。而且，西联公司拒绝赔偿他，因为他本可以额外支付一点钱来校验这条消息，可惜他并没有这么做。[2]

显然，人们需要更好的渠道来传送金融信息，它应该比真空管道更可靠，比电报更安全，不会像后者那样因为使用了代码而很容易被误译。

在第二次世界大战后的几十年里，银行使用电传机，它有效地利用了电报线路，使用户能够在一个地方输入信息，然后在世界的另一端打印出来。[3]但是，由于需要确保信息的安全和准确，使用电传传输信息极其复杂。银行不得不雇用前军事信号员来操作它们的电传机，并使用交叉验证密码表来核实和复核发送的内容。一位退伍军人曾回忆了这份工作的艰辛和复杂：

> 每发送一份电传，发送方都必须手动计算此电传的密押（test key）是什么……然后，收到带有密押的电传时，接收方必须进行相反的计算，以确保电传在发送和接收过程中没有被篡改……这种工作方式极易发生人为错误[4]。

到了20世纪70年代，随着经济走向全球化，电传系统已经不堪重负。它不仅是银行面临的一个大问题，还影响我们其他所有人。如果可以通过高效的银行交易支持国际贸易，则商品价格将更便宜，品质会更好，也会更多样化。随身只带着信用卡和借记卡就去周游世界——尽管今天人们会认为这是理所当然的事——需要依赖银行之间的顺畅沟通，而 50 多年前，银行根本达不到这一要求。

特别是在欧洲，人们迫切需要一种更好的解决方案，以确保银行间可以平稳地跨境合作。人们为此成立了各种委员会，进行了激烈的争论，但进展极其缓慢。这时，一家美国银行开始采取强硬的行动，要求每个合作银行必须使用自己的专有系统，称为 MARTI。一位欧洲银行家回忆起那家美国银行提出的要求：

> 如果贵司不使用它，我们将不会执行贵司的指令。如果贵司的指令……是通过电传发来，我们将退回电传。如果我们通过邮件收到它们，我们会将其放入信封中并寄回给贵司。[5]

按照欧洲银行界的说法，这种情况实在不可忍受。许多银行担心会被对手持有的某个标准所束缚，因此它们建立了一个新的组织——SWIFT，即环球银行金融电信协会（Society for Worldwide Interbank Telecommunications），通过这个组织协调立场，联合行动。SWIFT 是一家私人公司，总部设在比利时的布鲁塞尔，是一家全球性的合作组织，最初由来自 15 个国家的 270 家银行组成。1977 年 5 月 9 日，比利时的阿尔伯特亲王发出了第一封 SWIFT 电报；同年，MARTI 系统关闭。[6]

SWIFT 只负责提供信息传送服务，使用标准化的格式，从而最大限度地减少了错误，并大大简化了程序。计算公司巴勒斯（Burroughs）在蒙特利尔、纽约和欧洲的 13 个银行中心安装了 SWIFT 专用计算机和连接系统。各国的银行将接入这些中心枢纽。[7]

SWIFT 的底层硬件和软件持续更新，每年传输和存储超过 60 亿条高度敏感的跨境银行指令。但比任何特定技术更重要的，是该组织的合作架构。目前，9000 家成员银行和其他机构在这个架构下就标准达成共识并解决分歧。[8]

黑客攻击、网络中断和其他问题时有发生，通常是由于小国或较贫穷国家的银行系统存在缺陷。[9]不过，这些问题发生的频率尚在可接受的范围内，因此 SWIFT 似乎仍然是不可或缺的。该组织本身更愿意保持低调，作为金融管道系统中不起眼的一环，偏安于布鲁塞尔附近一个寂静的小镇拉胡尔佩，在那里的湖边办公室中神秘运作。[10]

但在基本解决了一个巨大问题之后，SWIFT 显然又创造了另一个问题。作为国际银行业务的核心组成部分，它成了全球经济体系中那只 800 磅重的大猩猩①——美国政府眼中一个诱人的工具。想追踪恐怖分子的资金来源吗？审查 SWIFT 数据库。[11]想摧毁伊朗经济吗？指示 SWIFT 拒绝伊朗银行使用该系统。毕竟，正如任何伦敦烟囱清扫工都能娓娓道来的那样，金融管道系统随时都能被堵住。

SWIFT 发现自己根本无力抵抗来自美国的直接命令，即使欧盟对此有不同意见。[12]美国之所以拥有这种权力，是因为美元是一种通用的贸易媒介。举个例子：一家德国镜头制造商和一家日本相机制造商之间的交易将分别从欧元和日元兑换成美元来达成。尽管

① 指因极其强大而肆无忌惮的人或物。——译者注

交易信息传送系统的运作是在布鲁塞尔，但交易将由美国银行或国际银行的美国子公司在美国进行结算。因此，美国政府可以看到大量的信息，并制裁任何让它感到不快的银行。[13] 尽管 SWIFT 对地缘政治并不感兴趣，但地缘政治对 SWIFT 感兴趣。

政治学者亨利·法瑞尔（Henry Farrell）和亚伯拉罕·纽曼（Abraham Newman）认为，围绕 SWIFT 的争论是一个典型的例子，说明了他们称为经济相互依存性的“武器化”，即全球经济的大佬利用自身对供应链、金融结算和通信网络的影响力，得以监控和惩罚任何国家和地区。美国将中国的科技公司华为列入黑名单是另一个例子。[14]

这并不是一个现代才出现的策略。1907 年，一场严重的银行业危机震撼了美国，但英国的金融体系基本上完好无损。英国战略家们注意到了这一点。英国正在丧失其作为制造业经济体的领先地位，但作为一个金融中心，它仍然高高在上。伦敦的金融城遍布银行和电报线路，并且是全球保险市场的中心。因此，战略家们曾经设想，如果爆发战争，德国银行业可能很快就会通过金融震慑而被摧毁。[15]

悄悄说一句：这个计划并没有奏效。不过，这种做法在过去没有成功的事实并不会让今天的美国有所收敛，它大概率会继续牢牢控制着国际经济的压力点，包括 SWIFT 信息传送系统。考虑到 SWIFT 组织成立的初衷就是对付咄咄逼人的美国人，现在我们无疑又碰上了金融管道上的一个死结。

17
信用卡

这张小卡片的精髓藏在它的名字当中：信用，蕴含着相信、信任的意思。在现代经济的故事中，至少应该有一个章节专门来讲述我们信任谁，以及我们为什么信任他们。曾经一度，这是一个很容易回答的问题：信任是个体之间的事，是联系两个人的纽带，这两个人彼此认识，并相信债务会得到偿还。如今，信任表现为另一种形式：一个四角磨圆的方形塑料卡片，长 $3\frac{3}{8}$ 英寸，宽 $2\frac{1}{8}$ 英寸，厚 $\frac{1}{32}$ 英寸。那就是一张信用卡。

也许我太过跳跃了。在信任物化成为一个能被轻松塞进钱包的薄薄卡片之前，人们已经可以凭借信用从社区商店赊购商品，因为商店店主认识他们，知道他们住在哪里，如果他们不还债的话，店主可以在周日做礼拜的时候，在教堂里向他们的母亲进行抱怨。

随着城市在 20 世纪早期的蓬勃发展，情况变得有些尴尬。一家大型百货公司可能非常乐意提供赊账服务，但店员根本没办法认识每一位顾客。因此，零售商开始发行各种代币——硬币、钥匙圈，甚至类似狗标签的物品，这些代币被称为“charga-plates”（赊账卡）。[1]

事后看来，这是非常重要的一步：信用开始摆脱了个人化的属性，从而让商店的店员可以允许一个不认识的人抱着一大堆尚未付款的商品走出商店。也许出于显而易见的原因，一些信用代币成为地位的象征，因为拥有它们意味着，“我是一个值得信任的人”。

通过引入一种赊账代币（charge token），让人们不单单可以从某一家商店凭借信用赊购，还可以从一系列商店获得这种服务，信用的应用渠道得到进一步拓宽。首个此类代币被称为记账卡（Charg-It）；这一通用代币于 1947 年出现在布鲁克林①，不过它只在两个街区内通用。

紧跟其后的是成立于 1949 年的大莱俱乐部（Diners Club）。关于大莱卡（Diners Club card）有一个广为流传的故事，说一位名叫弗兰克·X. 麦克纳马拉（Frank X. McNamara）的商人有一次带客户去吃晚饭，但是十分尴尬地发现自己把钱包放在另一套西装里，于是想到了推出这种卡。这个故事很可能是虚构的，但不管怎样，麦克纳马拉构想出一张卡片，它将成为行走四方的推销员口袋里必不可少的工具，使他能够购买食物和燃料，租用酒店房间和招待客户。它不是只适用于某一家百货公司，而是在美国各地的销售网络通用。大莱卡在面市的第一年就拥有了 3.5 万名用户。该公司火速与大量酒店、航空公司、加油站和汽车租赁公司签约，并将业务扩展到欧洲。[2]

大莱卡还不能算是一张信用卡。它还是一张记账卡，使用该卡

---

① 布鲁克林（Brooklyn）是美国纽约州纽约市的五大行政区之一，位于美国东北部，纽约曼哈顿岛的东南边。——译者注

消费的金额必须每月迅速全额付清，它所提供的信用消费功能更像是方便公司费用账户管理的副产品。

当然，真正的信用卡并没有落后多久。20 世纪 50 年代末，大莱俱乐部开始面临竞争，对手包括发行与快递旅行支票的公司美国运通（American Express）以及发行信用卡的银行。其最大的竞争对手是美国银行（Bank of America），后者发行了 BankAmericard。BankAmericard 最终成为 Visa 卡（维萨卡）。它的竞争对手 Master Charge 后来成为万事达卡（MasterCard）。这些信用卡增加了循环信用额度：持卡人不必全额偿还债务，而是可以将这些债务滚动到下一期。

信用卡也必须解决所谓“鸡与蛋”的问题，也就是说，除非有很多顾客要求使用信用卡，否则零售商不会愿意费力气接受它们；同时，除非有很多零售商愿意接受，否则顾客就不会花力气去申请它们。

为了克服惯性，1958 年，美国银行采取了大胆的步骤，直接将塑料信用卡邮寄给加利福尼亚州弗雷斯诺的每一位美国银行客户（共有 6 万人）。不问任何问题，直接给予每张卡 500 美元的信用额度（以今天的价格计算接近 5000 美元）。这一大胆的举动被称为“弗雷斯诺空投”（Fresno Drop），并很快被广泛效仿，尽管它导致了一望可知（也是意料之中）的损失，这些损失的发生，是由于不法分子公然从人们的邮箱中偷走信用卡，然后拖欠信用卡款项并进行直接欺诈。[3] 银行消化了这些损失，到 1960 年底，仅美国银行就有 100 万张信用卡在流通。[4]

同时，信用卡文化也发生了转变：除了诸如白金卡这样凸显身份的高端产品之外，信用卡已不再是处于财务链顶端精英人士的专利。它已经成为一种日常金融产品，面向学生和离异人士推销，以帮助他们解决暂时的经济困难。任何人都可以拥有一张信用卡，任何人都值得信任。信用卡不像申请银行贷款那样，需要谦卑地向银行经理提出请求并证明自己。只要你不介意支付很容易就高达20% 或 30% 的利息，就可以随心所欲地花钱购买任何你想要的东西，然后在自己方便的时候偿还债务。

但使用它们仍然很麻烦：如果你掏出一张信用卡付账，店员就得给你的银行打电话，让交易得到批准。所幸，新的技术及时出现，帮助消费过程变得更加便捷，其中之一就是磁条。磁条技术最早由福里斯特和多萝西娅·帕里（Forrest and Dorothea Parry）在 20 世纪 60 年代早期开发，用于中情局的身份证件。福里斯特是一位 IBM 公司的工程师。一天晚上，他带着一张塑料卡片和一条磁带回家，想找到方法将这两者组合在一起。当时他的妻子多萝西娅正在熨衣服，于是把熨斗递给他，让他试试。高温和压力相结合完美地达成目标，磁条卡就此诞生。[5]

多亏了这个小小的磁条，你可以在商店里轻松地刷一下自己的 Visa 卡，商店会向自己的银行发送一条信息，它的银行随即会向 Visa 网络计算机发送一条信息，然后 Visa 计算机会向你的银行发送一条信息。如果你的银行愉快地相信你能够如约还款，其他人将不需要再担心：数字化批准信息会通过这些电脑一路传回商店，商店会打印收据小票并放你出门。整个过程只需几秒钟的时间。[6]

随着非接触式卡的出现，这一过程变得更加快捷——甚至比现金还要快，而现金在一些国家正成为一种过时的技术。在瑞典，商店里只有 20% 的付款以现金支付，而在整个经济体系中，只有 1% 的付款是用现金支付的。[7] 早在 1970 年，BankAmericard 的一个广告口号就是“它就是钱”。[8]现在，对于许多交易来说，实物货币已经不被接受：航空公司、租车公司或酒店想要的是你的信用卡，而不是现金——瑞典则更进一步，甚至咖啡店、酒吧，有时还有市场的摊位都不想接受现金。

因此，现在信用卡已经无处不在，任何使用这项技术的人都成为某个信任网络的一员，而这个网络曾经只专属于一个关系密切的社区中的正直成员。换言之，人人都可以享受被信任的好处。

但不费吹灰之力就拥有如此轻松和非个人化的信用可能会对我们的心理产生奇怪的影响。几年前，麻省理工学院的两名研究人员德拉赞·普莱克（Drazen Prelec）和邓肯·西姆斯特（Duncan Simester）进行了一项实验，测试信用卡是否让我们在花钱时更大手大脚。他们允许两组受试者在拍卖会上竞拍购买热门体育比赛的门票。这些票很有价值，但具体多贵并不清楚。一组受试者被告知，他们必须使用现金支付——但不用担心，如果他们竞拍成功，拐角处就有一台自动取款机。另一组受试者则被告知只接受信用卡付款。实验的结果表明了一个显著的不同：对于一场热门体育比赛的门票，信用卡组的出价要比现金组高出一倍多。[9]

如果明智地使用，信用卡可以帮助我们更好地管理金钱。风险在于，信用卡让花钱变得太容易了，而且花的是我们并不一定实际拥有的钱。循环信用是信用卡的一个重要功能，目前美国的循环信用额已经高达约 8600 亿美元，相当于美国每位成年人背负着超过 2500 美元的循环信用额。按实际价值计算，自 1968 年以来，这一数字已经增长了 400 倍。[10]国际货币基金组织（IMF）的一项研究表明，家庭债务（信用卡的使用令这种债务更容易积累）在经济上的作用等同于高糖效应[①]。它在短期内对经济增长有利，但从3~5年的中长期来看则是不利的，同时它也使得出现银行业危机的可能性更大。[11]

如果问人们如何看待这些现象，他们会表示对此感到担心。面对下面的说法“信用卡公司为太多人提供了太多的信用卡”，9/10持有信用卡的美国人表示赞同，而且这些人中的大多数人表示非常赞同。然而，低头看着自己的信用卡时，他们只会感到心满意足。[12]

我们似乎不信任别人能够负责任地使用这些强大的金融工具，但对自己却信心满满。我不知道我们是否应该有此自信。

---

① 高糖效应（sugar rush）指摄取大量糖分后产生的兴奋感，这种效应往往持续时间很短，过后常常会使人感觉更加疲劳。——译者注

18 股票期权

> 根据参议院的一次听证会，美国一家大公司首席执行官的平均工资是普通工人的100倍左右，并且今天，我们的政府还通过对高管薪酬实行税收减免来奖励这些超额收入，而不管它们到底已经有多高。这是错误的。如果公司想对其高管支付超高薪酬，而不是投资于公司的未来，那是他们的事，但他们不应该从山姆大叔①那里再得到任何特殊待遇。[1]

上面这段话是比尔·克林顿在1991年竞选美国总统时所讲。当然，他最终赢得了大选，并很快就兑现承诺，开始解决高管薪酬过高的问题。

通常，公司支付的工资被视为成本，会从其应税利润中扣除。克林顿修改了法律：公司仍然可以按自己的意愿支付薪酬，但超过100万美元的工资将不再享受免税待遇。[2]这产生了很大的影响。

---

① 代指美国政府。——译者注

到2000年克林顿卸任时，首席执行官的薪酬与工人的薪酬之比已不再是100∶1，而是变成了……大大超过300∶1。[3]

到底什么地方出了问题？我们可以回到古希腊的橄榄林中，从那里开始着手探讨这个问题。

有人曾讲过一个故事，说古希腊哲学家，米利都的泰勒斯（Thales of Miletus）受到挑战，要求他证明哲学的价值。他被问道：如果哲学如此有用，那为什么泰勒斯如此贫穷？这个故事的讲述者是亚里士多德，[4]他毫不客气地指出，这个问题问得极其愚蠢：哲学家们当然都很聪明，足以让自己致富；但他们同时也足够明智，根本不想成为富人。我们可以想象泰勒斯叹息着说道：好吧，好吧，我去挣钱发财——如果必须这么做的话。

当时，哲学家的工作还包括观察星象以预测未来。泰勒斯曾预测到橄榄将会丰收。这意味着镇子上橄榄压榨机的租用需求将变得很高。于是，泰勒斯向所有压榨机的拥有者提出了一个建议。亚里士多德没有详细说明提议的具体内容，但提到了“保证金”一词——泰勒斯或许与机器主人商定，给对方一笔保证金，以换取在收获季节使用压榨机的权利；如果到时候他反悔了，这笔钱就归压榨机的拥有者所有。

如果故事所讲是真的，它就是我们今天所谓期权的第一个有据可查的例子。[5]如果那一年的橄榄收成不好，泰勒斯的期权将毫无价值。但是，无论是运气使然还是他确实懂天象，他的预测完全正确。亚里士多德告诉我们，泰勒斯“以他满意的条件租用了压榨机，并因此赚到很多钱”。[6]

期权的概念贯穿历史，从佛罗伦萨的美第奇家族①到荷兰郁金香热潮。[7] 如今，许多期权在金融市场上被买卖。[8] 如果我相信苹果公司的股价会上涨，我可以直接购买苹果公司的股票——或者我也可以购买一份期权，在未来某一天以特定价格购买苹果公司的股票。

期权意味着更高的风险和更高的回报。如果到时候股价低于我买入股票的期权价格，那么我将损失全部投资。如果股价高于买入期权价格，则我可以行使期权，转售股票并获得更大的利润。

不过，股票期权还有另一个用途，那就是试图解决经济学家所谓的"委托-代理问题"（principal-agent problem），即"委托人"拥有某些东西，需要雇用一个"代理人"来为他们管理。

想象一下，我是苹果公司的首席执行官，而你拥有苹果公司股票。这样一来，你就成了委托人，或是委托人之一，而我则是代理人，为你和其他股东管理公司。你需要相信我正在为维护你的利益而努力，但是你并不能清楚地知道我整天都在忙什么。也许我实际上是通过咨询占卜师（但并不是像泰勒斯这样的聪明人）来做决策，而且我总能找出某个合理的借口来解释为什么利润停滞不前。

但是，如果我得到股票期权，可以在几年内购买新发行的苹果公司股票，情况又会怎样？我将可以从股价上涨中受益。当然，如果我行使了期权，那会稍微稀释你的股票价值——但是，只要股票的价格一直在上涨，你应该不会介意。

这一切听起来非常有道理。而在1990年，经济学家凯文·J.

① 美第奇家族（Medicis）是15世纪至18世纪中期佛罗伦萨的名门望族，在欧洲拥有强大势力。美第奇家族的财富、势力和影响源于经商、从事羊毛加工和在毛纺同业公会中的活动，并因金融业务而发达。——译者注

墨菲（Kevin J. Murphy）和迈克尔·詹森（Michael Jensen）就这个问题发表的一篇论文，引起了巨大的反响。他们写道："在大多数上市公司中，高层管理人员的薪酬实际上与绩效无关。"难怪首席执行官们的行为更像是"官僚"，而不是追求"价值最大化的企业家"。[9] 因此，当克林顿总统制定针对高管薪酬的税收减免时，他豁免了与绩效相关的奖励。反对这一豁免的克林顿顾问罗伯特·赖希（Robert Reich）解释了这样做的后果："这只是令高管的薪酬从薪金转换成了股票期权。"[10]

在克林顿任职期间，美国顶级公司授予员工的期权价值增长了10倍。[11] 不断上涨的股市甚至意味着，即使是那些昏庸的首席执行官也获利丰厚。大老板和普通工人的薪资差距迅速膨胀。一位克林顿时代的国会议员指出，这项法律"理应在好心办坏事的榜单中占据一席之地。"[12]

但等等——如果期权能够激励高管们创造更好的业绩，那肯定不是一件坏事，这难道不对吗？不幸的是，事实证明这是一个很大的"如果"。这中间有一个问题：期权真正激励的是在给定日期实现公司股价最大化。如果你认为这等同于好好经营一家公司，那么我这里有一些安然①的股票可以卖给你。[13] 除了彻头彻尾的欺诈行为之外，股票期权还带来诱惑，让公司对可能影响股价的新闻不那么透明。[14]

---

① 安然（Enron）曾经是世界上最大的能源、商品和服务公司之一，名列《财富》杂志"美国500强"的第七名，然而，由于持续多年精心策划乃至制度化、系统化的财务造假丑闻，安然公司于2001年12月2日突然向纽约破产法院申请破产保护，该案成为美国历史上企业第二大破产案。目前，"安然"已经成为公司欺诈以及堕落的象征。——译者注

如果股票期权不是奖励业绩的最佳方式，公司董事会难道不应该热衷于寻找替代方案吗？从理论上讲，是的，因为董事会的职责就是代表股东与首席执行官们谈判。但实际上，这是另一个委托–代理问题，因为在决定谁成为董事以及董事薪酬等问题上，首席执行官往往拥有话语权。很明显，这种情况很容易导致双方互开方便之门。

卢西恩·伯切克（Lucian Bebchuk）和杰西·弗里德（Jesse Fried）在其著作《无功受禄》（*Pay Without Performance*）中指出，董事们实际上并不关心将薪酬与绩效挂钩，但他们必须在股东面前"掩饰"这种漠不关心。[15]"隐性薪酬"（stealth compensation）对"肥猫"①来说是最好的薪酬形式，而股票期权似乎成为实现它的一个方式。[16]

或许股东们还需要另一个代理人，由其来监督董事们如何奖励首席执行官。这里有一种候选者：许多人不是直接持有股票，而是通过养老基金持有股票；有证据表明，这些机构投资者可以说服董事会成为更强硬的谈判者。[17]当大股东能够主张某种控制权时，高管薪酬和高管业绩之间就有了更为真实的联系。[18]只是可惜，这种联系似乎极其罕见。[19]

高管薪酬经常成为头条新闻，即使在高管与普通员工薪酬差距不像美国这么大的国家也是如此。[20]考虑到这个问题如此受到关注，有一点颇为令人惊讶，那就是人们对到底什么情况算是合理的并未形成定论。[21]对于如何评价 CEO 的工作，人们的意见不一。[22]回望 20 世纪 60 年代的老板们，他们工作不那么积极，是因为他们的

① 俚语，代指有钱有势的特权阶层。——译者注

薪水只有普通工人的20倍吗？[23]这似乎不太像是实情。另一方面，执掌一家大公司时，如果做出英明决策，的确要比昏庸决策带来更大的价值。因此，也许这些首席执行官确实值得8位数的薪酬。也许吧。

但即使这是事实，它也并不被选民或普通工人所接受，他们中的许多人仍然对克林顿总统当时所讲的“超额收入”感到愤怒不已。[24]也许，首席执行官们应该向泰勒斯学习，虽然足够聪明，可以赚到更多的钱，但同时也足够明智，会思忖自己是否应该这样做。

19
维克瑞的旋转栅门

20 世纪 50 年代，纽约地铁面临着一个全世界公共交通用户都很熟悉的问题：[1] 在高峰时段，地铁拥挤不堪，而在其他时段，地铁空无一人。纽约市长委托专人完成了一份调查报告，报告得出的结论是，问题在于地铁乘客支付的是固定票价。无论你在哪里上车，走了多远路程，或是在任何时候乘车，都只需要花费 10 美分。[2]

有没有可能采用更复杂的计费方法？也许有的。报告的前言特别提到了 17 位作者中的一位：

> 维克瑞先生就这个问题提出了自己的想法，而且如果我们猜得不错，他的方法如此富有创见，肯定赢得了读者的钦佩。显然，放弃统一票价，转而采用按照车程长短和位置以及乘车时间计算票价的结构是一个明智的解决方案，但它的前提是这一方案涉及的技术问题能够得到解决。[3]

威廉·维克瑞[①]的基本想法很简单，即在地铁处于运载高峰时多收费，在乘客稀少时则少收费。

采用这种方式，高峰时段将变得不那么拥挤，地铁将更舒适、更可靠，可以运载更多的人而不必修建新的线路，还可以收取更多票款，所有这一切都能同时实现。这真是个好主意。但是，怎么才能收取不同的票价呢？雇用一大群售票员和检查员显然并不可行，因为那将耗费太多的时间和金钱，必须找到一个自动化的解决方案。

维克瑞先生提出了几个非常有趣和富有创意的建议，我们认为这些建议值得认真审视和考虑。[4]

他建议安装一种投币式旋转栅门，可以针对不同时段的不同旅程收取不同的费用。但是在 1952 年，实现这一点并非易事。

也许可口可乐公司在同时期面临的困境能够说明这个挑战到底有多大。此前几十年间，可口可乐一直维持着每瓶五美分的售价。这家公司并不是不想把价格提高一两美分，但它并没有这么做。为什么呢？因为它的 40 万台自动售货机只能接受五美分的硬币，重新设计这些机器，让它们能够接受两种不同面额的硬币将是"一场后勤的噩梦"。因此，可口可乐公司转而在 1953 年竭尽全力，希望说服艾森豪威尔总统推出面额 7.5 美分的硬币。[5]

不过，维克瑞并没有被吓退，他描述了解决这个技术问题的方法：

---

① 威廉·维克瑞（William Vickrey，1914—1996 年），加拿大经济学家、诺贝尔奖得主，在信息经济学、激励理论、博弈论等方面都做出了重大贡献。1996 年 10 月 8 日，瑞典皇家科学院决定把该年度的诺贝尔经济学奖授予威廉·维克瑞与英国剑桥大学的詹姆斯·莫里斯，以表彰他们"在不对称信息下对激励经济理论做出的奠基性贡献"。——译者注

> 乘客先将一枚 25 美分的硬币放在入口旋转栅门上，这枚硬币会被打上一个带有槽口的标记，标明旅程起点的区域，在到站后将其插入出口旋转栅门，并借助机电继电器，根据起点位置和时间找回适当数量的 5 美分硬币。[6]

这个方法听起来很聪明，你可能好奇自己为什么从来没有听说过它。维克瑞本人某场演讲的题目或许可以提供一些线索。他演讲的题目是“我失败的经济学创新”。他的开场白如下：

> 站在你们面前的，是这样一位经济学家，他已经有好多次没能实现自己的目标。

事实上，这种可支持不同票价的机电式维克瑞旋转栅门从未被造出来。那么，为什么要让你们看这篇内容，了解一个根本不存在的发明呢？这是因为这一想法本身非常重要，即使它看上去过于复杂而无法实现。维克瑞的经济学家伙伴们经常说，他的问题就在于他实在太超前了。维克瑞最终在 1996 年获得了诺贝尔经济学奖，可惜在三天后他就不幸辞世。

维克瑞提出的想法就是经济学家常说的“峰值负荷定价”（peak-load pricing），或是管理顾问常说的“动态定价”（dynamic pricing），其最基本的形式是一个古老的想法。“早鸟特价”（early bird specials），即在餐馆空闲时段为就餐者提供廉价餐食的想法可以追溯到 20 世纪 20 年代。不过，向顾客提供这种服务很容易，而且不需要任何复杂的机电设备。[7]

但这个想法在更复杂的情境中很有吸引力。无论运营地铁系统或航空公司，还是试图提升音乐厅的上座率或平衡电网负载，单纯为满足短期的需求高峰而增加额外容量都既非常昂贵，又会造成巨大浪费，因为这些容量在其他时间不会被使用。因此，实行差异化定价很有道理。

美国的航空公司是这一领域的先驱，在 20 世纪 70 年代末，航空业的管制取消后，航空公司面临激烈的竞争，促使航空公司开始采用这种定价方式。据《华尔街日报》报道，到 1984 年，仅达美航空（Delta Air Lines）就雇用了 147 名员工来不断调整机票价格。[8]

达美航空的定价专家罗伯特·克罗斯（Robert Cross）表示："我们不需要知道阿尔伯克基①进行的热气球比赛或拉伯克②的牛仔竞技表演会不会导致航班需求增加。"他们只需要以利润最大化为目标随时调整机票价格，确保他们的飞机既不会在满座时票价过低，也不会空载起飞。[9]

现在，高峰负荷定价不再需要一支庞大的价格专家队伍。像优步这样的公司可以轻松地通过算法匹配供求关系。优步的"激增定价"（surge pricing）承诺人们在新年前夜无须痛苦地等待三个小时才能打到一辆出租车；只要付得起价格，你现在就能订到车。

消费者的接受度可能是更大的问题。一位得克萨斯州休斯敦市的乘客在为 21 公里的出租车路程支付了 247.50 美元后抱怨道："你只能任他们宰割，因为你不想苦苦等候出租车。"尽管他之所以

---

① 阿尔伯克基（Albuquerque），又被称为阿布奎基，或简称为 ABQ，是美国新墨西哥州最大城市。——译者注

② 拉伯克（Lubbock），是美国得克萨斯州西北部城市，位于沃斯堡西北约 400 公里，是得克萨斯州第 11 大城市，附近地区是美国最大的棉花产区。——译者注

会支付如此高昂的费用，是因为他不能忍受等待。[10]

消费者感觉某种形式的动态定价对他们而言是一种剥削，尤其是在像使用优步打车时那样，价格在几分钟之内就可能翻倍或减半。[11]行为经济学家丹尼尔·卡尼曼（Daniel Kahneman）、杰克·克内奇（Jack Knetch）和理查德·塞勒（Richard Thaler）1986年进行的一项研究表明，价格飙升会令人们感到愤怒，即使涨价的逻辑显而易见，例如在暴风雪之后雪铲的价格更高，人们仍然会对此愤愤不平。[12]

如果说可口可乐公司曾一度因为没有面额7.5美分的硬币而感到绝望，那么该公司后来推出的一项技术则突破了消费者的接受限度。1999年，可口可乐曾短暂推出过一款自动售货机，在闷热的天气里，这种自动售货机会提高冰镇可乐的价格。[13]也许我们有理由对此保持警惕。达美航空的罗伯特·克罗斯后来出版了一本关于动态定价的书，其副标题是“市场占有的核心策略”（Hardcore Tactics for Market Domination）。

一些企业完全不采用高峰定价策略，例如日本可靠、营利且私营的铁路公司就不区分高峰和非高峰票价，这在一定程度上解释了为什么东京的地铁在高峰时段如此拥挤。[14]

高峰负荷定价在未来的经济中可能扮演越来越重要的角色。设想由风能和太阳能等间歇性电源供电的智能电网。当乌云遮住太阳时，你的笔记本电脑可能会决定停止充电，你的冰箱会自动关闭一分钟，你的电动车甚至会开始向电网输送电能，而不是吸收能量。但要实现这一切，需要这些设备对每秒钟都在变化的价格做出反应。

威廉·维克瑞最喜欢的例子是道路拥堵收费，其设计目的和旋转栅门一样，也是使需求更加平稳，以确保有限的容量得到良好利用。这种想法现在已经可以实现——只要华盛顿特区的驾驶员愿意支付一笔可变费用，他们就可以驶入一条畅通的行车道，不过，在交通极度拥堵时，在这条道路上每行驶 10 英里的费用可能高达 40 美元。[15]

维克瑞曾试图证明这种做法在 20 世纪 60 年代中期可以实现：他用一台简单的计算机和一台无线电发射器制造出一台原型机，并在每次使用自己家车道时进行计费。[16] 只不过，有时候绝妙的好主意需要耐心等待技术发展跟上脚步。

20 区块链

长岛冰茶公司（Long Island Iced Tea Company），顾名思义，是一家销售饮料的公司。而且，它的饮料销量并不像其期望的那么好：2017 年第三季度，该公司亏损了近 400 万美元。随后，它发布了一个看上去高大上但语焉不详的公告，宣称其即刻改名为长区块链公司（Long Blockchain Corporation）。它会停止销售饮料吗？不，它仍然会继续销售饮料。它会使用区块链技术销售饮料吗？嗯，也许吧。总之，它将以某种尚不确定的方式，与区块链建立关联。公告对具体的细节含糊其词。但这并没有阻止投资者为之疯狂。该公司的股价几乎翻了两番。[1]

鉴于本书谈论的对象是那些对塑造现代经济已经发挥了重要作用的事物，人们可能会合理地质疑，区块链是否可以被归入此列。不过，风投资本家目前正将数十亿美元的资金投入众多区块链初创企业，虽然需要指出，后者的商业计划比长岛冰茶公司的计划听起来更可信。[2] 此外，位于监管灰色地带的首次代币发行[①]也筹集了高达数十亿美元的资金。[3] 区块链技术的狂热者说，区块链可能会像互联网一样带来爆炸式革命。事实上，区块链经常会被拿来与 20 世纪 90 年代的万维网进行类比：当时，这种互联网技术显然将成为重要的趋势，但几乎没什么人真正理解它，或是预见到它的潜力和局限性。

所以，现在让我们试着了解一下区块链。我们可以从一个看似简单的问题开始：是什么让我们不必为同一样东西花两次钱？

在钱只意味着硬币的时候，这很容易实现，因为我们不可能将同一枚硬币给两个人。但是，人们很久以前就意识到，依靠随身携带的硬币根本无法维持经济运行。更简单的方法是信任某一个“中间人”来记录各种交易行为。你发货给我，我就指示负责做记录的人相应调整数字。那么，你怎么知道我不会把钱付给其他人？因为你相信银行、万事达公司或是 PayPal（一家美国在线支付服务商）会确保这种情况不会发生——因为它们的系统不会允许这种情况发生，或是它们对我有足够的信任，知道我不是这种不靠谱的人。

这个体系运转得还不错，但是它同样存在一些缺点。例如，这些中介服务需要收费，同时网络效应往往会赋予它们市场支配力。它们对我们的了解远远超出了我们对彼此的了解，而这形成了另一种支配力。此外，如果它们失灵，那么整个系统就会崩溃。

如果我们不借助这些中介会发生什么？如果作为经济润滑剂

---

① 首次代币发行（initial coin offerings，简写为 ICO），是一个区块链行业术语，源自股票市场的首次公开发行（IPO）概念，是一种为加密数字货币 / 区块链项目筹措资金的常用方式，早期参与者可以从中获得初始产生的加密数字货币作为回报。——译者注

的财务记录能够以某种方式被交易双方共同拥有和维护，又会怎么样？

2008 年，一个以中本聪（Satoshi Nakamoto）为网名的人提出了一种新的货币：比特币。[4] 交易不再由受信任的中间人来确认，而是由一个计算机网络通过破解密码来进行验证。如果有人控制了网络的主要部分，他们可以伪造记录并骗取人们支付双倍的比特币——不过，只要有足够多的人投入计算能力去验证这些解决方案，这种情况就不会发生。并且人们会乐于贡献计算能力，因为他们有可能因此得到比特币作为奖励。

这是一个极为巧妙的构想。人们很快就注意到这种底层技术可以有更广泛的应用。它为陌生人提供了一种全新的合作方式，使其无须再借助受信任的中间人或中心化的权威机构。于是，我们开始听到诸如“彻底改变”和“改变世界”这样的评语。[5]

这种底层技术被称为区块链，因为交易区块定期获得网络的批准，并被添加到公共记录链中。它也被称为分布式账本（distributed ledger），因为它确实就是不断在分发账本：每位参与者都保存着自己的记录副本。经济学家克里斯蒂安·卡塔利尼（Christian Catalini）和约书亚·甘斯（Joshua Gans）将区块链描述为一种通用技术，可以降低验证交易的成本，以及降低创建新市场的障碍。[6] 原则上，对于目前通过某个受信任实体来管理数据，以帮助我们彼此互动的任何场景，区块链都适用。

仔细想想，你会惊讶地发现，许多情况都符合上面的描述。例如，如果没有帮助我们互动的数据库，那么又何来脸书、优步和亚马逊？区块链是否有一天会建立新的在线模型，让我们掌控自己的数据，或是能够直接出售我们的关注来获利？一些人的确是这样认为的。[7] 其他一些人则正在开发区块链技术，以便通过供应链或数字世界中的知识产权追踪商品；或是使合同管理更加快捷，又或是使投票系统更加安全。随便你说到任何情况，都会从某个地方冒出某个人，将它与区块链进行联系。

但实话实说：我们大多数人并不理解这些构想的细节。况且就算真的理解，我们也无法满怀信心地设想它们可以怎样在现实中发挥作用。可以预见的是，围绕区块链的巨大喧嚣，再加上这种技术难以理解的特点，导致一些人丧失了本该拥有的冷静和辩证思考的能力。因此，这些人一看到某个亏损的饮料公司在名字里加上了"区块链"，就立刻冲上去购买其股票。这些人还对一家名为 Pincoin 的公司投资了 6.6 亿美元，投资的依据仅仅是一个充斥着令人眼花缭乱的时髦词汇的网站。顺便说一句，Pincoin 的所有者似乎已经卷款跑路了。[8]

面对区块链，我们到底应该有多兴奋？经济学家泰勒·科恩（Tyler Cowen）秉持着谨慎态度，他认为"心存疑虑比热情高涨更可靠"——至少在现阶段仍是这样。[9] 其中一个原因就在于，区块链可能非常缓慢并极其耗能。以比特币为例，它每秒可以进行三笔到四笔交易。相比之下，Visa 平均每秒可处理 1600 笔交易。[10] 同时据估计，为了验证这些交易，那些解决比特币加密问题的计算机所消耗的电量相当于整个爱尔兰的耗电量。[11]

有人质疑这些数字的重要性，但扩展区块链技术所面临的挑战似乎真实存在。[12] 同样真实存在的，还有数据与现实世界或与人相结合的问题。你的比特币钱包并未与你的真实身份相关联，这是比特币的吸引力之一，尤其是如果你使用它来购买一些不能公之于众的东西。但是，举个例子，如果我们使用区块链来存储病历，那么我们必须确保它们不能与错误的患者建立关联。[13]

在消除对中间人的需求时，区块链有时可能会提醒我们，为什么为中介服务付费是合理的。[14]中间人可以纠正错误：如果你丢失了自己的网银密码，你的银行会给你发来一个新密码；如果你丢失了自己比特币钱包的密码，那么你可以和自己的比特币吻别了。[15]中间人还可以解决纠纷，而如何最好地利用区块链的“智能合约”来解决纠纷目前仍是一个悬而未决的话题。[16]

此外，如果放弃信任中间人，你就势必要信任其他一些东西。假如软件没有漏洞，激励结构也不会在某种意外情况下崩溃。

但审计代码非常困难。去中心化自治组织（Decentralized Autonomous Organization，DAO），一个以太坊区块链的先驱投资基金，筹集了 1.5 亿美元，但随后有人入侵了它，并盗走了 5000 万美元。[17]经济学家埃里克·布迪什（Eric Budish）认为，在攻击比特币的激励超过目前使攻击者按兵不动的力量之前，比特币的价值是有限的。[18]

不过目前，区块链技术横空出世的时间还不是特别长。在弄清楚它真正的好处之前，我们难道不应该预期看到一些试错行为吗？万维网在处于类似的发展初期之时，投资者除了投资亚马逊等最终成功的互联网企业之外，不也纷纷向 Webvan、Flooz 和 Pets.com 等投入大笔资金？[19]长区块链公司的股价后来暴跌了 96%，这并不令人意外。[20]但是，我们不应因此就对一个在未来可能大获成功的事物过度悲观怀疑。

第四部分

隐形的系统

21 可互换零件

1785年7月，一个闷热的下午，一群达官显贵和几个怒气冲冲的枪械匠齐聚文森城堡（Château de Vincennes），一座位于巴黎东部的壮观城堡。这些人到那里是为了观看奥诺雷·布朗（Honoré Blanc）演示他设计的一种新型燧发枪。布朗是阿维尼翁的一名枪械匠，饱受同行的鄙视，只得躲进这座城堡的地窖中以求自保。[1]

在城堡凉爽的地窖中，布朗先生拿出50个枪机（枪机是发射装置，也是燧发枪的核心部件）。他轻快地把一半枪机拆开，以法国人特有的漫不经心的态度把它们的组件扔进不同的盒子里，其中一个盒子装主弹簧，一个盒子装击锤，一个盒子装面板，一个盒子装火药盘。[2]

然后，宛如一位主持人炫耀地晃动装满带有编号的彩票球罐子，布朗先生大力摇动着这些盒子，让其中的组件混在一起。他随后镇静自若地随手抽出不同的零件，并开始把它们重新组装回燧发枪。

他到底在想什么啊？在场的每个人都知道，每一把手工制作的火枪都是独一无二的。你不能简单地将一支枪里面的某个零件塞进另一支枪里，然后指望两支枪都能正常使用。但这些枪确实都能使用，因为布朗煞费苦心地确保所有的零件都完全相同。[3]

这是一次令人印象深刻的展示，它显示了可互换零件的力量。在观看展示的政要中，有一个人被深深地打动，他就是刚刚蹒跚起步的美利坚合众国驻法国大使以及未来的美国总统，托马斯·杰斐逊。[4]

杰斐逊兴奋地给美国外交部长约翰·杰伊（John Jay）写信说：

> 这里有人改进了火枪的结构，国会可能有兴趣了解……它的独特之处在于，所有枪支的零部件都完全相同，因此任何一支枪上的部件都可以通用在军火库中的每一支步枪上……我自己组装了好几支枪，只需要随意取出零部件，然后进行组装，它们就能完美地组装成一支火枪。这种设计在枪械需要修理时的优势显而易见。[5]

但也许，这种优势并不是那么显而易见。为了让他的同事们接受这个想法，杰斐逊煞费苦心。他多次写信给美国战争部长亨利·诺克斯（Henry Knox）——诺克斯堡就是为了纪念他而得名——试图说服他雇用奥诺雷·布朗并引进他的系统。但诺克斯并未做出回应。[6]

那么，这个系统“显而易见”的优势到底是什么呢？杰斐逊关注的是战场上枪械的维修问题。假如某支枪的主弹簧断裂或是火药盘翘曲，意味着这支枪对士兵来说毫无用处。修复它意味着手工制作一个新的零件，这个零件必须能够完美地匹配这支枪上的其他零部件，因而这项任务需要复杂的设备和一个熟练工匠数小时的工作。

但在布朗的系统下，只需要几分钟和一些基本的技能，一个人就可以拆开枪支，用一个相同的零件更换有故障的那个，然后把它们重新装配在一起，从而让枪支焕然一新。难怪布朗的枪械匠伙伴已经开始担心他们职业的未来，也难怪托马斯·杰斐逊对修理出现故障的枪械如此感兴趣。

在杰斐逊努力赢得支持的时候，奥诺雷·布朗也在苦苦支撑。依靠手工制作每一件产品，并使其达到系统工作所需的精度极其昂贵，几乎不可能实现。不过，这个问题的解决办法早已存在，可惜布朗并不知道。它不仅使迅速修复故障枪械成为可能，而且还将推动世界经济的一场革命。在布朗进行演示的十年前，一位绰号为约翰·“铁疯”·威尔金森（John ‘Iron-Mad’ Wilkinson）的绅士在他的家乡（英格兰和威尔士交界处的什罗普郡）赫赫有名，因为他使用铁船、铁讲坛、铁桌子，甚至铁棺材，并且经常从铁棺材中一跃而起，吓来访者一大跳。[7]

他理应更加声名远扬，因为在1774年，他发明了一种方法，能够以罕见的精度钻出平直的大炮炮筒，并且每次都能做到这一点。这在军事上拥有极高的价值。但威尔金森还不止于此。几年后，他从附近的一家商户订购了一台新式蒸汽机。然而，他们在使用这台机器时遇到了困难：由于其活塞缸是用手工敲打的金属板制成的，横截面不是一个完美的圆形，因此蒸汽在活塞头周围四处泄漏。[8]

“把它交给我吧”，约翰·威尔金森表示，然后他用钻炮筒的方法制造出一个完美的圆形活塞缸。[9]他的供应商，一位叫詹姆斯·瓦特的苏格兰人，从此生意兴隆。得益于瓦特的高效蒸汽机和威尔金森的精密钻孔汽缸，工业革命进入了一个高速发展的阶段。[10]

威尔金森和瓦特并不关心可互换的零件。他们的目的是使炮弹顺利装进大炮，活塞装进汽缸。但他们所解决的工程问题同时抓住了零件互换性的关键，而这正是布朗孜孜以求，但却苦于实现成本过高的地方。威尔金森制造了一台镗床（一种自动化完成制造过程的工具），它包括一个非常锋利的钻头、一个水磨和一个能够在夹紧一件物品的同时平稳旋转另一件物品的系统。[11]

一个名叫亨利·莫兹莱（Henry Maudslay）的人紧随其后，他最初曾跟随伦敦一位才华横溢的锁匠学徒，并表现出过人的天分，后来他设计出一台空前精密的机床，能够一次又一次精确地重复执行同样的过程。19 世纪初，该机床被英国皇家海军用来制造滑轮组，以升降海军战舰的船帆。[12]

但正如西蒙·温切斯特（Simon Winchester）在其精密工程史中所指出的那样，这些机床带来一个奇怪的副作用：朴次茅斯的滑轮工厂生产出了有史以来最完美的滑轮组，但它们也导致大量熟练的工匠失业。奥诺雷·布朗的枪械匠同伴们一直担心，他们会失去有利可图的修理生意。但事实上，他们同样也将失去制造枪械的工作。机床不仅比手工工具好用，而且它们也不需要依靠手工来制造。此外，还有另一个出乎意料的后果：如果能用机床制造出精确的可更换零件，那么，你不仅可以像杰斐逊预见到的那样，使战场上的枪械维修变得简单，而且还可以使装配过程更简单和更可预测。在布朗做演示之前九年，亚当·斯密曾做出了对一家扣针厂的著名描述，根据他的描述，每位工人都会在前一道工序的基础上完成下一道工序。[13] 但是，借助可互换零件，这样的生产线可以代之以一个更快、更可预测和更自动化的过程。[14]

在大西洋的另一侧，美国人终于开始听进杰斐逊的忠言，布朗的系统最终在弗吉尼亚州哈珀渡口的一个军械库投入实际使用。借用温切斯特的话来说，这个军械库在19世纪20年代开始生产“全世界第一批以真正机械化方式生产出来的生产线产品”。正如奥诺雷·布朗一直设想的那样，这些产品包括枪支、枪机、枪托和枪管。[15]

这就是后来被称为“美国制造体系”（American system of manufacturing）的开端，在下一个世纪里，它生产了赛勒斯·麦考密克的收割机、艾萨克·辛格的缝纫机和亨利·福特的T型车。福特是零部件互换性的倡导者，如果没有精密加工的可互换零件，T型车生产线根本是不可想象的。[16]

至于不幸的奥诺雷·布朗，他在1789年法国大革命中一蹶不振——他的地窖作坊被暴徒洗劫一空，他的政要支持者被斩首。他苦苦挣扎，负债累累。布朗催生了一场经济革命——但由于另一场截然不同的革命，他未能看到自己的想法变成现实。[17]

22
射频识别

让我们回到 1945 年 8 月 4 日。那时，第二次世界大战的欧洲战场已经结束，美国和苏联正在各自斟酌双边关系的未来。在莫斯科的美国驻苏联大使馆内，一群来自苏联少年先锋队的男孩做出了一个暖心的姿态，以彰显两个超级大国之间的友谊：这些孩子向美国大使埃夫里尔·哈里曼（Averell Harriman）赠送了一枚巨大的手工雕刻美国国徽。后来，这件礼物有了一个专门的代称："金唇"（*the Thing*）[1]。

哈里曼的办公室自然会检查这个巨大的木制装饰品，看是不是带有窃听装置。但是，鉴于它上面既看不到电线，也没有电池，它又能造成什么伤害呢？哈里曼十分看重"金唇"这件礼物，将它挂在书房的墙上，而它在接下来的七年中，源源不断地泄露着他在书房中进行的私密谈话。他在那时候不可能意识到，这个装置是 20 世纪真正的原创发明之一。

当年，李昂·特雷门（Leon Theremin）已经因为发明了以自己名字命名的乐器而享誉国际。他原本一直和非裔美国妻子拉维尼娅·威廉姆斯（Lavinia Williams）生活在美国，但是在 1938 年返回苏联。威廉姆斯之后声称，特雷门是被绑架的。无论其中原委如何，特雷门回到苏联后立即被关进监狱集中营工作，正是在那里，他被迫设计出“金唇”和其他监听设备。[2]

最终，美国的无线电运营商无意中发现，美国大使的谈话正被人通过无线电波不断传递出去。这些广播不可预测：在对大使馆的无线电波发射进行扫描时，没有迹象找到窃听装置。找出真正的泄密工具花费了更长的时间。事实上，窃听器就装在“金唇”内部，它非常简单，却十分精妙，将一根天线连接在一个孔洞中，再以银色振膜覆盖其表面，用作麦克风。里面没有电池，也不需其他装置提供动力。“金唇”由苏联发射到美国大使馆的无线电波激活，届时它将利用传入信号的能量将监听到的内容传回。只要关闭信号，“金唇”就会安静下来。

与李昂·特雷门设计的不同凡响的乐器一样，“金唇”似乎也只是一个精巧的科技发明。但是它的工作原理，即一个装置可以把接收到的无线电波作为动力，并传回信息作为响应，具有更大的意义。

在现代的经济活动中，射频识别（radio frequency identification，RFID）标签无处不在。我的护照上有一个，我的信用卡上也有，只要在 RFID 读卡器附近挥一挥卡，我就可以轻松完成小额支付。图书馆里的书籍，包括我写这一篇文章时参阅的《RFID 基础》（*RFID Essentials*）一书，通常也都带有 RFID 标签。各大航空公司逐渐开始使用这一技术来追踪旅客行李，零售商也使用这种技术来防止偷窃。[3] 这些装置中有一些带有电源，但大多数装置像特雷门的“金唇”一样，是由远程接收到的信号提供动力的。这使得它们成本低廉——而低成本总是能成为任何产品的卖点。[4]

第二次世界大战期间，盟军的飞机曾使用了一种形式的 RFID 技术：在战机被雷达照亮时，一个被称作应答器（transponder）的重要装置会对雷达做出响应，并将一个信号发送回雷达，意在说明“我们是同一战线的友军，不要射击”。随着硅电路的体积不断缩小，人们得以设计出标签，贴在比飞机价值低得多的物品上。

像条形码一样，RFID 标签也可以用来快速识别一个物体。但与条形码不同的是，RFID 标签可以自动被扫描，而不需要可视读取。有一些 RFID 标签在数米之外就可以被读取，还有一些可以在对精度要求不高的情况下被批量扫描。有些标签可以被重新编辑或者重新读取，也可以远程操作令其失效。而且，RFID 标签可以存储的数据量远远高于简单的条形码。因此，一件物品的识别信息就可以不再仅限于“某舒适合身款中号牛仔裤”这样的简单信息，而是更为具体的信息，例如某一天在某个地方生产的某一条特定牛仔裤。[5]

20 世纪 70 年代，RFID 标签被用来追踪监控火车车厢和奶牛（人们把塑料标签打孔挂在奶牛的耳朵上）。到了 20 世纪 80 年代，它们被用于追踪汽车底盘在装配生产线上的路径，这是许多“闭环”RFID 应用的前身，此类应用可在复杂的生产过程中追踪工具和材料。[6] 到了 1987 年，挪威已经在所有道路收费站使用 RFID，以实现自动收费；到 1991 年，俄克拉何马州开始使用这项技术来收取道路通行费，在收费过程中汽车甚至不需要减速。[7] 在 21 世纪初，大型组织，例如特易购、沃尔玛和美国国防部开始要求它们的供应商在货盘上贴上 RFID 标签——看上去未来似乎所有物品最终都将贴上 RFID 标签。一些狂热分子甚至将 RFID 标签植入他们的身体里，这使他们只需挥一挥手，就能打开门或乘坐地铁。[8]

1999 年，快消巨头宝洁的高管凯文·阿什顿（Kevin Ashton）创造出一个名词，精妙地抓住了人们的兴奋点。他说，RFID 会将我们带入“物联网”（the Internet of Things）时代。[9]不过，随着大众的注意力转向更为光鲜亮丽的消费品，RFID 的热潮逐渐褪去：2007 年，智能手机面世，随后又出现了智能手表、智能恒温器、智能扬声器甚至智能汽车。所有这些设备都很复杂，处理能力也很强，但它们价格不菲，并需要大量耗电。[10]

今天，我们在讨论物联网时通常指的不是 RFID，而是上面那些设备。对一些人来说，“物联网”一词意味着一个过度设计的愚蠢世界，在这个世界里，你的烤面包机和你的冰箱无来由地相互交谈。其他一些人则指出其中的安全漏洞：接入互联网的灯泡可能会泄露你的密码，[11]孩子佩戴的 GPS 手环既能让父母定位他们，也能给不法之徒提供同样的便利，[12]更不用提具备远程操作功能的性玩具可能会泄露你的一些习惯信息，而相信大多数人都会认为这些信息相当私密。[13]

或许我们不应该感到惊讶：在社会学家肖沙娜·朱伯夫（Shoshana Zuboff）所称的“监视资本主义”时代，侵犯隐私已经成为一种流行的商业模式。[14]

但在所有这些热潮和隐忧的包围下，谦逊的 RFID 仍然在低调地工作着。我敢打赌，它必将迎来属于自己的辉煌时代。

凯文·阿什顿关于物联网的观点很简单：如果计算机要理解我们生活的真实世界而不仅仅是网络空间，那么它们将依赖于数据，并对其进行追踪、组织和优化。与输入这些海量的数据相比，人类有更重要的事情要做，因此物品需要被制造为可以自动向计算机提供信息，从而使真实的世界在数字层面可以被理解。

现如今，很多人都会随身携带智能手机，但物品并没有这种便利，因而 RFID 仍然是一种廉价的追踪物品的方法。即使许多 RFID 标签能做的只是回应路过的 RFID 读卡器，提示“此时此地，这就是我”，这也足以让计算机理解真实的世界，从而打开门，追踪工具、组件甚至药品，实现生产过程自动化，以及快速支付小额款项。

RFID 可能不像智能手表或自动驾驶汽车那样强大和灵活，但它价格低廉且体积很小：这一造价和体积方面的优势，使其可以被用来标记数以千亿计的物品。而且，它不需要电池——任何人如果认为这一点无关紧要，那么他们应该再去看看李昂·特雷门的故事。

23 接口信息处理机

鲍勃·泰勒（Bob Taylor）的工作地点位于五角大楼的心脏地带，在大楼的三层，离美国国防部长和国防部高级研究计划局（ARPA）局长办公室都不远。ARPA成立于1958年初，但随后它的职能在很大程度上被美国国家航空航天局（NASA）所取代。《航空周刊》（*Aviation Week*）戏谑地表示，ARPA就是“一只吊在水果柜子里的死猫”。[1]

尽管如此，ARPA仍然在勉力支撑。到了1966年，鲍勃·泰勒和ARPA打算干一件大事。

泰勒办公室的旁边是终端室，那是一个狭小的空间，里面并排放置着三台远程访问终端和它们的三个专属键盘，每个终端都使泰勒可以向远方的大型计算机发送指令，这些大型计算机一台位于大陆另一侧的加州大学伯克利分校；一台位于麻省理工学院，坐落于沿海岸线向北450英里外的马萨诸塞州剑桥市；还有一台位于加州圣莫尼卡的战略空中司令部（Strategic Air Command），代号为AN / FSQ 32XD1A，简称Q–32。

这些大型计算机每一台都需要不同的登录过程和编程语言。正如历史学家凯蒂·哈夫纳（Katie Hafner）和马修·里昂（Matthew Lyon）所说的那样，就像“一个小房间里杂乱地挤放着几台电视机，每台电视机都播放各自专属的频道”。[2]

虽然泰勒可以通过他的终端远程访问这些大型计算机，但每台计算机之间无法轻松地进行连接。美国各地其他由 ARPA 资助的计算机也不能连机。在这些计算机之间共享数据、分割复杂的计算甚至发送消息几乎是不可能的。泰勒说，很明显，下一步“我们应该找到一种方法来连接所有这些不同的机器”。[3] 泰勒与 ARPA 的负责人查尔斯·赫茨菲尔德（Charles Herzfeld）讨论了他的目标。他宣称，“我们已经知道如何做到这一点”，尽管他并不清楚是否有人真的知道如何将一个全国性大型计算机网络连接起来。“好主意，”赫茨菲尔德说道，“那就去做吧。现在给你增加 100 万美元的预算。去吧。”这次会面只花了 20 分钟，现在鲍勃·泰勒已经骑虎难下，必须得想出一个办法来解决这个问题。[4]

在此之前，麻省理工学院的劳伦斯·罗伯茨（Laurence Roberts）已经设法让他的一台大型机与圣莫尼卡空中指挥部的 Q–32 共享了数据：两台超级计算机借助一根电话线聊天。但是，这种连接速度缓慢，并且十分脆弱和烦琐。[5] 鲍勃·泰勒、劳伦斯·罗伯茨以及其他对建设网络富于远见卓识的同行们有一个更雄心勃勃的想法，他们想要建成一个任何计算机都可以接入的网络。正如罗伯茨当时所说的那样，“几乎所有能想到的计算机硬件和软件都将接入网络”。[6]

这是一个巨大的机会，但同时也是一个艰巨的挑战。按照现在的标准，当年的计算机稀有昂贵、功能简单。这些计算机通常由使用它们的研究人员手工编程，而这样的高端人才只有区区几位，谁能说服他们把自己手头的项目放在一边，为其他人的数据共享项目编写代码呢？这就像是让法拉利车主空转爱车引擎，以便加热一块菲力牛排，然后再喂给别人的狗一样。

这时，另一位计算机领域的先驱，物理学家韦斯利·克拉克（Wesley Clark）提出了一个解决方案。克拉克一直在关注一种刚刚诞生的新型计算机——微型计算机，与安装在美国大学里，足有一间屋子大小的大型计算机相比，微型计算机更加简单且价格便宜。他建议在这个新网络的每个站点安装一台微型计算机，而那里的主机——比如圣莫尼卡笨重的 Q-32——会和放置在它旁边的微型计算机通话。

然后，这台微型计算机将负责与网络上所有其他微机通信，并负责解决在网络上可靠地传送数据包这个麻烦的问题，确保数据安全传送到目的地。所有的微型计算机都会以相同的方式运行，如果你为其中一台编写一个联网程序，它可以在所有的微机上运行。

“经济学之父”亚当·斯密一定会为克拉克感到自豪，因为他充分利用了专业化和劳动分工的方法，这也许是亚当·斯密最著名的想法。现有的大型计算机将继续做它们已经十分擅长的事情。新的微型计算机将进行优化，以可靠地处理联网问题，确保不会发生崩溃。而且，ARPA 将支付所有相关费用，这显然是一件有百利而无一弊的好事。[7]

著名办公室喜剧《IT 狂人》中，有一集描写了两位电脑极客主人公成功地骗过了他们对技术一窍不通的老板珍（Jen），使她相信，他们拥有“互联网”，一个闪着微光的小盒子，只要她答应不弄坏它，他们就愿意把这个小盒子借给她。[8]

韦斯利·克拉克想法的绝妙之处在于，就任何计算机而言，这几乎就是网络的样子。每个本地的大型计算机只需要通过编程与旁边的小黑盒子（本地的微型计算机）对话。做到了这一点，它就可以与后者背后的整个网络进行对话。[9]

那个所谓的小黑盒子实际上不小，并且是银灰色的。它们被称为接口信息处理机（IMP）。这些 IMP 是在霍尼韦尔微型计算机的基础上定制而成的，霍尼韦尔微型计算机的大小与冰箱相当，每台重达 400 千克以上。[10] 它们的成本为每台 80000 美元，相当于今天的 50 万美元。[11]

网络的设计者希望信息处理机能够安静并且不间断地工作，只需要最少的监控，并且能耐得住严寒酷暑，经受得了震动和电涌，以及霉变和老鼠的侵袭，还有最危险的——好奇的研究生们手里的螺丝刀。军事级的霍尼韦尔计算机看上去是一个理想的选择，尽管它们的装甲层可能有点大材小用。[12]

它的原型机——IMP 0，于 1969 年初被设计出来，但未能成功运行。一位年轻的工程师花了几个月的时间来修理它，手动拆下并重新包好了相距仅约 1/20 英寸（约 1 毫米）的引脚上的电线。直到当年 10 月，IMP 1 和 IMP 2 才分别安放在洛杉矶的加州大学洛杉矶分校以及沿海岸线向北 350 英里的斯坦福研究所。

1969 年 10 月 29 日，两台大型计算机通过配套的 IMP 交换了第一个单词，颇具《圣经》风格的“LO”——操作人员一直在试图键入“Login”，但只敲了两个字母后，网络就崩溃了。[13] 这个开局并不算顺利，不过它仍成功开启了阿帕网（ARPANET）。

其他的网络接踵而至，随后是一个长达 10 年的项目，将这些网络连接成一个网络的网络，简称为“互联网”。最终，IMP 被一种更现代的设备——路由器所取代。到了 20 世纪 80 年代末，IMP 已经成为博物馆里的老古董。[14]

同时，劳伦斯 · 罗伯茨预言的世界正在成为现实，即“几乎所有能想到的计算机硬件和软件都将接入网络”。这一切，全都得益于 IMP 所指明的方向。

24 全球定位系统

如果全球定位系统（GPS）停止工作，会发生什么情况？

首先，如果想从甲地到乙地，我们就必须开动脑筋，认真观察周围环境。也许这不是一件坏事：人们再也不会因为盲目信任导航设备而把车开进河里或是冲下悬崖。如果要评选和GPS有关的搞笑事件，我最喜欢的一个故事是，一对瑞典夫妇因为拼错了意大利卡普里岛（Capri）的名字，结果开车来到了几百英里外的卡尔皮镇（Carpi），然后四处询问大海在哪儿。[1]

不过，这些都是小概率事件。使用GPS的设备通常会使我们免于迷路。如果GPS停止工作，道路将会因司机不时放慢速度查看路标或是停车查看地图而堵塞。如果你需要坐火车上下班，你也看不到信息板提示下次列车将在什么时候到达。至少在英国，你还得等着有人来开车门，因为如果没有GPS通知火车它已经进站，车门就不会自动打开。如果打电话叫出租车，你会发现一个焦头烂额的接线员正在努力给司机打电话，以了解车辆的位置。打开优步应用程序，你只会看到图片。另外，你再也别想玩一局宝可梦GO

来打发时间了。

如果没有了 GPS，急救服务将变得举步维艰，接线员无法通过电话信号追踪到呼叫者，也无法识别最近的救护车或警车；送货的卡车司机需要花更长的时间才能把我们的货物运到目的地；港口也将出现混乱，因为集装箱起重机需要 GPS 的引导来卸货；超市的货架也不会永远摆满商品，因为“零库存”物流系统将无法维系；工厂可能停工，等待未能及时送到的原材料。此外，还有农业、建筑、渔业、测量业——英国政府的一份报告中提到了这些行业，它们因为一次 GPS 中断五天的事故报告了 50 亿英镑的损失。[2]

如果 GPS 中断持续的时间更长，我们可能会开始担心一大堆其他系统是否还扛得住。假如只是把 GPS 当作一种定位服务，你可能不会想到这些系统也将受到影响，但是，没错，GPS 还是一种计时服务。GPS，即全球定位系统，至少由 24 颗卫星组成，这些卫星上的时钟都以极高的精度同步。当你的智能手机使用 GPS 在地图上定位时，它会从其中一些卫星接收信号，并根据信号发送的时间和卫星所在的位置进行计算。只要这些卫星上的时钟出现千分之一秒的偏差，你的定位就会偏离正确地点数百英里。

因此，如果要获得非比寻常的精准时间信息，GPS 是一个绝佳的途径。想想移动电话网络：你的通话会通过一种被称为“多路复用”的技术与其他人共享一条信道，数据在一端加印时间戳，进行加扰，然后再在另一端解扰。如果时间出现十万分之一秒的偏差，就可能会出差错。[3] 银行支付、股市、电网、数字电视、云计算——所有这些都取决于不同地点的时间一致性。

如果 GPS 失灵，备份系统能在多大程度、多大范围，以及在多长时间内保持这些不同的系统正常工作？对此不大令人安心的答案是，好像没有人真正知道。[4]

难怪 GPS 有时被称为“隐形的公共设施”。[5] 试图用美元来衡量它的价值几乎是不可能的，正如作家格雷格·米尔纳（Greg Milner）所说，这就好像你问：“氧气对人类呼吸来说值多少钱？”[6] 无疑，GPS 是一项了不起的发明，它首先赢得了美国军方的支持，因为它可以帮助军方确定轰炸目标，但是，军方最初其实并不十分确定是否需要它。一位 GPS 的早期支持者回忆，同事们的典型反应是：“我很清楚自己在哪里，为什么还需要一颗该死的卫星来告诉我在哪里呢？”[7]

第一颗 GPS 卫星早在 1978 年就已发射升空，不过，直到 1990 年的第一次海湾战争，持怀疑论者才开始改变态度。“沙漠风暴”行动遭遇了一场现实世界的沙漠风暴，漫天黄沙将能见度降低到不足 5 米，多亏了 GPS，士兵们才能够标记地雷的位置，找到返回水源地的路，并避免相互妨碍。它对挽救生命的作用显而易见。由于当时军方的 GPS 接收器数量很少，士兵们甚至要求他们在美国的家人自费购买价值数千美元的商用 GPS 接收器寄给他们。[8]

考虑到 GPS 对于保持军事优势的重要作用，你可能会奇怪，为什么美国武装部队愿意将其开放给所有人使用。答案是，他们并不愿意，但对此无能为力。实际上，美国军方曾试图让卫星发送两个信号——一个是供军方自己使用的精确信号，另一个是供平民使用的降级模糊信号——但民用企业想出各种巧妙的方法提升模糊信号的精度。与此同时，GPS 对于经济的促进作用也越来越明显。到了 2000 年，克林顿总统顺应时势，批准向所有人开放高精度的 GPS 信号。[9]

为了维持GPS的正常运转，美国纳税人每年要贡献几十亿美元。他们固然十分慷慨，但是，世界其他国家一直坐享美国纳税人的慷慨奉献，这真的是明智之举吗？事实上，GPS并不是唯一的全球卫星导航系统。俄罗斯有自己的格洛纳斯①，虽然性能没有GPS那么好。中国和欧盟也各有其先进的卫星导航项目，分别称为“北斗卫星导航系统”和“伽利略卫星定位系统”（Galileo）。日本和印度也在研究独立的卫星导航系统。[10]

这些替代的卫星系统虽然可能帮助我们克服GPS的固有问题，但它们也可能在未来的任何冲突中成为诱人的军事目标，甚至爆发一场令所有卫星定位系统全部失灵的太空战争也并非不可能。此外，一场足够大的太阳风暴也可以做到这一点。[11]当然，还存在可作为卫星导航备用系统的陆基导航方案：主要的备用系统称为eLoran（增强型远程导航系统），但它尚不覆盖全球，同时一些国家对该系统的投入远远高于其他国家。[12]

eLoran的一大吸引力是它的信号更强。当GPS信号经过两万公里的旅程抵达地球时，这些信号已经非常微弱了——这使得它们很容易被干扰，或者是在使用技术得当的情况下被欺骗。[13]当然，专门研究这些情况的专家并不太担心出现世界末日般的情景，即某天早上醒来后，惊恐地发现整个系统全部失灵，他们更关注下面这种可能发生的情况：恐怖分子或某个敌对国家通过向某个地区的GPS接收器发送欺骗信号而造成严重破坏。[14]工程学教授托德·汉弗莱斯（Todd Humphreys）已经证明，欺骗干扰可以击落无人机并使超级游艇偏离航线。[15]他还担心攻击者可能会摧毁电网，或是使

① 格洛纳斯（GLONASS）是俄语“全球卫星导航系统”的缩写。——译者注

移动网络瘫痪或股市崩溃。[16]

事实是，很难确定干扰欺骗式的 GPS 信号会造成多大的损害。你不妨采访一下那两位迷失在卡尔皮镇的瑞典游客：知道自己迷路虽然令人头疼，但错误地相信自己知道自己在哪里也并非幸事。

第五部分

秘密与谎言

25
活字印刷机

1438 年圣诞节，法国斯特拉斯堡市一位富裕的市民安德烈亚斯·德里泽恩死于黑死病。在那个年代，被黑死病夺去性命并不少见，但德里泽恩的死引发了一场官司，并且直到今天仍被许多人津津乐道。德里泽恩生前曾长期与人合伙制造……谁都说不清是什么的一些东西。这些东西里肯定包括一种很小的凸面金属镜。这些小镜子深受朝圣者的欢迎，因为它们可以吸收圣物的神圣光芒。但这一合作关系或许也制造其他东西——更大的东西。尽管德里泽恩拥有可观的收入，但由于这个神秘项目耗资巨大，他在死时已经负债累累。[1]

德里泽恩死后，他的兄弟们愤怒不已，于是起诉了他的合伙人。根据有幸留存下来的法庭文件，这个项目涉及"一种秘密的工艺"，能够"从印刷机上取下小块零件……所以没人知道那到底是什么"。这位合伙人显然担心这种"秘密工艺"遭到剽窃，于是他与德里泽恩的兄弟们达成了庭内和解，付给他们一笔钱买断了这项技术，然后自己继续投资，追求所谓的"冒险和技艺"。这位合伙人的尊姓大名？约翰内斯·根斯弗莱什·祖尔·拉丹·祖姆·谷登堡（Johannes Gensfleisch zur Laden zum Gutenberg）。[2]

谷登堡正在研制的，当然是印刷机了，或者更准确地说，是一个完整的印刷系统，这个系统可以批量生产耐用的金属字模，将它们灵活地重新排列，并在几天内就印出几百本书。

这其中真正核心的是系统。制作字模并用它们印刷文字的想法由来已久，至少可以追溯到斐斯托斯圆盘（Phaistos Disc），一块在克里特岛发现的赤陶圆盘，距今已有近4000年的历史。公元770年，日本的称德天皇（Shōtoku）① 曾下令刻印“百万经咒”。由于文本简短，整部经咒以一块铜板刻成。[3]

鉴于在当时纸张已经被中国人发明出来，再加上欧洲语言的字母书写系统，约翰内斯·谷登堡想要设计出一种更灵活的印刷机。

那时，类似的想法在很多人的脑海中盘旋——一个名叫沃尔德沃格尔（Waldvogel）的人似乎也一直在研究类似的设备，难怪谷登堡如此热衷于保护自己的小秘密。

在谷登堡的系统中，占据核心位置的是大规模生产金属字模的方法。这一点至关重要，因为一页文字大约就需要3000个字母的字模，而手工雕刻它们将非常耗时。

谷登堡是一位金匠，精通精确的钱币雕刻工艺。因此，他和合伙人用硬金属为每个字母雕刻出一个精细的冲头，使字母的形状呈浮雕状凸出——这比雕刻一个凹型的字母更容易。然后，冲头会将字母压入一个“模子”里。最后，字模将被紧紧地夹在手持式模具

---

① 称德天皇史称孝谦天皇，生于718年，卒于770年，是日本史上第6位女帝。——译者注

中，再将熔化的合金倒入，从而铸造出一个个金属字模，这些字模会迅速冷却并静待被使用。如果字模磨损了，只要保留着模子或冲头，谷登堡就可以很容易地制造新的字模。那需要一个不同的字母怎么办？只需将一个不同的模子夹入手工模具中。

一旦字模已经紧紧地固定在框架之内，谷登堡就可以在上面轻刷一层自己研制的油基，再把略微潮湿的纸张牢牢地压在金属上，然后就可以欣赏印刷成品的效果了。

效果惊人！谷登堡首先印刷了一本 28 页的课本，以测试机器的效果。但很快，他就转向了一个更宏伟的项目：一本华丽的拉丁版《圣经》。[4] 埃内亚·西尔维奥·皮科洛米尼（Enea Silvio Piccolomini），即未来的教皇庇护二世（Pope Pius II），在 1455 年看到了几本谷登堡的《圣经》。皮科洛米尼称赞谷登堡是"一个了不起的人"，并表示，"字迹如此清晰，根本无须眼镜即可阅读，而且所有的副本都已经售出"。[5]

不过，尽管我们今天仍然深深地折服于那些《圣经》的精美，但这件事真正的革命性之处并不在于印刷品是否精美或清晰，而在于其经济意义。由于谷登堡使得批量印刷书籍成为可能，因此书籍的价格暴跌。这一变化所带来的深远影响无论怎样讲都不过分。在谷登堡之前的几个世纪中，一份手抄稿（即一本手工抄写的书）的价格一直相当于普通工人六个月的薪水。在谷登堡的活字印刷术发明之后不久，一本书的价格已经接近工人六天的工资，到了 17 世纪初期，其价格更是已经降到了六个小时的工资。[6]

印刷品的产量开始猛增。在印刷机问世后的 100 年内，印刷书籍的数量已经超过了谷登堡时期以前整个欧洲手抄书籍的数量总和。而那仅仅是一个开始。15 世纪初期，剑桥大学的图书馆藏有 122 本书，每一本都是稀世珍宝。今天，它的藏书已经高达 800 万册。[7]

印刷拓展了思想的疆域，提高了我们现在称为思想领袖的那批人的声望。例如，印刷机于 1470 年左右传到意大利的城市后，顶尖教授的薪水从一般熟练工人工资的四倍上升到七八倍的水平。[8]

此外，它还可说是人类首个大规模的生产过程，明显早于使用机床制造火枪、自行车零件，还有用来升降海军战舰船帆的滑轮组。[9]

印刷业是一种新兴的行业。几个世纪以来，织布等技术性行业一直由同业公会组织，同业公会决定谁能从事这一行业，以及他们要如何从事这一行业。但是，印刷商在同业公会系统之外作为营利性公司独立运作。[10] 商业银行家提供制造印刷机和排版书籍所需的大量前期投资——要成为一名印刷商而不负债是很困难的。由于没有书店，印刷商还会组织产品的分销。[11]

这是一项艰难的事业。印刷一本有插图的《圣经》（这是早期印刷商钟爱的产品）是一项巨大的工程。许多印刷商都没能熬过极其惨烈的竞争并幸存下来。威尼斯是早期印刷业中心，1469 年有 12 家印刷公司，在短短三年内，其中 9 家就已经倒闭了。[12]

最终，印刷商们意识到，那些更短小精悍、价格更低廉并且可印刷周期更长的产品更有利可图。语法书成为大受欢迎的印刷品，而那正是谷登堡为测试自己的系统而首印的东西。预先设计的赎罪券也同样非常受欢迎。两者成为印刷商可靠的收入来源。然后便是简短的宗教论战书，比如马丁·路德的《九十五条论纲》①，据说，

① 《九十五条论纲》（*Ninety-five Theses*），原名《关于赎罪券效能的辩论》，是马丁·路德为抗议罗马教廷销售赎罪券而写下的著名辩论提纲，被认为是新教的宗教改革运动之始。——译者注

他在 1517 年把这篇辩论提纲钉在了德国维滕贝格诸圣堂的大门上。

历史学家伊丽莎白·艾森斯坦（Elizabeth Eisenstein）指出，像马丁·路德这样的神学教授与天主教会进行宗教辩论并没有什么特别不寻常之处，教堂的大门在传统上也是一个张贴公开宣言的场所。这些并不特别，真正不寻常的是印刷机传播路德及其追随者叛逆思想的速度。维滕贝格当时已经成为一个单一工业的小镇，到处都是印刷厂。[13]

马丁·路德出版了《新约全书》的德语译本，并被广泛印刷。他将印刷描述为“上帝最高和最终极的恩典，借此推动福音事业向前发展”。

但是，在民间传阅的小册子往往一点也不典雅。它们充斥着恶毒的漫画——例如，给教皇画上一个狼头。虔诚的天主教徒们对此报以他们自己的反宣传。宗教圣火的战争丰盈了印刷商的钱包，也引发了宗教改革和新教教会的诞生，并最终导致了“三十年战争”① 的灾难。[14]

一项革命性的新技术使煽动性的言辞如虎添翼？谁会想到这一点呢？现代的互联网巨头们声称，冲突引发关注，而关注带来影响力——其实，任何生活在 17 世纪的德国人都可以证明，这不是一个新想法。[15]

那么，开始了这一切的那个人又有着怎样的命运？大英图书馆将约翰内斯·谷登堡评选为“千年之人”，除了他，很少有人可以

---

① 三十年战争（the Thirty Years War）发生于 1618 年至 1648 年，是由神圣罗马帝国的内战演变而成的一次大规模的欧洲国家混战，也是历史上第一次全欧洲大战。这场战争是欧洲各国争夺利益、树立霸权的矛盾以及宗教纠纷激化的产物。战争以哈布斯堡王朝战败并签订《威斯特伐利亚和约》而宣告结束。——译者注

被提名获得如此殊荣而不引发争议。但是，即使这位“千年之人”也没能从印刷机上赚到什么钱。[16]

像许多追随他脚步的印刷商一样，谷登堡也迫不及待地印刷了那些精美华丽但具有毁灭性高价的《圣经》。还记得吗，谷登堡与安德烈亚斯·德里泽恩合伙 17 年来，一直在不断累积债务。1455 年，也就是未来的教皇对他的作品大加赞赏的同一年，他与另一个商业伙伴又打了另一场官司。在这场官司中，他失去了对自己印刷机的所有权。如果他一直坚持印刷语法书该有多好啊！[17]

26 卫生巾

“有谁能告诉我，高洁丝（Kotex）到底是什么？”说这句话的，是20世纪20年代美国一位年轻的小伙子，他在一次晚宴上满脸困惑地提出了这个问题。当然，不会有人为他答疑解惑。高洁丝是一个暗号——这个神秘的暗号专门代指一个男人不应该知道的秘密。高洁丝曾经是（现在也仍然是）美国最受欢迎的卫生巾品牌之一。但说实话，我从没听说过它。[1]

对于《包装之下》（*Under Wraps*）一书的作者莎拉·维斯特拉尔（Sharra Vostral）来说，这一点儿也不奇怪。维斯特拉尔说，诸如卫生巾、卫生棉条、月经杯这一类女性生理期产品的一个根本特点就是私密性：一位女性是否正处在生理期这件事，本来就不该为外人所知。从这一点来看，早期曾有一个卫生棉条品牌起名为“Fibs”（小谎言）也无可厚非。[2]

当然，并不是所有人都赞同这个名字中暗含的贬损之意。一位女性向市场调研人员抱怨道：“‘Fib’本是‘谎言’的委婉语，因此‘Fibs’代表了肮脏、隐秘和不干净的东西。如果我要在商店里购买卫生棉条，单凭‘Fibs’这个名字，我就不会购买它。”[3]

然而，女性有充足的理由对月经这件事秘而不宣。在世界上诸多禁忌之事中，月经绝对处于中心的位置。《圣经·旧约》中的经文在提到月经时认为其是污秽的，而月经带是令人厌恶之物。[4]

这种看法长盛不衰。1868 年，美国医学协会副主席表示，女性医生在每月的“病痛”期间是不可信任的。五年后，美国医生和性教育者爱德华·克拉克认为，女孩子们在经期不应该上学，因为指望她们在来月经的同时进行思考实在是强人所难。对此，女作家伊丽莎·达菲（Eliza Duffey）尖锐地回应说，克拉克博士显然并不反对女性在经期做繁重的家务。也许他只是不想让女孩接受教育？也许实情确实如此。[5]

因此，妇女们习惯于对每个月生理周期的细节秘而不宣，自己想办法解决问题也就不足为奇了。经期所用的止血棉条已经存在了几千年的时间：在罗马时期，它们是用羊毛做的；在印度尼西亚，是由植物纤维制成；在日本是用纸；在非洲用草；在埃及用纸莎草芦苇；而在夏威夷，则是用蕨类植物制成。[6]妇女们会用织物的碎片来制作月经垫，通常会在清洗后重复使用。我们现在知道，重复使用月经垫会引发感染，甚至带来罹患宫颈癌的风险。[7]

到了 19 世纪后期，生活中许多日用品都已经不再自制，而是被工业制成品所取代。为什么月经垫不能呢？

这样做面临的挑战是：如果某种产品已经被全社会公认不能公开说出口，那么应该怎么做广告推销它呢？第一次销售抛弃型卫生巾有据可查的尝试发生在 19 世纪 90 年代。1896 年，强生公司开始在美国生产并销售“李斯特巾”（Lister’s Towels）；1895 年 8 月，德国制造商哈特曼（Hartmann）在伦敦的哈罗兹百货①为其“卫生护巾”做过广告。[8]不过，这些产品并没有产生太大反响。似乎大多数女性仍然认为，用手头拥有的任何材料自制卫生巾更便宜、更舒适，或者更不尴尬。[9]

第一次世界大战期间，卫生巾的生产技术出现了关键性突破。当时，美国纸制品公司金佰利使用一种叫作“纤维棉”（cellucotton）的新材料来制作绷带。纤维棉是用木浆制成的。它比棉花便宜得多，而且吸水性也要好得多。战争结束后，金佰利公司正在为这种产品寻找新的市场时，收到了一些护士的来信，解释说她们事实上把纤维棉用作绷带之外的其他用途。[10]

显然，这是一个商机。但它似乎也存在风险：这种产品是不是太遭忌讳，因而没有办法做广告，甚至让人购买？尽管心存疑虑，金佰利公司仍然推出了新产品，并给它起了一个神秘的名字“高洁丝”。这个名字代表“棉花的质地”（cotton texture），但更重要的是，晚宴上年轻的毛头小伙子们完全不知道“高洁丝”到底是指什么。[11]

这种新产品迅速热销。几十年来，妇女积极投身工厂和办公室的工作，以寻求某种独立。不管爱德华·克拉克医生是怎么想的，妇女们显然可以在来月经时进行思考，因而她们需要一种方便的一次性卫生产品。出乎所有人的意料，金佰利大获成功。

1927年，莉莲·吉尔布雷斯（Lillian Gilbreth）对不断增长的月经技术市场进行了第一次详细的研究，她是将心理学和工程学的

① 哈罗兹百货（Harrods）位于伦敦的富人区，是英国最负盛名的高档百货公司。——译者注

科学思想应用于营销、人体工程学和设计等商业问题的先驱。她指出，现代女性需要外出活动。她强调说，女性想要的是一种包装严实的产品，在打开包装时不应发出任何引人注意的声音，而且“无论衣服有多紧或多薄，它都应该完全隐形”。[12] 她为强生公司设计的产品甚至可以不出声地悄悄购买，只要递给店员一张优惠券，上面写着：请给我“一包摩黛丝①”。

不过，虽然这些产品本身是为了私密的使用，但它们的营销方式很快就没有什么秘密可言了。在蓬勃发展的需求的刺激下，制造商开始用广告轰炸消费者，尽管这些广告仍然十分委婉。如果说20世纪20年代，男性可能会对卫生巾的产品名称感到迷惑，那么到了30年代，有些男性已经感到自己被包围了。

后来荣获了诺贝尔文学奖的著名作家威廉·福克纳曾抱怨说：“我似乎完全无法融入现在的高洁丝时代，以至于我几乎丧失了思考能力。”当然，把自己陷入写作瓶颈的原因归咎于高洁丝的广告实在有些玻璃心，但它确实说明了这项以前不能公开说出口的技术已经以怎样惊人的速度进入文化主流。

继纤维棉卫生巾之后，20世纪30年代出现了商用卫生棉条，这项技术于1933年获得专利，并在市场上以丹碧丝（Tampax）的名字进行销售。[13] 随后不久，第一款月经杯于1937年面市，由一名女性利奥娜·沃特森·查尔摩斯申请了专利。[14]

后来，随着战争的爆发，经期产品被作为一种能够帮助妇女为战争做贡献的方式进行推广和销售。高洁丝的一则广告显示，一个十几岁的女孩儿正在拖地，但她把扫帚和拖把丢到了一边。

---

① 摩黛丝（Modess）是强生公司在20世纪20年代推出的卫生巾品牌。——译者注

“谁会想到你在抹布和脏盘子面前做了逃兵……当妈妈指望你帮忙的时候？正是因为你这样的女孩勇于承担家务，才让你的母亲有余力去制造绷带、销售战争债券，以及开钻床。”[15]

当然，到了20世纪50年代，卫生巾的广告又回到了那些穿着“柔软的丝绸斜纹长裙”悠闲逛美术馆的女士形象。

如今，仅在美国，女性每年花在卫生用品上的费用就高达30亿美元。[16]它们早已成为文化中可以公开讨论的内容。在一个西方人看来，旧时代那种谈月经色变的尴尬颇为可笑——21世纪的卫生巾广告大力嘲弄了早期广告的隐喻形式，即在无菌实验室里向卫生巾倾倒蓝色的液体，中间穿插着身着白色紧身短裤、骑在白马上的女性的镜头。[17]

但在世界其他许多地方，这并不是一件可以开玩笑的事。以阿鲁纳恰拉姆·穆鲁加南萨姆为例，他生活在印度南部，早早就辍学谋生。1998年，他下定决心一定要让妻子在经期用上既卫生又经济实惠的卫生巾，而不是一块又脏又破的旧布条。“我甚至不会用它来擦我的摩托车。”他表示。[18]

于是，他开始研制一种简易的机器，用来制造卫生巾，这种机器既可以为印度各地的女性带来廉价的卫生巾，又能为她们创造就业机会。他妻子因此离家出走，一同离去的还有他的寡母，因为他的所作所为实在太丢人了。

穆鲁加南萨姆现在已经因其发明而闻名，而且没错，他的妻子尚蒂也与他重归于好，回到了他的身边。不过他受到的挫折足以表明，与月经相关的羞耻感在世界许多地区依然极其强大。

这种羞耻感，根据联合国教科文组织的数据，正是造成撒哈拉以南非洲地区十分之一的女童在经期缺课的原因之一。[19]爱德华·克拉克博士可能会对此表示满意，但这是一个严重的问题：有些女孩最后由于跟不上功课而彻底辍学。[20]

羞耻感并不是唯一的罪魁祸首——那里还缺乏干净的水和可以上锁的洗手间，当然，还有阿鲁纳恰拉姆·穆鲁加南萨姆试图解决的问题：那里的年轻女性买不起经期用品，虽然很多人已经将它们视作理所当然的东西。或许威廉·福克纳当年曾因为自己无法融入高洁丝时代而苦闷不已，但在将近一个世纪之后，许多女性仍在苦苦地等待这个时代的到来。

27 闭路电视

佩内明德位于德国北部的一个沙洲之上，佩内河在那里汇入波罗的海。1942 年 10 月，在佩内明德的一间控制室里，一些德国工程师聚精会神地盯着电视屏幕。屏幕上显示的是距控制室大约 2.5 公里外发射台上的一件原型武器的实时特写图像。随着发射倒计时的结束，工程师们在另一个屏幕上以广角视角看到武器腾空升起。[1] 试射成功！这些工程师所见证的，是一件塑造了未来的发明，虽然它改变未来的方式可能与他们的想象大相径庭。

V–2 导弹的名字源自德语 "*Vergeltungswaffen*"，即 "复仇武器"，其设计初衷是为了帮助希特勒赢得战争。它是世界上第一枚火箭动力的炸弹。它的飞行速度超过音速，因此没等你察觉到它的到来，它就已经爆炸了。但它有一个致命的缺陷，即无法精确瞄准。因此，虽然 V–2 导弹造成了成千上万人的伤亡，但它并不足以扭转整体战局。[2]

V–2 导弹的核心研制人员，杰出的年轻工程师沃纳 · 冯 · 布劳恩（Wernher von Braun）博士后来向美国人投降，并帮助美国赢得了太空竞赛。如果你告诉他说，他的火箭试射是将人类送上月球的第一步，他应该不会感到惊讶，因为这正是推动他不断钻研的动力。[3]

但冯·布劳恩可能没有想到的是，他同时还见证了另一项具有巨大影响力技术的诞生。这项技术就是闭路电视（closed- circuit television），或 CCTV。

那间控制室里的图像是视频传输第一次不是用于广播，而是用于实时监控，在一个封闭回路中进行播放。佩内明德的德军机构高层们无情地驱使在那里工作的苦役，根本不顾那些人的死活，但他们自己并不打算加入死者的行列；于是，他们让电视工程师沃尔特·布鲁赫（Walter Bruch）设计了一种方法，使他们可以在安全的远处观看发射。这绝对是一个明智之举，因为首次 V–2 导弹的试射发生了爆炸，并毁掉了布鲁赫的一个摄像机。[4]

布鲁赫的创意到底有多受欢迎，现在已经成为一个难以估量的数字。几年前，有人曾估计，全球监控摄像头的数量为 2.45 亿台，约合每 30 人一个摄像头。[5]显然，这个市场正在迅速扩张，其全球领导者是一家名为海康威视（Hikvision）的公司。[6]

那么，我们要这么多闭路电视摄像头干什么？举个例子，你可以想象下面的场景：你在一条繁忙的道路旁准备过马路，你本来应该等着绿灯变亮，但是由于赶时间，你直接冲上了马路，并在车流中迂回穿行。几天后，你可能会在那个十字路口上方巨大的电子广告牌上看到自己的照片、姓名和身份证号码，并发现自己被作为一个横穿马路的坏典型公之于众。[7]

但它们的作用可不止于用作公开示众：这些监控摄像头还会为社会信用体系提供信息。[8]社会信用体系目前进行的大都是使用公共和私营部门的数据来对人们进行打分，以确定其是否是一个好公民。[9] 你可能会因为不谨慎驾驶、逾期还款或散布虚假信息而被扣分。[10] 如果你的得分高，将可能享受一些额外奖励，比如包括免费使用公共自行车；如果得分低，则有可能会被禁止乘坐火车。[11] 这个信用体系的目的是鼓励人们行为得当。[12]

也许这会让你想起一本小说，这本小说在沃尔特·布鲁赫发明监控摄像机七年后出版，那就是乔治·奥威尔（George Orwell）的《一九八四》。在这部小说中，奥威尔设想了一种一切尽在监控之下的生活——不仅在公共空间，还包括在人们的家里。任何人都必须安装一个"电幕"，而"老大哥"则可以通过它来监视他们。但书中曾暗示，这些设备原本是人们自愿购买的：当口是心非的查灵顿先生（Mr Charrington）需要给温斯顿一个可信的理由，说明为什么他的空闲房间里没有电幕时，他说这些设备"太贵了"，而且"我似乎从来没有感觉到需要它"。[13]

这段对话听起来很耳熟，就像是我关于语音控制智能音箱所进行的对话，一些世界上最大的公司希望向我推销这种音箱，以便我能够询问天气，或是说"亚历克萨①，调高中央空调的温度"，又或是自动监控我冰箱中的存货。插画师扎克·韦纳史密斯对智能音箱的价值主张进行了如下总结：[14]

> "我能在您家中放置一台设备吗？它会永久聆听您所说和

① 亚历克萨（Alexa）是亚马逊公司推出的一款智能助理软件，最初用于亚马逊的智能音箱 Amazon Echo。它具有语音交互、音乐播放、待办事项列表、闹钟、流播播客、播放有声读物以及提供天气、交通、体育和其他实时信息（如新闻）等功能。——译者注

所做的一切，存储这些信息，让我从中获利，并且您无权使用它们。”

“那你得付我一大笔钱才行。”

“不。您要付钱给我们。”

“嗯……算了？”

“这台设备可以预估您的芝士球什么时候需要补货，并呼唤无人机在30分钟内把它们送到。”

“我要那台机器！”

得益于人工智能技术的发展，像亚马逊的Amazon Echo和谷歌的Google Home这样的智能音箱开始大卖——这与闭路电视监控摄像头需求迅速增长的原因相同。过去，这些设备需要人类的眼睛和大脑，而每个人能够监控的屏幕数量是有限的。但是现在，算法可以读取汽车牌照，而且在识别人脸方面也表现得越来越出色。而如果软件可以负责收看、收听和解密含义，那么你可以处理的监控量将仅受到计算能力的限制。

那么，我们到底是有理由对此略感不安，还是应该坐下来，放心地享受我们由无人机送货的芝士球呢？

这部分取决于我们对正在监视我们的实体到底有多信任。亚马逊和谷歌都忙不迭地向我们保证，它们不会监听我们的所有对话：设备的智能程度只足以听懂用户说出的“唤醒”词（如“Alexa”或“OK Google”），只有在听到这个词后，它们才会接收音频并发送到云端，并让功能更强大的服务器解密我们到底想要什么。[15]

除此之外，我们还必须相信，这些设备难以遭受黑客入侵。而且还有一个尴尬的问题，那就是这些技术在运行时的实际效果如何。

一些设备只是看上去具备了自动人脸识别能力，但事实上并没有：算法还没有那么可靠，还需要相关工作人员仔细地筛查录像。[16]

但它仍然具有威慑作用——随意横穿马路的人数大为减少。这又验证了“环形监狱”的理论：如果个人认为自己可能被监视，则会表现得好像正在被监视一样。乔治·奥威尔完全理解这一点：如果有人可能是告密者，你在说话的时候会很小心；而如果你害怕表达某个想法，也许最好的做法是根本不要有这种想法。

因此，闭路电视要完全发挥其潜力，可能还有很长的路要走。但是在那些希望通过它来改变我们行为，乃至我们思想的人眼中，这可能并不能算一个巨大的障碍。

28 色情作品

凯特怪兽（Kate Monster）：互联网实在太——太——太棒了。

脆奇怪兽（Trekkie Monster）：用来搞色情！

凯特怪兽：我有了高速连接，所以不必苦苦地等待。

脆奇怪兽：去搞色情！

这是歌曲《互联网就是用来搞色情》（The Internet is for Porn）的开场白，出自百老汇的音乐剧《Q 大道》①。[1]剧中，心思单纯的

---

① 《Q 大道》（*Avenue Q*）是百老汇音乐剧 21 世纪后的代表作之一，首演于 2003 年，第二年即获得美国戏剧最高奖托尼奖的三项大奖。剧情描述了发生在刚毕业的大学生普林斯顿入住 Q 大道后所接触的人和故事，涉及了不胜枚举的社会话题与人生议题。这些或严肃、或荒诞的话题皆被角色唱出，可以称得上是音乐剧中的奇葩。该剧的一大特色是部分角色由演员操作布偶来演出，部分角色由真人出演，同时操作布偶的演员也站在台上，演员与布偶之间时有互动。——译者注

幼儿园教师凯特怪兽本意是为了赞美互联网在购物和送上生日祝福时的作用，但她那一副怪脾气的邻居脆奇怪兽则坚持认为，人们真的更看重的，是互联网对所谓“私密活动”的价值。

脆奇怪兽说的对吗？嗯，有一定道理——但是不，这并不是真的。看似可信的统计数据表明，在网络搜索中，大约 1/7 是用来搜索色情内容的。[2] 这并不是一个可以忽略不计的小数字，但这显然也意味着，还有 6/7 的网络搜索并不是有关色情的。访问量最大的色情网站是“色情中心”（Pornhub），其受欢迎程度和网飞以及领英大致相当。它显然是一个人气很旺的网站，但它的访问量仍然仅排名世界第二十八位。[3]

不过，《Q 大道》是在 2003 年首演的，用互联网术语来说，那已经是一个时代以前的事了，脆奇怪兽的说法在那时可能更靠谱。

技术在新开发出来之时，往往具有价格昂贵和不可靠的特点。他们需要找到早期用户的利基市场①，这些用户的习惯将帮助新技术的发展。一旦这种技术更加便宜和可靠，它就会找到更大的市场和更广泛的用途。有一种理论认为，色情作品在互联网和其他一系列技术的发展中扮演了这一角色。事实果真如此吗？

自从艺术诞生之初，性就是它的一个重要主题。史前的穴居涂鸦者和如今的小学生涂鸦者显然受到了同一位缪斯女神的指引，因为他们都对臀部、乳房、阴部和巨大阴茎情有独钟。[4] 呈现男女交配场景的雕刻至少可以追溯到 1.1 万年前朱迪亚②地区的牧羊人。[5]

---

① 利基市场（niche market）也被译作“缝隙市场”“壁龛市场”“针尖市场”，指那些被市场中的统治者 / 有绝对优势的企业忽略的某些细分市场。——译者注

② 朱迪亚（Judea）指古代巴勒斯坦南部地区，包括今以色列南部及约旦西南部。——译者注

大约 4000 年前，美索不达米亚的一位艺术家精心制作了一块陶土刻板，上面刻着一位妇女一边用吸管啜饮美酒，一边交媾的画面。[6]几千年后，秘鲁北部的莫切人十分享受用陶器来描绘肛交场景。[7]印度的《爱经》① 也大约出现在同一时期。[8]这样的例子不胜枚举，我可以不停地讲下去。

不过，仅仅因为人们用艺术手段来描绘情色场景，并不能就此说，情色是这些技艺背后的驱动力量。这种想法显然毫无根据。

也许谷登堡的印刷机是第一个与沟通有关的技术，其发展历程我们足够了解，因而可以用来验证上述理论。但在该技术的发展上，这个理论完全站不住脚：尽管确实有色情禁书被印刷出来，但是，正如我们在本书前面的故事中所看到的那样，印刷品的主要市场是宗教。[9]

让我们快进到 19 世纪，看看另一项更值得一提的技术——摄影。在巴黎早期的摄影棚里，所谓“艺术研究”交易热火朝天，尽管官方并不总是认可这种委婉说法。顾客心甘情愿地支付高价来资助这项技术的发展：有一段时间，购买一张色情照片的花费甚至超过召一次妓的费用。[10]

到艺术呈现的下一次重大技术突破，即电影出现的时候，“色情作品”（pornography）一词已经具有了现代意义。这个词源于希腊语中的“写作”和“妓女”，现在它的意思是——嗯，正如美国法官波特 · 斯图尔特（Potter Stewart）的名言所说，“我看到它，就知道它是”。[11]但色情并没有真正推动电影业的发展，原因显而易见。拍电影耗资巨大，所以需要大量观众才能收回成本。这意味着大家

① 《爱经》（Kama Sutra）是古印度一本关于性爱的经典书籍。——译者注

要在公开场所和其他人一起看电影。尽管许多人愿意花钱在家里私下看色情电影，但没有几个人敢于到公共电影院看色情电影。[12]

20 世纪 60 年代，出现了一个解决方案，即窥视放映亭。那是一个封闭的小隔间，观众可以向投币口不断投入硬币，让电影继续播放。一个小亭子一周就能赚几千美元。[13]

不过，真正的私密性突破来自盒式磁带录像机（VCR）。作家帕肯·巴斯（Patchen Barss）在其《情色引擎》（*The Erotic Engine*）一书中指出，正是借助 VCR，色情电影才“发展成为经济和技术的引擎”。[14]

最初，VCR 难以打开销路：它们很昂贵，并且有两种不兼容的制式——VHS 和 Betamax。谁会愿意冒险花大价钱买一台机器，然后过几天发现它已经被淘汰了呢？那个“谁”就是那些迫切想在家里观看成人电影的人。20 世纪 70 年代后期，市面上销售的一半以上录像带是色情片。几年之内，VCR 技术就得到快速发展，其价格更便宜，对那些希望全家老小一起看电影的普通人来说也完全负担得起，而随着 VCR 市场不断扩大，色情片的市场份额也越来越小。[15]

同样的故事还发生在有线电视和互联网身上。年龄较大的读者可能还记得，遥想当年，上网意味着先要通过电话拨通调制解调器，然后才能接入网络，在电脑缓慢地打开一个文件时，还要担心高昂的长途电话费，而这样的文件在如今只需一眨眼的工夫就可以下载。那么，是什么促使普通人如此坚持不懈？你猜对了。20 世纪 90 年代 Usenet 讨论组的一项研究声称，当时在网络上分享的图像中，有 5/6 是色情图片。[16] 几年后，针对互联网聊天室的研究发现，聊天内容中有关色情内容的比例也大体相同。[17]

所以，如果脆奇怪兽指的是那个年代，那么他并没有错得太离谱。而且，正如他向凯特暗示的那样，对色情作品的兴趣推动了对更快连接的需求，从而促成了更先进的调制解调器和更高的带宽。它同时也刺激了其他领域的创新：在线色情产品提供商是诸多网络技术的先驱，他们引领了视频文件压缩技术和用户友好的支付系统的发展，还催生了联盟营销等商业模式。[18] 所有这些创意不断发展，最终找到了更广泛的用武之地，而随着互联网的逐渐扩大，互联网越来越不再局限于色情领域，而是能够提供更多其他内容。

如今，互联网使职业色情从业者的生活日益艰难。正如由于网上到处都有免费的新闻和音乐，因此很难吸引人们订阅报纸或音乐视频一样，当像"色情中心"这样的网站免费提供大量色情内容，收费色情产品越来越难以找到客户。这些免费的色情作品大多是盗版的，而要想删除非法上传的内容是一场艰苦的斗争。[19] 在系列播客《蝴蝶效应》（The Butterfly Effect）中，乔恩·朗森（Jon Ronson）忠实记录了色情产品制作者的辛苦。[20] 一个新兴的利基市场是为某些客户制作"定制"的色情作品，例如，有一位男士出资拍摄影片，以便欣赏美女们毫不留情地销毁他集邮珍藏的画面。[21]

当然，不利于内容创作者的情形，恰恰是聚合平台谋利的源泉，因为聚合平台通过广告和付费订阅赚钱。目前最强大的色情帝国是一家名为 Mindgeek 的公司。它不仅拥有"色情中心"网站，还拥有其他几个顶级色情网站。[22]

在《Q 大道》中，脆奇怪兽似乎整天无所事事，只是在网上冲浪看色情片，所以当他透露自己是个千万富翁时，其他角色都大吃一惊。而他对此的解释是："在动荡的市场中，唯一稳赚不赔的投资是……搞色情！"[23]

这次，脆奇怪兽又一次言之有理，但不完全正确。当然，色情业大有“钱景”。但最好的赚钱之道，可能是投资于那些推动色情业发展或是能够依托色情业赚钱的技术——过去，这意味着投资于巴黎的摄影工作室，或是生产录像机或高速调制解调器的公司；今天，这意味着投资于 Mindgeek 的算法，这些算法可以建议，提供什么样的内容可以确保用户的眼睛根本离不开屏幕。那么，脆奇怪兽将来会唱什么呢？也许是《机器人就是用来搞色情》。[24] 无疑，性在推动科技日新月异进步中所扮演的角色，还远未到谢幕之时。

29
禁令

我们经济学家的形象往往不是很好。人们认为我们无耻地篡改统计数据，自以为是地做出糟糕的预测，而且我们在酒会等社交聚会中了然无趣。100多年前的某个人也许应该对这种坏名声负有部分责任，这个人可能是世界上最著名的经济学家之一，名叫欧文·费雪（Irving Fisher）。

1929年10月，费雪做出了一个后来令他声名狼藉的论断。他宣称股市已经来到“一片永久性的高地”，可仅仅9天后，美国股市大崩盘，并导致了接下来的大萧条。[1]说到聚会，费雪充其量只能被称作一位慷慨的主人。一位晚餐客人写道：“在我尽情享用一道又一道美味佳肴时，他吃的只是蔬菜和半生的鸡蛋。”费雪坚定地践行养生之道，终生吃素，并对茶、咖啡和巧克力敬而远之。[2]

自然，费雪滴酒不沾。而且他还认为，其他人也不应该喝酒。当时的整个经济学界似乎都持有同样的看法：据说费雪完全找不到一位经济学家愿意公开对禁酒令唱反调，并与他展开辩论。[3]

禁酒令是美国试图取缔酒精生产和销售的一场运动，但最终未能成功。它始于 1920 年，是一项值得大书特书的改革政策，因为这个国家的第五大工业一夕之间突然不再合法。[4] 费雪对此也有话说，他预测这项改革将“因催生了世界新纪元的到来而被载入史册，而整个国家将永远为自己所取得的成就而感到骄傲”。[5]

这个预言的命运和那则有关“永久性的高地”的论断并无二致：历史学家普遍将禁酒令视为一场闹剧。[6] 人们对此禁令嗤之以鼻，以至于在禁令颁布后，酒精的消费量仅减少了大约 1/5。[7] 这一禁令在 1933 年寿终正寝，富兰克林 · D. 罗斯福当选总统后采取的首批举措之一便是使啤酒重新合法化，而这个行动引发大量欢呼的人群涌向白宫大门。[8]

禁酒令的根源一般可以追溯到宗教，并可能与植根于阶级的自我优越感息息相关。[9] 但是，经济学家还有另一重担忧，那就是酒精对生产力的影响。与劳动力大军全都醉醺醺的国家相比，一个全民清醒的国家难道不会更有竞争力吗？费雪对旷工行为和所谓“蓝色星期一”现象（即周末狂饮导致的宿醉）表示了担心。[10]

同时，费雪似乎在数字方面丝毫不追求严谨。例如，他声称禁酒令给美国带来的经济价值高达 60 亿美元。这是认真研究的结果吗？正如一位困惑的批评家指出的那样，显然不是这样：费雪的数字显然来源于一些人的自我陈述，他们说空腹喝下一杯烈性酒会使他们的工作效率降低 2%；于是，费雪假设工人们会习惯性地在上班前喝下 5 杯烈性酒，所以他把 2% 乘以 5，并得出结论，酒精会使生产效率降低 10%。[11] 这个推导过程至少可以被视为值得商榷。

如果能够拨动时间旋钮，快进到半个世纪之后，加里 · 贝克尔①提出的“理性犯罪”（rational crime）理论可能会使禁酒令时期的经济学家不再对这项禁令的失败困惑不已。[12]根据贝克尔的理论，将某种行为定为非法只是简单地增加了其成本，理性人会将这一成本与其他成本和收益放在一起进行权衡，简言之，这一成本就是被抓到后的罚金再乘以被抓到的概率。贝克尔自己也践行了这一理论：我第一次和他见面时，他停车的地方有可能会收到罚单，而他告诉我，“我不认为他们会查得那么细”。看吧，他兴高采烈地承认自己做出了“理性犯罪”行为。[13]

贝克尔说，只要价格合适，“理性犯罪分子”就会提供违禁物品，而消费者是否愿意支付该价格取决于经济学家所谓的需求弹性。设想一下，例如，政府禁止售卖……西蓝花。黑市贩子会在僻静的后院种植西兰花，然后再高价在阴暗的小巷子里出售吗？显然不太可能，因为对西蓝花的需求具有很高的弹性——如果其价格上涨，我们大多数人会转而购买菜花或卷心菜。

事实证明，对于酒精而言，需求缺乏弹性：即使价格上涨，许多人仍然会乖乖地掏钱买酒。禁酒令对象阿尔·卡彭（Al Capone）这样的理性犯罪分子来说简直是福音，他用企业家惯用的话术为自己非法酿造私酒的行为进行了辩解。他说道：“我向公众提供了他们想要的东西。我从来不必派遣压力山大的推销员四处推销。为什么呢？因为我根本就满足不了市场需求。”[14]

任何理性犯罪分子都会希望减少被抓的机会，其中一种方法就是买通执法机构。1928 年在费城进行的一项调查发现，许多警官

---

① 加里·贝克尔（Gary Becker）是美国著名经济学家、芝加哥大学教授，芝加哥经济学派代表人物之一，1992 年获得诺贝尔经济学奖，被誉为 20 世纪最杰出的经济学家和社会学家之一。——译者注

神秘地积累了50~80倍于其年薪的储蓄；其中一个人宣称自己在打扑克的时候运气比较好。[15]

黑市以其他方式改变了诱因。由于你的竞争对手不能把你告上法庭，那么为什么不采取一切必要的手段来建立地方垄断呢？黑帮的暴力行为可能在禁酒令之后激增，这种考虑无疑是禁酒令被废除的原因之一。[16]此外，鉴于每批非法货物都会带来一定的风险，所以为什么不通过提高酒精烈度来节省空间呢？在禁酒令推行期间，啤酒的消费量相对于烈酒有所下降；禁酒令结束后，情况则正好相反。[17]

另外，为什么不通过降低质量来降低成本呢？如果你在生产"私酒"——烈性非法酒精——就不必在标签上列出酒的成分。关于禁酒对生产力的影响存在争议，但一位雇主抱怨说："工人们能买到的酒实在太劣质了，而且劣质酒占了绝大多数，以至于喝酒的人要花两三天才能从宿醉中恢复过来。"[18]从这种意义上来说，与其说禁酒令消灭了"蓝色星期一"，不如说是把它延长到了星期二或星期三。

美国并不是唯一试图推行禁酒令的国家，其他一些国家和地区，包括冰岛、芬兰和法罗群岛①，也曾这样做过，不过在今天，严格实行禁酒的国家往往是伊斯兰国家。[19]还有一些国家是部分禁酒。例如，在菲律宾，不能在大选之日买酒；[20]泰国则禁止在佛教节日里购买酒（机场免税店除外）。[21]美国目前仍然有所谓的"干"县[22]，也有一些地方性的"蓝色法律"禁止在星期日销售酒精饮料。[23]

这些法律启发经济学家布鲁斯·扬德尔（Bruce Yandle）创

---

① 北欧国家丹麦的海外自治领地，地理位置介于挪威海和北大西洋中间。——译者注

造出一个经济学术语，这个术语在所谓“公共选择理论”（public-choice theory）中经常被提到：“私酒贩子与浸信会教徒”。[24] 这个理论称，法规禁令的支持者往往是一个令人大跌眼镜的联盟，由风马牛不相及的两大群体组成，即思想高尚的道德家和唯利是图的犬儒分子。

想想大麻禁令的情况。谁是这些禁令的支持者？所有“浸信会教徒”都认为吸食大麻是不对的；而“私酒贩子”则是指从非法毒品中获利的理性犯罪分子，以及与禁毒法规有经济利益纠葛的任何其他人，例如受雇执行禁毒令的官僚。[25]

近年来，这一联盟已经被削弱：从加利福尼亚到加拿大，从奥地利到乌拉圭，大麻已经合法化或非刑事化。[26] 其他国家有关大麻合法化的辩论仍十分激烈：如果想要让大麻生产者的成本增加，你应该怎样做？是试图推行禁止销售大麻的法律，还是使其合法化并征税？

在英国，自由市场智库经济事务研究所根据需求弹性对数据进行了分析。他们认为，只需征收 30% 的税收，就基本可以根除黑市，为政府带来约 7 亿英镑的收入，并促成更安全的毒品使用，就像禁酒令的废除使酒精饮料更安全一样。[27]

今天，反对禁止大麻的经济学家并不鲜见：五位诺贝尔奖得主曾联合呼吁结束“禁毒战争”，代之以“严格以经济分析为基础的循证政策”。[28]

自然，所循的证据也包括生产力：一些研究发现大麻会损害人体机能；另一些研究则没有发现任何影响；一项特立独行的研究甚至发现，吸食大麻能在短期内提高工人的每小时产出。[29] 人们不禁好奇，欧文·费雪对这个问题会有什么高见？

30
“点赞”

莉亚·佩尔曼（Leah Perlman）通过漫画的形式分享自己对一些问题的观点，比如“情绪素养”“自爱”等。后来，她开始将这些漫画发布到脸书上，并且发现她的朋友们认为这些内容“温暖而疗愈”。[1]

但是随后，脸书改变了算法，而算法正是决定读者能看到什么内容的关键。如果社交媒体在你的生活中占据重要地位，那么算法的改变可能会带来让你震惊的结果：你可能突然发现，没那么多人能看到你发布的内容了。

这正是莉亚遭遇的困境。她的漫画获得的点赞量开始骤减。她在接受 Vice.com① 的采访时表示，这给自己带来“缺氧”的感觉。她可能全身心投入地画出一幅漫画，然后发现只获得了区区 20 个赞。[2]

她的情况很容易引起我们的共鸣。社会认同确实会让人上瘾，

---

① 北美一个专注艺术、文化和新闻内容的网站。——译者注

而脸书的“点赞”不正是将社会认同提炼成最纯粹的形式吗？现在，研究人员将我们的智能手机比作老虎机，因为它们能触发我们大脑中相同的奖赏通路：更多的赞、新的通知，甚至是老派的电子邮件——我们永远不知道按下操纵杆会得到什么。[3]

面对点赞量的突然下降，莉亚开始在脸书上购买广告，也就是说，她开始付钱给脸书，以便让更多人看到她的漫画。她只是想引起关注，但她对此感到尴尬。[4] 在 2016 年，她聘请了一位社交媒体经理，帮她和脸书打交道，因为她实在不愿意面对那种焦虑。[5]

莉亚的尴尬颇有一丝讽刺意味。在成为漫画家之前，莉亚是脸书公司的开发人员。2007 年 7 月，正是她的团队发明了“点赞”按钮。

现在，“点赞”已经在网络上无处不在，网络内容的创建者大力鼓动你借此向自己的脸书好友们表达对某项内容的支持。从 YouTube 到推特，各个平台都有类似的功能。对于平台而言，这样做的好处显而易见——轻轻一点无疑是吸引用户参与互动的一种最简便方式，这可比输入一段评论容易得多。但是点赞功能的创意并非立刻就获得首肯：脸书的首席执行官马克·扎克伯格曾多次将其打回。人们对于应该使用哪个词来命名这一功能进行了激烈的争论，而“赞”几乎“棒极了”。[6] 还有它的符号：虽然竖起大拇指在大多数文化中都有赞同、赞赏的意思，但在某些文化中，它的含义则比较粗鲁和不友善。[7]

最终，脸书在 2009 年 2 月启用了“点赞”按钮。莉亚·佩尔曼清楚地记得，这个功能迅速火了起来。几乎一夜之间，50 条评论就变成了 150 个点赞。更大的参与度，更多状态更新，更多内容。“它毫无争议地大获成功。”[8]

此时，米哈尔·科辛斯基（Michal Kosinski）正在英国剑桥大学攻读心理测验学博士学位，研究方向是测量人们的心理状况。他的一位同学编写了一个脸书应用程序，用于测试用户的“五大”性格特质，即开放性、尽责性、外向性、亲和性和神经质。如果参加了测试，那么你将允许研究人员访问你脸书的个人资料，其中包括了你的年龄、性别、性取向等信息。这个测试得到了病毒式传播，搜集的数据激增至数百万人。每当这些人“点赞”的时候，研究人员都可以看到。[9]

科辛斯基意识到，他正坐在一个潜力无限的知识宝库之上。例如，测试发现，“赞”了化妆品品牌 MAC 的在男同性恋者中的比例略高于异性恋者。这只是一个数据点，科辛斯基无法通过一个单独的“点赞”判断你是不是同性恋。但是，他看到的“点赞”越多，他能做出的猜测就越准确，无论是有关你的性取向，还是有关你的宗教信仰和政治倾向，等等。科辛斯基总结说，如果他看到你对 70 个内容的点赞，他会比你的朋友更了解你；如果看到 300 个点赞，他就会比你的伴侣更了解你。[10]

后来，脸书开始限制向应用程序开发人员（例如科辛斯基的同事）共享数据。[11] 但是别忘了，有一个组织仍然可以看到你的所有点赞，并且除此之外，它还能看到更多，这个组织当然就是脸书公司。[12] 此外，它还可以聘请世界上最聪明的机器学习开发人员来进行分析，并得出结论。

那么，脸书能够用它所掌握的窥视你灵魂的窗口做些什么？两件事。首先，它可以定制向你推送什么样的新闻，从而让你在脸书上花更多的时间——无论这意味着向你展示更多有关猫咪的视频、更多引人入胜的表情包、更多让你更讨厌唐纳德·特朗普的消息，还是更多让你更讨厌唐纳德·特朗普对手的内容。这并不是一件纯粹的好事情，因为这使得对唐纳德·特朗普持有不同看法的人越来越难以进行理智的对话。

其次，它可以帮助广告主精确地定位你。广告的效果越好，平台赚的钱就越多。

定向广告并不是什么新鲜事。例如，早在互联网和社交媒体出现之前，如果你准备在斯普林菲尔德开一家新的自行车商店，那么你可能会选择在《斯普林菲尔德宪报》(*Springfield Gazette*)或《自行车周刊》(*Cycling Weekly*)上刊登广告，而不会选择把广告刊登在《纽约时报》或《好管家》上。当然，这种做法仍然不能确保广告效果：大多数《斯普林菲尔德宪报》读者都不是自行车骑行客，而《自行车周刊》的大多数订户也不是住在斯普林菲尔德附近。但这是你在当时能做的最有效的选择。

从某种程度上可以说，脸书只是改善了这一过程，因此没什么好担心的。如果你要求它只是向喜欢骑行内容的斯普林菲尔德居民推送广告，谁又会反对呢？这是脸书公司在捍卫其"相关"广告概念时经常引用的一个例子。[13] 但是，脸书还有可能用我们的数据做其他一些事，而那些事可能会使我们感到更加不安。例如，在推送房屋出租广告时避开非洲裔美国人怎么样？调查网站 ProPublica 对此进行了调查，以了解这能否做得到。事实证明，这做得到。脸书的回应是：哎呀，这本不该发生，纯属"技术故障"。[14]

或者，帮助广告客户触及自称为"反犹主义者"的用户怎么样？ ProPublica 证明了这也行得通。对此，脸书的回应是：哎呀，这种事不会再发生。[15] 这种事情之所以可能让我们感到担忧，是因为并非所有广告商都像自行车商店一样无害——有人可能会付费传播政治信息，而用户则很难充分了解其社会背景或是对其真实性加以验证。一家名为剑桥分析（Cambridge Analytica）的公司声称，它在 2016 年的美国总统大选中助力唐纳德 · 特朗普赢得选举，其手段之一就是利用“点赞”按钮的功能来筛选个体选民并对他们进行定向推送。[16] 这让率先提出这种可能性的米哈尔 · 科辛斯基感到震惊。[17]

除此之外，再想想下面的场景：帮助无良营销人员，在脆弱的青少年情绪特别低落的时候向他们推销产品，这个想法怎么样？2017 年，《澳大利亚人报》（*The Australian*）的一篇报道提到了一份遭到泄露的脸书文件，显然在不遗余力地吹嘘这种能力。[18] 脸书对此的回应是：哎呀，这是它的“失察行为”，而且它“没有提供任何工具，根据人们的情绪状态来进行定向推送”。[19] 衷心希望它不要这么干，特别是考虑到脸书以前曾承认过，它会通过选择向人们推送悲伤或快乐的消息来影响人们的情绪状态。[20]

当然，在实际上，我们仍然无须特别担心脸书对我们实施精神控制的能力。对剑桥分析公司进行调查的专家质疑了其做法的真实效果。[21] 同时有分析师报告称，对于所有定向广告推送，脸书广告的平均点击率仍然不到 1%。[22]

或许我们更应该担心的是，脸书无疑已经极富成效地向我们展示了更多广告，从而吸引了我们的过多关注，并将我们牢牢地锁定在屏幕前。在这个“美丽的社交媒体新世界”中，我们应该如何控制自己的冲动？我们也许可以培养有关算法如何影响我们行为的“情绪素养”，如果社会认同已经像氧气一样不可或缺，那么也许更“自爱”才是答案。对我而言，如果看到任何关于这个主题的好漫画，一定会毫不犹豫地奉上我的“点赞”。

第六部分

同心协力

31 木薯加工

1981 年，在莫桑比克的楠普拉，一位名叫汉斯·罗斯林（Hans Rosling）的年轻瑞典医生遇到了一件令他备感困惑的事。越来越多的人因为腿部瘫痪而来到他的诊所就诊。会不会是脊髓灰质炎暴发？不是。没有任何教科书上描绘过这些症状。他的困惑逐渐变成了惊恐。鉴于莫桑比克正在逐步陷入内战，有没有可能是化学武器？他把妻儿送到了安全的地方，然后继续调查。[1]

这个谜团的解决不仅揭示了为什么病人的腿部会瘫痪，而且揭示了经济领域最重要的问题之一，那就是，人类为什么要创造出经济这种东西？

我们稍后会继续讲述莫桑比克发生的故事，现在让我们先来聊一聊一次野外探险。1860 年，罗伯特·伯克和威廉·威尔斯率领第一支欧洲人组成的探险队穿越澳大利亚内陆。伯克、威尔斯和他们的同伴约翰·金在返程途中吃光了食物。他们被困在一条叫作库珀河的小溪附近，无力携带足够的饮水穿过面前横亘的那片沙漠，到达最近的殖民前哨点，那个前哨点的所在地叫作“无望山”，真是非常应景地反映了他们当时的困境。[2]

威廉·威尔斯写道："我们无法离开小溪。两匹骆驼都死了，我们的粮食也已全部耗尽。我们正尽我们所能，像'黑人'一样努力地活下去，但我们发现坚持下去很困难。"[3]

威尔斯所说的"黑人"是指当地原住民扬德鲁万塔人（Yandruwandha），尽管当地的环境对于伯克、威尔斯和金而言极其艰苦，但这些人似乎活得还不错。扬德鲁万塔人给了这三位探险者一种糕饼，它们是由澳大利亚大柄苹（nardoo），一种类似三叶草的蕨类植物的种子磨粉制成的。不过后来，伯克和这些"黑人"发生了冲突，并非常不明智地开枪将他们赶走了。[4]

但是，也许伯克、威尔斯和金已经学会了支持他们活下去的足够技能？他们成功找到了新鲜的澳大利亚大柄苹，并决定自己做糕饼。起初，一切似乎都很顺利，大柄苹糕填饱了他们的肚子，可是他们感到越来越虚弱。威尔斯写道："大柄苹无论怎么烹制都让我很不舒服，吃了它们之后大便又干又硬……"

不到一周，他和伯克就双双死去。[5]

事实证明，安全地用澳大利亚大柄苹制作食物是一个复杂的过程。澳大利亚大柄苹中含有一种叫作硫胺素酶的酶，会破坏人体生成维生素 B1，从而使人体无法吸收食物中的营养。因此，虽然伯克、威尔斯和金的胃被填得满满的，但他们的身体吸收不到任何养分。[6]

扬德鲁万塔人会烤制大柄苹的种子，用水洗磨出粉，并会将制成的糕饼暴露在灰烬中——每一步都能使硫胺素酶的毒性降低。这个过程并不是某个人看一眼就能学会做的事。[7] 最终，扬德鲁万塔人对奄奄一息的约翰·金大发慈悲，给他提供了生存必需的食物，直到几个月后欧洲人的援军到来。

澳大利亚大柄苹并不是一种常见的食物，但木薯的根块则是另一回事儿。对许多热带国家（特别是非洲国家）自给自足的农民来说，木薯是热量的重要来源。[8]但就像澳大利亚大柄苹一样，木薯也是有毒的。同时像澳大利亚大柄苹一样，它也需要一个烦琐而复杂的制作过程来确保安全。木薯根块会释放出氰化氢，其活性成分与第三帝国（the Third Reich）死亡集中营里使用的毒气齐克隆 B（Zyklon B）相同。[9]

木薯的一个特性使它尤其危险，那就是，虽然某些加工过程会减少苦味和氰化物立即中毒的风险，但只有充分并且耗时长久的工艺才能保证食用者不会慢性中毒，并患上一种被称为 Konzo 的病症，而这种病的症状就包括腿部突然瘫痪。[10]

一位名叫朱莉·克利夫（Julie Cliff）的流行病学家最终发现，这正是发生在莫桑比克的汉斯·罗斯林诊所的病人身上的事情。[11]他们食用的木薯没有经过完全的处理。他们已经饥肠辘辘、营养不良，所以无法再等待更长时间，而那些时间是使木薯可以安全食用所必需的。[12]

有毒的植物无处不在。通常，只需简单地烹饪就可以使它们变得可以食用。但是，人们是如何知道木薯或是澳大利亚大柄苹所需的烦琐准备过程的呢？

进化生物学家约瑟夫·亨里奇（Joseph Henrich）对此给出了一个答案：这不是某一个人做到的。这种知识是文化的积累。人类的文化是通过反复试错的过程演变而来的，类似于生物物种的进化。

像生物进化一样，只要有足够的时间，文化进化就可以产生惊人的复杂结果。有人偶然发现了一种方法，似乎使木薯的风险降低了，这种知识传播开来，促进下一个步骤又被发现。随着时间的流逝，这种制备木薯的复杂形式不断演变，每种新的方式都比上一种更加有效。

亚马孙地区的居民食用木薯已经有几千年的历史，各个部落都已经学会了彻底解毒的许多步骤：刮、刨、洗、煮，将食材静置两天，然后烘烤。如果问他们为什么这样做，他们不会提到氰化氢。他们只会说"这是我们的文化"。

而非洲直到 17 世纪才引进了木薯，并且引进时并没有附使用说明书。[13] 氰化物中毒仍然只是偶然发生的现象；人们之所以走捷径，是因为文化学习仍不完整。[14]

亨里奇写道："文化进化往往比我们聪明得多。"[15]

无论是建造冰屋、猎杀羚羊、生火、制作长弓，还是加工木薯，我们都不是通过对基本原理的理解，而是通过模仿来学习的。例如，一项研究要求参与者在车轮轮辐上放置重物，以最大限度地提高车轮滚下斜坡的速度。每个人做得最好的地方都会传递给下一个人。由于受益于前面的实验，后来的参与者的表现会好得多。然而，当问到他们时，他们并没有表现出任何迹象表明他们真正理解了为什么有些车轮比其他车轮滚动得更快。[16]

"猿"（ape）这个英文词的动词意思是"复制、模仿"，但有研究表明，颇具讽刺意味的是，这个词意显然是一个误用，因为唯一有模仿本能的猿是我们人类。测试显示，两岁半的黑猩猩和两岁半的人类幼童拥有相似的智力水平，但不包括通过模仿他人来学习的方面：蹒跚学步的两岁多人类幼童在模仿方面的表现远远超越了黑猩猩。[17]

而且，人类会以黑猩猩所没有的方式进行程式化的模仿。假如一个演示者解决了一个谜题，但其中包含了一些多余的动作，黑猩猩通常会省略这些多余的动作，但人类——无论是儿童还是成人——则会死板地模仿演示，包括毫无意义的步骤。心理学家称之为“过度模仿”。[18]

看起来在这里黑猩猩是比较聪明的那一个。但如果你是在加工木薯的根块，过度模仿正是你应该做的。如果亨里奇是对的，那么人类文明的基础就不是原始的智力，而是高度发达的相互学习的能力。[19]我们的祖先一代又一代地通过反复试错积累了有用的想法，而下一代只是单纯地模仿。没错，我们现在是有了科学的方法——但我们不应该轻视拯救了约翰·金生命的集体智慧。正是这种集体智慧，使文明——还有经济——成为可能。

32 养老金

“我曾依照习俗杀死年老的妇女。她们全都死了，在大河边……我甚至不会等到她们彻底死去就会把她们埋了。女人们通常都十分害怕我。”

难怪她们会害怕。说上面话的人，是巴拉圭东部亚契部落（Aché）的一名男子，他当时正在与人类学家金·希尔和玛格达莱娜·乌尔塔多交谈。他解释说，老祖母们会帮着做家务和照看孩子，但当她们年纪太大，再也帮不上什么忙时，你就不能太念着亲情了。惯常的做法是用斧头砍头。对老年男性来说，亚契的习俗指示了另一种命运：他们会被送得远远的，并被告知永远不要再回来。[1]

我们对长辈应担负什么义务？这个问题和人类本身一样古老，其答案也千差万别，至少以留存下来的传统社会为鉴，并无统一的答案。另外一位人类学家贾雷德·戴蒙德说，亚契人的做法并不是特例。在巴布亚新几内亚的夸隆族（Kualong）①，如果一位妇女的

① 未查询到官方中文译名，译者自行音译。——译者注

丈夫去世，那么她的儿子有一个庄严的职责，就是掐死她。在北极地区，楚科奇人（Chukchi）鼓励老年人自杀，承诺这样做会给他们在来世带来回报。[2]

然而，也有许多部落的情况完全不同：这些部落由老年人统治，年轻人需要谨遵老年人的教诲，其中有些甚至期待成年人替他们年迈无齿的父母先嚼烂食物。[3]

看起来它们唯一的共同之处就在于，每个人都需要一直劳作，直到身体完全失能为止。[4]现在这种情况已不再是事实。我们中许多人的期望会是，在达到一定的年龄后，将可以从国家或我们以前的雇主那里领到一笔钱，这不是对我们今天工作的回报，而是对我们过去工作的认可。这个奇怪的人生阶段被称为“退休”，而领到的钱，则是“养老金”。

给士兵发放养老金的习俗至少可以追溯到古罗马时期，“养老金”一词来自拉丁语，意为“付款”。但直到 19 世纪，发放养老金的做法才扩散到军队以外的各行各业。[5] 1890 年，德国出现了全球第一个全民养老金制度。[6]

要实现全球性的老年赡养权，还有很长的路要走——世界上还有近 1/3 的老年人没有养老金，[7]还有其他许多人的养老金远远不足以维持生活。尽管如此，在许多国家，一代又一代人在长大成人的过程中都认为，自己一定会老有所养。

然而，实现这个期望正在成为一个挑战。多年来，经济政策专家们不断发出警告，提醒人们养老金体系正在经历一场慢性危机。[8]半个世纪前，在经合组织（OECD）这个富裕国家的俱乐部中，65 岁的女性平均可以再活 15 年。如今，同样年龄的女性预计至少还会再活 20 年。[9]与此同时，平均家庭规模已经从 2.7 个孩子缩减到

1.7 个，这预示着未来劳动人口的供给管道正在逐渐枯竭。[10]

所有这些因素都具有多重含义，既有好的方面，也有坏的方面。但就养老金而言，情况确实相当严峻，因为未来要养活的退休人员会更多，而为了养活他们而纳税的劳动力人口则在减少。在 20 世纪 60 年代，世界上每一个老年人对应着将近 12 个劳动力；今天，这个数字降至不足 8 人；到 2050 年，将会只有 4 人。[11]

国家和私人养老金制度现在看起来都很昂贵。雇主们一直在争先恐后地降低自己养老金计划的标准。40 年前，大多数美国工人都参加了所谓的“固定福利”计划，该计划规定了退休后你会享受到什么待遇。现在，参加此类计划的工人不到 1/10。[12]

普遍实施的新型养老金计划被称为“固定缴款”计划，它规定了你的雇主向你的养老金账户存入多少钱，而不是你能从中获得的收入。从逻辑上讲，这一类养老金计划未必一定会比固定福利计划的钱更少，但一般情况下确实如此，而且降低的幅度往往相当大。

雇主纷纷抛弃固定福利计划的理由很简单，事实已经证明，兑现养老金承诺可能代价高昂。我们可以看看美国内战老兵约翰·詹威（John Janeway）的例子。他的军人养老金福利包括在其去世后向其尚在世的配偶继续提供补助。詹威在 81 岁时迎娶了一位年仅 18 岁的年轻新娘。于是，在内战结束将近 140 年后的 2003 年，军队仍在向格特鲁德·詹威（Gertrude Janeway）支付军人遗属抚恤金。[13]

政策专家们显然预见到了未来的麻烦：一大批劳动者正在接近退休年龄，而且他们的职场退休金可能会远远低于预期。因此，全世界的政府都在努力说服个人为他们的老年生活做出更多的储蓄。[14]

但是，要让人们关注遥远的未来并不容易。一项调查发现，在

50 岁以下的人当中，表示退休是他们最重要经济考虑的人口比例不到 50 岁以上者的一半。[15] 正在为自己的首套房子存钱或忙于养育幼小的孩子时，你往往不会感到有迫切的需要为自己有朝一日将要步入的老年生活储蓄。确实，你可能很难想象自己终有一天会变成一位老人。霍默·辛普森①对这个心理障碍做出了如下精辟的总结："这是未来的霍默的问题。伙计，我一点也不羡慕那个人。"[16]

行为经济学家提出了一些聪明的解决方案，例如自动将人们纳入职场养老金计划，以及从未来的涨薪中预留出更多储蓄，等等。这些"微调"政策的效果很好——人们可以选择退出，但恰恰相反，我们倾向于通过纯粹的惯性来进行储蓄。[17]

但这些措施并不能解决基本的人口问题。再多的储蓄也改变不了这样一个事实，即我们总是需要现有劳动人口创造财富来支持现有的养老金领取者——无论这是通过纳税、租赁退休人员拥有的房产，还是为以养老基金为主要股东的公司工作。

有些人认为，我们需要彻底转变对老年人的态度。有一种说法呼吁让退休制度"退休"。[18] 也许，我们应该像我们的祖先一样，期望着能够工作到我们有能力工作的最后一刻。

但是，从先祖时代遗留下来的各种习俗值得我们认真加以反省，因为这些习俗的不断演进，似乎正是出于一些令人不安但精明务实的权衡。年长的人到底是可以期待子女饱含爱意的反哺，还是只得在河边默默承受砍下来的斧头，他们的不同命运似乎取决于他们为部落提供的利益是否超过了赡养他们的成本。在像亚契这样的

① 霍默·辛普森（Homer Simpson）是美国福克斯广播公司出品的动画情景喜剧《辛普森一家》中的主人公。——译者注

部落，这种成本更高，因为这些部落经常需要搬家，或者经常性地缺乏食物。[19]

相比之下，我们今天的社会更加富足，并且不需要经常迁徙，因此只要我们愿意，是可以负担得起不断上涨的养老金成本的。但我们也不能忽视其他的不同之处。从前，我们依靠长辈储存知识，教导年轻人。现在，知识更新得很快——既然我们已经有了学校和维基百科，谁还会需要祖母的经验呢？

我们可能希望，人类早已经超越了早期发展阶段，无须还要在如何尊重老年人的问题上反复权衡成本和收益。不过，如果我们相信有尊严地安享晚年是一种权利，那么我们或许应该尽可能大声地把这一点说出来，而且要多说几次。

33
QWERTY 键盘

在 QWERTY 键盘上敲出 QWERTY 几个字母并不容易。

我要用左手小指按住 Shift 键，然后左手的其他手指在键盘的上排横向移动，相继按下 Q–W–E–R–T–Y 几个键。这种特殊的组合实在颇为别扭。在这里我们可以得出一个结论：各个字母在键盘上的位置确实很重要。它们的位置有的排列得当，有的则并不好。

许多人认为 QWERTY 键盘是一个不好的排列——实际上，据说它是有意设计成这种别扭的排列方式，目的是降低打字速度。这是真的吗？而且，这和经济学家有什么关系，为什么他们会对此争论不休呢？事实证明，这里面可能蕴含着比其表面上看起来更深刻的含义。

不过，让我们首先弄清楚为什么有人会如此反常，想要让打字的速度变慢。记得 20 世纪 80 年代初，我说服母亲从高高的架子上取下了她的机械打字机，满心欢喜地认为使用了这个神奇的机器后，我就再也不必因为自己糟糕的书写而烦恼了。

要使用打字机，我得砰的一声按下字母键（这对一个孩子的小手指头来说不是件容易的事），当我按下键盘的时候，键盘后面会有一个杠杆弹起来，一个小小的高尔夫球杆似的装置会使劲击打在一根沾了墨水的色带上，把墨水印在一张纸上。杠杆的末端（被称为连动杆）会有一对凸出的反向字母。我通过淘气地反复试验发现，如果我一次同时击打几个键，所有那些打印杆会同时弹到同一个点，就像两个或三个球员同时试图打击同一个球。对于一个九岁的男孩子来说，这简直太有趣了。但对于一个职业打字员来说，它导致的结果显然不会令人满意。

然而，专业打字员很可能会遇到这样的问题。如果你以每分钟 60 个字的速度打字（对于一个好的打字员来说，达到这个速度并不算难），那就意味着每秒钟会有五个到六个字母印在同一个点上。在这样的速度下，为了照顾打字机的反应速度，打字员可能需要放慢速度。这就是 QWERTY 键盘的功用。

同时再进一步思考，如果 QWERTY 键盘的设计果真是为了使打字速度变得很慢，那么为什么英语中最常用的一对字母，即 T 和 H，会放在食指触手可及的位置？情况似乎变得越来越错综复杂了。

QWERTY 键盘的发明者克里斯托弗·莱瑟姆·肖尔斯是威斯康星州的一位报刊出版商，他在 1868 年将自己发明的第一台打字机卖给了芝加哥波特电报学院的爱德华·佩森·波特（Edward Payson Porter），这也许能给我们提供一些线索。QWERTY 键盘的布局是为了方便报务员抄写莫尔斯电码，这就说明了为什么一些字母要那样排列，例如 Z 会和 S、E 离得很近，因为 Z 和 S、E 在美国莫尔斯电码中是不加区分的。抄报员的手指会在这几个字母上悬空等待上下文，以确定到底是哪个字母。[1]

所以，QWERTY 键盘的设计不是为了降低速度，但它的设计也不是为了方便你我这样的普通人。那么，为什么我们还要用它？

答案很简单：19 世纪 80 年代，QWERTY 键盘赢得了一场主导权之战，肖尔斯的键盘设计被枪械制造商雷明顿父子公司采用。他们最终确定了键盘布局，生产出打字机，并以 125 美元的价格投放市场，这个价格在今天相当于 3000 美元，也相当于当年使用这些打字机的秘书几个月的薪水。[2]

它并不是唯一一种打字机——肖尔斯被称为“第 52 位发明打字机的人”——但 QWERTY 键盘最终取得了胜利。雷明顿公司采取了一个精明的做法，它会提供 QWERTY 键盘打字课程。1893 年，该公司与打字机行业四个主要竞争对手合并，它们的产品全部都采用了 QWERTY 键盘，其布局在后来被称为“通用布局”。[3]

然而，恰恰是 19 世纪 80 年代发生在美国的这场短暂的市场支配地位之争，决定了 iPad 键盘的布局。当年争斗的各方并没有人考虑过今天人们的利益，但他们的行动控制着我们的行为。这种事情一旦开了头，往往就很难改弦更张。

这真是一个耻辱，因为更有逻辑的键盘布局事实上是存在的，其中最有名的是德沃夏克键盘（Dvorak）。这种键盘是由奥古斯特·德沃夏克设计，在 1932 年获得专利。它会照顾人们更惯用的手（用户可选择左侧布局或右侧布局），并将最常用的字母键放在一起。美国海军在 20 世纪 40 年代进行了一项研究，证明了德沃夏克键盘的优越性：如果训练打字员使用德沃夏克键盘布局，最终将带来数倍的收益。

那么，我们为什么不改用德沃夏克键盘呢？问题在于这种转换需要协调。在奥古斯特·德沃夏克出生之前，QWERTY 键盘的布局就已经是通用布局了。大多数打字员接受的训练都是针对这种布局。而任何要对昂贵的打字机进行投资的雇主，自然都会选择大多数打字员都能使用的键盘布局。此时规模经济的威力开始显现：QWERTY 打字机的生产成本会逐步更低，因此售价也会更便宜。每个人都接受过使用 QWERTY 键盘的培训，每间办公室都在使用它。德沃夏克键盘根本就没有任何胜算。

因此，现在我们开始了解为什么这个例子如此重要了。著名的经济史学家保罗·戴维认为，QWERTY 键盘是经济学家称之为“锁定”（lock-in）的典型例子。保罗·戴维辩称，我们总是被“锁定”在 QWERTY 键盘之类的标准当中。

这种“锁定”绝非仅存在于打字机之上，还包括微软的 Office 办公软件和 Windows 操作系统，亚马逊对网络买卖双方在线零售平台的控制，以及脸书在社交媒体上的主导地位，等等。如果你所有的朋友都在使用脸书旗下的应用程序，诸如 Instagram 和 WhatsApp，难道它们不会“锁定”你，正像 QWERTY 锁定你的打字键盘一样？你个人是否想做出改变其实根本不重要，因为你无法独立做到这一点。

这里面蕴含的风险很高：锁定是垄断者的朋友，是竞争的敌人，并且可能需要监管机构做出有力的回应。

但是这个争论还存在另一面。也许这些主导的标准之所以占主导地位，并不是因为锁定，而是因为替代方案根本没有我们想象的那么富有竞争力。回头再看上面谈到的那项著名的海军研究，它证明了德沃夏克键盘的优越性。两位经济学家，斯坦·利博维茨（Stan Liebowitz）和斯蒂芬·马戈利斯（Stephen Margolis）仔细审视了那份研究报告，得出结论称，那项研究存在严重的缺陷。他们还不无嘲讽地提到了研究负责人的名字——他就是当时海军主要的时间与动作（time-and-motion）① 专家，海军少校……奥古斯特·德沃夏克。[4]

利博维茨和马戈利斯并不否认德沃夏克键盘的设计可能更科学。毕竟，世界上最快的字母数字打字员使用的确实是德沃夏克键盘。他们只是不相信这可以成为一个例子，证明整个社会都迫不及待地想要转换到一个拥有显著优势的新标准，但却苦于无法协调。现在，我们中的大多数人都会自己敲出想要发送的电子邮件，所使用的设备可以很容易地切换键盘布局。Windows、iOS 和安卓都提供德沃夏克键盘布局。如果你愿意，根本不需要再说服你的同事、其他的雇主以及秘书学校和你一起切换。你只要自己用它就好了，甚至没人会注意到这一点。

但我们大多数人还是坚持使用 QWERTY 键盘。转换的大门已经不再上锁，但我们懒得夺门而逃。

锁定似乎正在巩固当今世界上一些最强大、最有价值的公司的地位——包括苹果、脸书和微软。那些锁也许牢不可破，就像 QWERTY 键盘标准曾经看起来的那样，或者，它们也许不堪一击，只要消费者感到有一丝不满，它们就会被粗暴地撬开。毕竟，就在不久之前，人们还担心用户被锁定在 MySpace② 上。[5] 当今经济中最重要的一个问题就是，诸多技术标准加在我们身上的“锁”到底是强硬坚固，还是不堪一击？

---

① 时间与动作研究专注于研究效率最高的工作方法。——译者注

② MySpace 曾是领先的社交媒体平台，在 2004 年成为第一个每月拥有百万活跃用户的社交媒体网站。但近年来，随着脸书的崛起，MySpace 已经逐步淡出用户的视野。——译者注

34
朗式蜂箱

告诉大家一个鲜为人知的事实，经济学家们喜欢蜜蜂，或者至少他们喜欢蜜蜂这一概念。英国皇家经济学会的标志就是一只蜜蜂。1732 年，荷兰出生的伦敦人伯纳德·曼德维尔（Bernard Mandeville）出版了著名的原始经济学著作《蜜蜂的寓言》（*The Fable of the Bees*），将蜜蜂作为经济的隐喻，并预测了现代经济的许多概念，如劳动分工以及看不见的手。[1]

詹姆斯·米德（James Meade）（他后来获得了诺贝尔经济学奖）在为一个棘手的经济理论概念寻找例子时，也转向蜜蜂寻求灵感。

这个棘手的概念被经济学家称为“正外部性”（positive externality），它有点像环境污染的反面，换言之，其所指之物是那些可以使他人或社会受益，但是在自由市场上供给不足，因而可能意味着需要政府提供补贴的事物。

詹姆斯·米德认为，苹果和蜜蜂之间的关系是正外部性的一个完美例子。想象一下，米德在 1952 年写道，一个地区有一些果园和养蜂场，假如种植苹果的果农种植更多的苹果树，养蜂人就会受益，因为这意味着能产出更多的蜂蜜。但是，果农并不能从中获益，它成为一种正外部性，因此果农不会种植更多苹果树，从而令他人受益。根据米德的理论，这完全是因为果农不能向养蜂人收取蜜蜂的“食物”，即蜜源的费用。[2]

闭上眼睛，你会看到米德的例子栩栩如生地浮现在脑海中：初夏的薄雾，苹果树的凉爽树荫，忙碌的蜜蜂飞来飞去，发出嗡嗡声。难怪这个例子流传多年，经久不衰。它是如此生动，令人回味无穷，虽然它完全建立在错误的基础之上——苹果花几乎不产蜂蜜。而这只是证明詹姆斯·米德并不了解蜜蜂的第一个事实。

为了理解米德更根本性的错误，我们需要先简单讲述一下人类和蜜蜂的历史。很久以前，人类并不会养蜂，他们只会采蜜，即试图从野生蜜蜂那里偷蜂巢。我们在原始洞穴的壁画中能看到这种场景。[3]

然后，至少在5000年前，养蜂业开始出现。[4]希腊人、埃及人和罗马人都钟爱驯养蜜蜂取蜜。到了中世纪，养蜂人使用草编蜂窝（skep hive），那是一种经典的编织蜂箱，看起来像一堆呈倒圆锥台形的稻草绳索。

草编蜂窝的麻烦在于，如果你想收取蜂蜜，就必须要除掉蜜蜂。养蜂人通常会用硫黄烟雾毒死蜜蜂，然后将它们抖落，一边舀出蜂蜜，一边为能否及时再蓄养出新的蜂群而忧心忡忡。公众开始对这种浪费和对生命的不尊重感到不安，因为蜜蜂这种生物不仅为我们带来了蜂蜜，而且还能给植物授粉。19世纪30年代，美国出现了呼吁保障蜜蜂权益的运动，运动的口号是“勿杀蜜蜂”。

建造出更好的蜂箱符合各方的利益，尤其是蜜蜂的利益。1852

年，美国专利局将9300A号专利授予了一位名为洛伦佐·洛林·朗斯楚斯（Lorenzo L. Langstroth）的美国牧师，他设计出一种活框蜂箱，这种蜂箱在今天通常被简称为朗氏蜂箱（the Langstroth hive）。[5]

朗氏蜂箱是一个从顶部开启的木箱，巢框垂下，并以相隔5/16英寸（或8毫米）的神奇间隙仔细地彼此分开——无论间隙更小或是更大，蜜蜂都会自行添加结构，从而导致麻烦。蜂王在蜂箱底部，被"隔王板"所限制，这个隔板可以阻止蜂王通过，但工蜂可以通过。这让蜂王的幼虫不会进入蜂巢。这些蜂巢可以很容易被拉出，并通过旋转的离心机取蜜，离心机可将蜂蜜甩出，过滤并收集。朗氏蜂箱在设计和效率方面均堪称奇迹，使得养蜂业得以工业化。[6]

这种工业化正是詹姆斯·米德没有完全领悟之处。蜜蜂是一种完全被驯化的生物。有了朗氏蜂箱，蜂群可以随时搬家。没有什么能阻止农民与养蜂人达成某种交易，在作物中安置蜂箱。在詹姆斯·米德提出他的著名实例几十年后，另一位经济学家张五常开始研究这种现象。他做了一件我们经济学家往往做得不够的事，那就是打电话给一些真正身在其中的人，问他们实际发生了什么。[7]结果他发现，种植苹果的果农为给他们的果树传粉需要付钱给养蜂人，对于其他一些作物，养蜂人则需要向农民付钱，以换取采蜜的权利，这正是米德声称应该存在但未能存在的市场。薄荷就是一个极好的例子，这种植物并不需要蜜蜂的任何帮助，但它可以生产出优质的蜂蜜。

因此，苹果和蜜蜂并不是一个适当的正外部性例子，因为事实上互动正发生在市场中，并且这个市场巨大。如今，它的重心是加州杏仁产业。杏仁产业占据了加州近百万英亩的土地，农民们出售的产品价值高达50亿美元，而这还只是按农场出售产品的价格计算。[8]生产杏仁需要蜜蜂为果树授粉——每公顷需要5个蜂群，每个蜂群的租金约185美元。[9]朗氏蜂箱被小心地绑在一起，装在拖车上，每辆拖车可装载400个蜂箱。这些拖车每年春天浩浩荡荡地开往加州的杏树林，总是在夜间行进，那时蜜蜂正在熟睡。

其数字极其惊人：在美国200万个商业蜂箱中，85%的蜂箱不断移动，带着数百亿只蜜蜂。[10]大型的养蜂人每人管理着1万个蜂箱，[11]他们可能从加州转场至华盛顿州的樱桃园，然后向东到达北达科他州和南达科他州的向日葵地，随后又去到宾夕法尼亚州的南瓜田，或者缅因州的蓝莓园。[12]米德关于养蜂业那种田园牧歌式的想象简直大错特错。养蜂业几乎已经完全工业化，授粉也已彻底地商业化。

这带来了一个难题。生态学家担心，野生蜜蜂的数量在世界许多地区正在急剧下降。没人知道具体原因是什么：可能的罪魁祸首包括寄生虫和杀虫剂，还有神秘的“蜂群崩溃综合征”（colony collapse disorder），在那种情况下，工蜂莫名其妙地消失不见，只留下一个孤独的蜂王。人工驯养的蜜蜂也面临着同样的压力，因此你可能会预期看到一个简单的经济学原理发挥作用——蜜蜂供给的减少使授粉服务的价格上涨。

但这并不是经济学家所看到的情况。蜂群崩溃综合征似乎对养蜂市场的任何实效性指标都没有造成重大影响：农民为授粉服务支付的价格基本没有发生变化，专门培育出的新蜂王的价格也几乎没有变化。看来，工业化的养蜂人已经制定出有效策略来维持他们生计所依的蜜蜂种群的稳定，这种策略包括繁殖和交易蜂王、分割蜂群和购买补充的蜂群。这就是为什么我们没有面临蜂蜜短缺，或是杏仁、苹果或蓝莓短缺的现象。无论如何，至少目前还没有。[13]

那么，我们是否应该为此感到庆幸，即经济激励措施至少保护了部分蜜蜂种群？也许吧。另一种观点认为，正是现代经济长期以来致力于对自然界加以控制和将其货币化，才会导致类似问题的产生。在单作农业改变生态系统之前，并没有必要在田野间拉着朗氏蜂箱给农作物授粉——本地的野生昆虫种群就可以免费完成这项工作。所以，如果我们想要列举一个正外部性的例子（即某种东西如果完全依靠自由市场提供，则无法达到社会希望的数量），也许我们应该考虑如何使用土地，以便帮助野生蜜蜂和其他野生昆虫，也许可以多保留一些开满野花的草地。同时，有些政府确实在提供补贴——正如詹姆斯·米德可能会建议的那样。[14]

35 水坝

在离开罗不远的地方，矗立着一座著名的水坝，叫作卡法拉水坝（Sadd el-Kafara）。这座大坝长 100 多米、高 14 米，由数万吨石头和泥土组成，可以储存大约 50 万立方米的水。按照现代标准来看，这些数字并不惊人，但卡法拉水坝并不是一座现代大坝。它已经有近 5000 年的历史了。[1]

并且，这座大坝是一次华丽的失败：考古学家认为，卡法拉水坝几乎刚一落成就决堤了。它的中心被完全摧毁，这是洪水从结构的顶部溢出，并迅速冲刷大坝下游表面的结果，这导致大坝像沙堡一样崩塌。我们不知道是谁下令修建大坝的，但可以想象，他们的声望一定因此遭受到了沉重的打击。

人们不能责怪古埃及人想要尝试这么做，因为埃及的水资源极度匮乏，并且降雨不均。一场突如其来的暴风雨会带来水这种宝贵的资源，免费从天而降，随后白白流入地中海。修建水坝本可以帮助人们蓄水以备不时之需。

古埃及并不是唯一努力应对不均匀的降雨量的地方。世界上大部分人口生活的地区都存在水资源呈季节性供应，或是供应越来越难以预测的情况。身处发达国家的人们理所当然地认为一年四季都应该拥有充足的水资源，但这往往依赖于水坝和水库系统。

缺乏这种系统的地区可能面临残酷的后果：20 世纪 90 年代末，肯尼亚因干旱而损失了超过 10% 的经济产出，随后又因洪水造成更大的经济损失。[2] 水坝为人类提供了管理干旱和洪水的潜力，难怪几千年来，修建水坝一直是颇具吸引力的项目。

除此之外，水坝还可以提供另一项附加价值，水力发电站，即利用蓄积起来的水的势能来推动涡轮机转动，并产生清洁的电力。目前，水力发电作为一种能源，比核能、太阳能、风能或潮汐能的发电量更大，在许多地方，水力发电甚至比后三种能源加起来的发电量之和还要大。[3] 它又能有什么危害呢?

在一些发展中国家，水坝就算建成，也会发生溃坝，造成巨大损失和人员伤亡。即使在富裕国家，水坝也曾经导致过一些最致命的人为灾难。大型水库蓄满水时的重量可超过 1 亿吨，足以引发地震，即使规模小很多的水库，也仍可能引发致命的滑坡。[4] 在 1959 年，法国马尔帕塞坝（Malpasset dam）突然溃决，原因是弯曲的混凝土拱坝一侧的地基在水的压力下发生滑动。这次灾难共造成 423 人死亡。四年后，意大利新建成的维昂特大坝（Vaiont dam）在缓慢蓄水的过程中，水的重量导致附近山体发生滑坡，从而使大量水体从坝顶漫出，形成一场内陆的海啸。将近 2000 人在这场灾难中死亡。[5]

在第二次世界大战和朝鲜战争中，水坝曾是军事袭击的目标，但考虑到对平民的威胁，对水坝实施军事袭击现在被视为战争罪行，而这么做有充分的理由。[6] 此外，水坝不一定要被摧毁才能成为武器。伊泰普大坝（Itaipu dam）位于巴西和巴拉圭边境，在阿根廷首都布宜诺斯艾利斯的上游。如果将大坝的水闸同时全部打开，布宜诺斯艾利斯城将变成一片泽国。[7]

不过，让人对现代大坝感到不安的，并不只是发生灾难的风险，而是修建大坝导致的上下游生态系统重塑所造成的破坏。

长期以来，埃及的阿斯旺大坝一直是这种破坏的典型例子。阿斯旺大坝阻断尼罗河，形成了 500 公里长的水库。《经济学人》（*The Economist*）杂志列举了修建这座大坝的后果："水生植物疯长，血吸虫病暴发，灌溉渠道被污染，还有大量泥沙淤积于水库内，而非被冲到下游，弥补从埃及到黎巴嫩的海岸侵蚀。"[8]

那篇文章还没有提到下面这一事实，即努比亚遗址庙宇因被河水淹没而被迫搬迁到高处或整体搬迁至马德里、纽约和都灵等地的博物馆中。流离失所的不仅是神庙，超过 100000 人被迫迁移。[9]

不过，也有一些专家认为，尽管付出了上述代价，阿斯旺大坝项目依然是一个绝对的成功。阿斯旺大坝的修建，使得埃及和苏丹实现了可调节的人工灌溉。这不是一件不值一提的小事。大坝在两年内便收回了成本，并使埃及顺利躲过了贯穿整个 20 世纪 80 年代的旱灾，以及随后在 1988 年本来将会发生的灾难性大洪水。

所有水坝都会使一部分人受益，另一部分人遭受损失，同时还会导致需要处理的紧张局势。迄今为止，共有两位女性获得过诺贝尔经济学奖，而她们都研究过水坝。埃莉诺·奥斯特罗姆①展示了尼泊尔的水坝如何破坏了上下游社区之间关于分享水源以及合作的

① 埃莉诺·奥斯特罗姆（Elinor Ostrom，1933—2012 年），美国政治经济学家，因对经济治理，尤其是公共经济治理方面的分析而与奥利弗·威廉姆森共同被授予 2009 年诺贝尔经济学奖。她也是第一位获得此项荣誉的女性。——译者注

传统交易。[10] 埃斯特·迪弗洛①则发现，印度的大型水坝以其灌溉功能使一些社区受益，但同时加剧了其他一些社区的贫困状况。[11]

因修建大坝而遭受损失者通常不是大坝修建国的居民，这就使得紧张局势成为国际性事务，别忘了，世界上近一半陆地面积中的河流最终将汇入跨越国境的大河之中。[12] 其中一个例子是埃塞俄比亚的复兴大坝（Renaissance dam），该项目将在 2022 年竣工，建成后将是非洲最大的水电项目。它位于阿斯旺大坝的上游，有可能控制尼罗河流入埃及的水量。埃及对此并不满意。[13]

但补偿受损者并不总是政客们的首要任务。他们通常更热衷于象征意义。这一点不言自明。像卡法拉水坝和板桥大坝这样垮塌的水坝可以证明可怕的判断错误。

一些人认为，阿斯旺大坝广泛流传的坏名声可以追溯到冷战时期的宣传。当时，埃及总统纳赛尔无法从美国那里获得修建大坝的支持，于是转而求助于苏联，并将苏伊士运河收归国有以补充修建大坝的费用。这导致了苏伊士运河危机②。因此，也难怪西方领导人不希望纳赛尔因为此举而在公共关系上得分。[14]

水坝会以复杂的方式重塑经济。只有与因此而受损的群体公

---

① 埃斯特·迪弗洛（Esther Duflo，生于 1972 年），法裔美国经济学家，现任美国麻省理工学院发展经济学教授。2019 年因“在减轻全球贫困方面的实验性做法”，而与丈夫阿比吉特·班纳吉和麦可·克雷默一起获得诺贝尔经济学奖。她是埃莉诺·奥斯特罗姆后第二位诺贝尔经济学奖女性得主，也是至今最年轻（47 岁）的得主。——译者注

② 苏伊士运河危机（Suez crisis）又称“第二次中东战争”“苏伊士运河战争”。1956 年 7 月，埃及总统纳赛尔宣布把英国和法国掌握的苏伊士运河公司收归国有，英、法联同以色列于同年 10 月底对埃及发动侵略战争。在国际社会舆论的压力下，英、法和以色列在 11 月 6 日同意停火，随后相继撤军。——译者注

平地分享既得利益，许多大坝才真的可能利大于弊。但是，当大坝被视为国家气概的象征时，这种纠缠在一起的现实很容易遭到忽视。1948 年，印度首任总理贾瓦哈拉尔·尼赫鲁在对因希拉库德大坝（Hirakud dam）工程而流离失所的村民们发表讲话时，可能说得比他预想的更直白：“如果说你们将会受苦，那么为了国家的利益，这些苦你们应该去受。”

不知道会不会有人认为，这些话是一种安慰。[15]

第七部分

地球没有备份

36
火

“峡谷起到了烟囱的作用，狂风夹杂着大火席卷而来，伴随着成千列货运火车的轰鸣声。浓烟滚滚，热浪炙人，连呼吸都变得困难……对我们这些当时困在山中的人而言，整个世界似乎都在熊熊燃烧。许多人认为，世界末日真的降临了。”[1]

那一天是1910年8月20日，护林员埃德·普拉斯基被困在那场后来被称为“大爆炸”（Big Blowup）的森林大火中。普拉斯基意识到，他的任务不再是拯救爱达荷州北部的森林，而是拯救消防队员。他骑着马四处冲锋，最终救出了45个人。

在大火和强风的重压之下，我们周围的树木纷纷倒下，也根本无法透过浓密的黑烟看清周围的情况。如果不是因为我对山间小路了然于胸，我们根本无法活着逃出来，因为我们已经完全陷入熊熊烈火的包围之中。我唯一的希望就是到达那条我知道离我们不远的老矿井隧道。我们拼尽全力向着它前进，途中有一位兄弟被倒下的大树压死了。我们十分幸运，及时赶到了矿井，刚一进去，大火就封上了我们身后的小路。[2]

普拉斯基随后昏了过去。第二天早上，他发现自己什么都看不见了，他的手也被烧伤，但是他还活着，除了五个人，其他人都还活着。这次"大爆炸"造成了86人死亡，烧毁的木材足以建造80万栋房屋。[3] 它还唤醒了国民的防火意识：美国林业局承诺将尽快扑灭所有野火。[4]

这并非一个明智的决定（我们稍后会解释为什么），但这个决定完全可以理解，因为火灾实在太可怕了。不过，火同时也是现代经济的基础。它的故事可以追溯到更久远的年代。

在地球形成后前90%的时间里，世界上根本没有火。地球上曾经有过火山喷发，但熔岩并没有着火，因为火是一种化学反应，是一种燃烧的过程。[5] 是生命创造了火燃烧起来所必需的氧气和燃料。化石证据表明，易燃的植物生命大约在4亿年前进化形成，并周期性地冒出浓烟，部分是由火山喷发所引起的，但主要原因是闪电。近年来，卫星观测向我们展示了闪电是多么常见——每天，地球都会经历大约800万次雷击。雷击目前仍然是导致野火发生的罪魁祸首，它引发的野火多过了不小心的烧烤行为或随意丢弃的烟头引发的火灾。[6]

火塑造了地貌，并因此催生了进化。它使得草原大约在3000万年前后开始不断扩张；如果没有火，许多草原很快就会恢复为灌木丛或森林。普遍的观点认为，草原在古人类出现并最终进化成今天人类的过程中起到了一定的作用。[7]

请试着想象一下我们的祖先驯服火之前的经济。首先，你可以忘掉任何用金属制造，或是使用金属工具制造的产品，因为金属诞生在熔炉之中，玻璃也是一样；然后，请你也忘掉任何需要借助燃烧化石燃料的东西，比如运输或是发电；请你还要忘掉那些需要用火加热来制造的材料，例如塑料，或是需要使用人工肥种植的植物，因为人工化肥是使用哈伯-博施法①制造的。人类也不会有砖块或陶器，因为它们需要在窑里烧制。除去了这些之后，留给我们的也就不多了，只有一些生冷的有机食品，用锋利的石头剁碎？我们几乎无法称之为“经济”。

确切地说，我们的祖先在何时以及如何学会控制火仍是一个有争议的问题。不过显然，迪士尼出品的著名动画片《奇幻森林》②中想象的场景不大可能是真的，在剧中，猩猩路易王（King Louis）向人类小男孩毛克利（Mowgli）乞求“人类红花火焰”的秘密。[8]事实上，猩猩似乎很清楚野火是如何蔓延的。[9]据报道，还有其他物种警觉地利用火带来的捕猎机会。[10]甚至有人曾经看到过一些猛禽叼起燃烧的木棍并扔下去，以求引发新的火势，然后再伺机猎杀逃离野火的动物。[11]

看起来，我们的祖先最初也是像上面那些动物一样使用野火，历时长达数十万年之久，然后才学会了利用燧石取火。[12]也许他们通过添加能够持久燃烧的动物粪便来保持野火不灭。[13]毫无疑问，他们利用火来狩猎、保暖和抵御入侵者。[14]他们学会用火烹熟食物，而灵长类动物学家理查德·兰厄姆指出，由于熟的食物可以提供更

---

① 哈伯-博施法（Haber- Bosch process），也被称为哈伯法，是一种由大气中的氮制氨的化学方法，这种反应需要在高压高温下进行。——译者注

② 《奇幻森林》（*Jungle Book*）是迪士尼影片公司出品的真人动画片，于 2016 年 4 月 15 日在中国和美国同步上映。——译者注

多能量，它使得人类能够进化出更大的大脑。[15] 与此同时，考古学家约翰·格列特将火与“社会大脑”（social brain）假说联系起来，这种假说认为，正是为了应对日益增长的社会压力，推动人类进化出更大的大脑。显然，那些围坐火堆旁的夜晚让我们的祖先有了更多的时间去社交。[16]

不管这些推测在多大程度上是真实的，随着经济的发展，人类已经将火限制在各种特殊的空间里——从工厂的厂房到内燃机，再到厨房里的煤气炉。历史学家史蒂芬·派恩（Stephen Pyne）将这称为“燃烧转换”。[17] 在那些尚未完成这种转换的地区，火的使用可能成为问题。例如，在发展中国家，在室内用明火烹饪造成的空气污染导致了数百万人的死亡。[18] 但派恩认为，这种“燃烧转换”加剧了人类对野火的恐惧。随着气候变化，预计我们将会看到越来越多此类火灾。虽然卫星观测有助于我们掌握野火的动向，但气候和植被模式的变化也使其更加难以预测。[19]

埃德·普拉斯基的英雄壮举发生半个世纪后，人们才渐渐达成共识，认识到迅速扑灭所有野火或许并不是一个太好的主意。这种做法导致的问题是，终有一天会发生一场你无法控制的火灾，而且这场火灾会更具破坏性，因为到时候大火将引燃大量枯木，而如果人们不是在第一时间就行动起来扑灭所有小型火灾，这些枯木本可以早就被烧掉。

与此同时，人们的自满情绪开始蔓延。从美国加州到澳大利亚，人类越来越多地将房屋建在荒野之上或临近地区，那些地区迟早会发生火灾。如果有专家声称，任由这些小火灾自生自灭可能是明智之举，我敢打赌附近居民的反应不会太热烈。[20] 正如安德鲁·斯科特（Andrew Scott）在其《燃烧的星球》（*Burning Planet*）

一书中所说的那样，“近年来，人类对火的科学认识不断提高，可惜这并没有转化为公众意识的提高”。

一些经济学家认为，野火只是一个例子，体现了现代社会普遍存在的一种现象，即人类能更好地应对小问题，这会给我们带来更强的安全感，但自相矛盾的是，这种安全感又会带来引发大问题的风险。格雷格·伊普（Greg IP）认为，2007 年到 2008 年的金融危机就符合上述分析。政策制定者已经非常善于化解各种小危机，以至于人们开始过分自信，并甘冒愚蠢的风险，比如孤注一掷地押宝次级抵押贷款。然后，当一场无法化解的大危机来临之时，这些糟糕的赌注引发了一场全球经济大火。[21]

37
石油

消息已经发出。埃德温·德雷克（Edwin Drake）的最后一位金主终于也失去了耐心，那条消息的内容是：还清债务，放弃，然后打道回府。[1]

德雷克本来一直希望能找到“岩油”，那是一种褐色的原油，偶尔会冒出宾夕法尼亚州西部地区的地面。他计划将这种原油精炼成煤油来点灯，以取代日渐昂贵的鲸油。同时它还会产生一些有用的副产品，例如汽油，如果他不能为此找到买家，他也可以一倒了之。

那条消息虽然已经发出，但在它还没送到德雷克手中时，后者的钻头已经刺入充满原油的地下油藏。原油从地面以下 69 英尺的储油层喷涌而出。那一天是 1859 年 8 月 27 日，鲸鱼得到拯救，世界将从此不同。

在那个地方向南仅几英里，几年后，更丰富的储量隐约可见。根据《纽约时报》的报道，1864 年，在宾夕法尼亚州的皮托尔镇（Pithole）钻出石油的时候，“在其方圆 6 英里范围内，居民人数不超过 50 个人”。一年后，皮托尔镇的居民数量超过了 10000 人，并矗立起 50 家酒店、一家当时美国最繁忙的邮局、两家电报局以及数十家妓院。[2]

少数人成功掘到了金，但真正的经济应当是复杂的并可以自给自足的，而皮托尔镇这两者均不具备。又过了一年，镇子就消失不见了，它的木质建筑被烧毁，或是被拆除后运到 10 英里外下一个钻出石油的地方，那个地方被富有想象力地命名为“石油城”（Oil City）。[3]

皮托尔的石油繁荣并未持续多久，但人类对燃料的渴望与日俱增。可以说，现代经济浸泡在石油之中，它提供了全世界 1/3 以上的能源，超过了煤炭，并且是核能、水力发电和可再生能源总和的两倍多。[4] 石油和天然气加在一起，为我们提供了 1/4 的电力，以及大多数塑料制品的原料。

还有交通运输。埃德温 · 德雷克当时并不知道谁会想要购买汽油，但内燃机即将回答这个问题。到了 1904 年，标准石油公司控制了美国 90% 以上的炼油业务。鉴于石油的重要性，美国政府决定将其拆分为多个公司，这些公司最终发展成为埃克森、美孚、雪佛龙和阿莫科等公司。[5] 从汽车到卡车，从货船到喷气式飞机，石油燃料在今天仍然源源不断地运送着我们人类以及各种货物穿行于世界各地。[6]

无怪乎油价可以说是世界上最重要的单一商品价格。1973 年，随着一些阿拉伯国家宣布对几个富裕国家发起石油禁运，油价在短短 6 个月内从每桶 3 美元飙升至 12 美元。随之而来的是全球经济衰退。这并不是最后一次：1978 年、1990 年和 2001 年，美国都伴随着石油价格飙升出现了经济衰退。一些经济学家甚至认为，创纪录的高油价在2008年的全球经济衰退中扮演了重要角色，尽管人们传统上认为，2008年的全球经济衰退仅仅是由银行业危机造成的。伴随油价一冲升天的，是经济的一蹶不振。[7]

为什么我们变得如此依赖石油？丹尼尔·耶金（Daniel Yergin）的专著《奖赏》（*The Prize*）讲述了关于石油的权威历史。在书的开头，他描述了温斯顿·丘吉尔面临的困境。1911年，丘吉尔被任命为海军大臣，主管皇家海军事务，他面临一个艰难的抉择：大英帝国为对抗德国不断扩张的挑战而建造的新型战舰，到底是要以安全可靠的威尔士煤炭作为动力，还是以来自遥远的波斯（现代伊朗）的石油作为动力。为什么要依赖这样一种不安全的能源？这是因为以燃油为动力的战舰能够更快地加速，保持更高的航行速度，需要更少的人手操作锅炉，并且可以腾出宝贵的空间和载荷装载更多武器弹药，增加舰船的战斗力。从各方面来看，石油都是比煤更好的燃料。丘吉尔在1912年4月做出了“冒险一搏”的决策，其所反映出的逻辑，与我们后来极度依赖石油，并由此塑造了全球政治格局的逻辑别无二致。[8]

丘吉尔做出决定后，英国财政部购买了英国石油公司的前身——英波石油公司（Anglo-Persian oil company）的多数股权。1951年，伊朗政府将该公司收归国有。[9]英国人提出抗议称，这是我们的公司。伊朗人则回答说，这是我们的石油。在随后的几十年里，这种争端将在世界各地反复出现。

一些国家从中获益匪浅。沙特阿拉伯成为地球上最富有的国家之一。它的国有石油公司阿美石油（Aramco）的价值超过了苹果、谷歌或亚马逊。[10]不过，没有人会把沙特阿拉伯误认作一个像日本或德国那样的复杂和成熟的经济体。① 它更像一个规模更大的皮托尔镇。在世界其他地区，从伊拉克到伊朗，从委内瑞拉到尼日利亚，几乎没有哪个石油资源丰富的国家因发现了石油而繁荣起来。这被经济学家称为“石油诅咒”。[11]

20 世纪 60 年代初担任委内瑞拉石油部长的胡安·巴勃罗·佩雷斯·阿尔方索（Juan Pablo Pérez Alfonzo）对此曾做出过一个更为生动的描述。“石油是魔鬼的粪便，”他在 1975 年宣称，“人类在这些粪便中竭力挣扎。”[12]

为什么有很多石油反倒成了问题？出口石油会推高产油国的货币价值，而这会使得除石油之外的所有其他东西进口都很便宜，但在国内生产这些东西却贵得让人望而却步。这意味着该国很难发展其他经济部门，如制造业或复杂服务业。与此同时，政客们往往专注于为自己及其盟友垄断石油，因此富油国的独裁政权并不少见。这些国家并不缺钱（至少对一些人来说如此），但其经济体单薄脆弱。对皮托尔镇而言，至少人们可以在油井干涸时离开，但离开一个国家可没那么容易。

这正是促使我们尽力寻找石油替代品的原因之一。当然，气候变化是另一个原因。但到目前为止，石油仍然一直在顽强地抵抗，不肯让位于电池。这是因为，移动的机器需要携带自己的能源，越轻越好。1 千克汽油所储存的能量相当于 60 千克电池。[13] 并且，石油能源还具有使用后便消失不见的便利特性，相较之下，

① 麻省理工学院的“经济复杂度观察站”（Observatory of Economic Complexity）在全球经济体复杂度排名中将沙特阿拉伯列为第 32 位。按人均收入计算，它在富裕度排行榜上名列第 14 位。卡塔尔是一个更极端的例子：它是世界上最富有的国家，但其经济复杂度仅排在第 66 位。

能量耗尽的电池和充满能量的电池一样重。目前，电动汽车终于开始出现突破性进展，不过电动大型喷气式飞机将会是一个更严峻的挑战。

曾经有一段时间，石油资源似乎面临枯竭，即出现所谓的“石油峰值论”，它推高了油价，并推动我们转向基于清洁和可再生能源运转的经济。现在看来，如果这是我们真正想要的结果，我们就必须更加坚定。水力压裂法（fracking）的迅速发展改变了石油市场。水力压裂法是将水、沙子和化学物质的混合液高压泵入地层深处的岩石，打开小的缝隙以允许石油和天然气更流畅地流到钻井口的方法。水力压裂法更像是制造业，而不是传统的勘探和生产，它是标准化的操作，可以快速提高生产率，并且整个过程的开始和结束取决于价格是否合适。在 1980 年至 2015 年间，发现新石油储量的速度是石油消耗速度的两倍。[14]

看上去，我们仍然在“魔鬼的粪便”中挣扎，并且越陷越深。

38 橡胶硫化工艺

在那张黑白照片上，一名男子坐在木头露台的边上，低头看向两件东西。最初，你完全看不出来它们到底是什么。照片中的背景是几棵棕榈树，还有另外两个男人，一个双臂交叉，一个双手叉腰，神情严肃地看着他们的朋友，也许是看着摄影师，你很难说清楚。

摄影师名叫艾丽斯·西利·哈里斯（Alice Seeley Harris），她在 1904 年拍摄了这张照片，拍摄地点是巴林噶（Baringa）的一个传教点，位于当时所谓的刚果自由邦。照片中的男人叫恩萨拉（Nsala），他告诉艾丽斯，他的妻子和孩子刚刚被杀害了。这就是证据，他边说边打开一捆树叶，里面是杀人犯们留下的他 5 岁的女儿博阿利（Boali）仅存的残肢。

艾丽斯拍摄的那张恩萨拉俯视女儿被砍下来的手脚的照片，在欧洲引起轩然大波。同时她的柯达相机记录下来的，还有许多其他残忍的镜头。[1] 手被砍掉的孩子、锁链拴脖的妇女，以及 chicotte，一种用生河马皮制成的边缘锐利的硬皮鞭子，遭受这种鞭子抽打的人经常会送命。[2]

艾丽斯拍下的这些惨状被印刷成册，并在公众会议上展出，最终变成了世界上第一个摄影人权运动。[3] 这些影像引发了巨大的公众压力，最终迫使当时的比利时国王利奥波德（Leopold）放松了对那块殖民地的控制，约瑟夫·康拉德（Joseph Conrad）在其著名的小说《黑暗的心》（*Heart of Darkness*）中曾详细地描绘过那里，并借主人公库尔茨（Kurtz）之口高呼道："恐怖啊！恐怖！"[4]

那么，为什么利奥波德的刚果如此恐怖？

让我们再将时光的指针倒拨 70 年，来到 1834 年的纽约。一位贫穷、病患缠身但异常乐观的年轻人敲开了罗克斯伯里印度橡胶公司（Roxbury India Rubber Company）的大门。这位年轻人名叫查尔斯·古德伊尔（Charles Goodyear），在他家族的五金生意破产后，他曾身陷债务人监狱，但他确信自己能想出办法摆脱财务困境。他最新的想法是一种为充气橡胶救生圈设计的新气阀。古德伊尔得到了一个意外的答复。公司的经理很喜欢他设计的新气阀，但遗憾地告诉他，公司已经濒临破产，并且非常后悔自己进入了橡胶这个行当。[5]

他不是唯一对此感到后悔的人。在全美各地，许多投资者曾经将大笔资金投入橡胶这种神奇的新材质中，他们看好橡胶所具备的弹性和柔韧性，还有密封性和防水性，而现在，这个产业遇到了可怕的大麻烦。

实际上，橡胶并不是什么新鲜事物。南美洲人早就发现了橡胶这种东西，欧洲人也早在 15 世纪 90 年代就首次报道过它：那里有一种"切割后可以产奶"的树木，当地人用它们制成"一种蜡"。[6] 这种"奶"就是乳胶，产自树木的内部和外部树皮之间。

一些橡胶碎片被运到了欧洲，但主要是出于好奇。18 世纪，一位法国探险家从当地语言中带回了 caoutchouc 这个名字，意思是“哭泣的树”。不过，橡胶这一现在的通用名来自科学家约瑟夫·普里斯特利，当时他注意到这种东西能够擦去纸上的铅笔痕迹。

到 19 世纪 20 年代，橡胶引起了人们的极大兴趣。越来越多的橡胶从巴西运抵欧洲，并被制成外套、帽子、鞋子和充气救生圈。接下来，欧洲迎来了一个极其炎热的夏天，而企业家们目瞪口呆地看着他们的库存在眼前融化成一片片散发着恶臭的黏液。[7]

古德伊尔看到了机会所在。无论是谁，只要能发明一种方法使橡胶能够耐受高温和寒冷（寒冷会使橡胶变得硬脆易碎），那个人一定能大赚一笔。而他，将成为做成这件事的那个人。诚然，他没有化学背景，也没有钱，但这又怎么能阻止他呢？

多年以来，古德伊尔一直拖着他的妻子克拉丽莎（Clarissa）和他们不断添丁进口的一大家子人，从一个城镇辗转到另一个城镇，租住着越来越破败的房屋，典当越来越少的财产，背负着越来越沉重的债务，并断断续续地被扔进债务人监狱，虽然他们最终总能设法找到某位愿意出手相助的亲戚，或者是相信突破指日可待的投资者。在克拉丽莎不需要设法做吃的喂饱孩子们时，古德伊尔就会征用她的锅，将橡胶与能想象得到的任何物质，例如镁、石灰、炭黑等，混合在一起加热。有一次，他的实验使得厨房充满了硝酸烟雾，并且导致他卧床了几个星期。[8]

最后，他找到了答案：用硫加热橡胶。这就是我们现在称为硫化的过程。对于长期受苦的克拉丽莎而言，这是一个可悲的发现，因为这让她的丈夫借了更多的钱来提起诉讼，以试图保护自己的专利。到去世时，他已经欠下了 20 万美元的债务。但正是古德伊尔的执着使得橡胶成为工业经济的核心，它们被制成皮带、软管和垫圈，用于密封、绝缘和减震。[9]

在 19 世纪 80 年代后期，一位居住在爱尔兰的苏格兰人发明了橡胶的杀手级应用：充气轮胎。他名叫约翰·博伊德·邓洛普（John Boyd Dunlop），是一名兽医。他一直在改进儿子的三轮车，试图找到一种减震方法使骑行更加舒适。自行车制造商很快就看到了这种新方法的优势，新兴的汽车行业也是如此。

橡胶的需求激增。欧洲殖民国家开始清理亚洲的大片地区用来种植巴西橡胶树，也就是人们口中所谓的“橡胶树”。[10]

但是，这些新种下的橡胶林需要时间才能长成，同时人们发现数百种其他植物也能多多少少产出乳胶，甚至包括小小的蒲公英。[11] 而刚果的热带雨林中恰好生长着一种能够产出橡胶的藤蔓植物，可以立即满足市场需求。[12]

那么，怎样才能尽可能多、尽可能快地得到橡胶？在无所顾忌的情况下，有一个非常简单的答案：派武装人员到一个村庄，绑架妇女和儿童，如果他们的男人没有带回足够的橡胶，就砍掉人质的一只手——或是杀死一家人。[13]

自从恩萨拉在巴林噶遇到艾丽斯·西利·哈里斯以来，情况已经发生了很大变化。现在，世界上一半以上的橡胶不再产自“哭泣的树”，而是来自喷涌的石油。[14] 随着天然橡胶的用途日益广泛，人们开始尝试合成橡胶，并在第二次世界大战期间取得了突破。当时，由于亚洲的橡胶供应线被战争阻断，美国政府大力推动工业界开发替代品。[15] 合成橡胶通常更便宜，在有些时候性能也更好，包括用于生产自行车轮胎。[16]

但在某些用途上，巴西橡胶树产出的天然橡胶仍然无可比拟。[17] 目前，全球大约 3/4 的天然橡胶产量被用来制造重型车辆轮胎。[18]随着人类制造更多的汽车、卡车和飞机，我们需要更多的橡胶来包裹它们的轮子。这并非毫无问题。橡胶树的生长极其耗水，因此环保主义者担心大量种植橡胶树会造成水资源短缺的问题，此外，随着东南亚的热带雨林越来越让位于橡胶种植园，有关破坏生物多样性的呼声也日益高涨。

这种现象在非洲也同样正在发生。例如，从巴林噶出发，向西偏北方向穿越雨林行驶1000公里，你就会来到喀麦隆的梅约梅萨拉。在那里，世界上最大的橡胶加工公司正在清理数千公顷的土地用来种植橡胶树。该公司表示，其将致力于道德采购①；但当地村民表示，他们的土地损失并没有得到适当的补偿。[19]

显然，橡胶在如今仍然在不断引发争议，只不过现在是因为砍树，而不是砍手。这在某种程度上显然也算是一种进步。

① 指企业承诺保证采购物品及原料来源正当。——译者注

39
沃德箱

看到自己的中国仆人带着少得可怜的一小堆植物回到船上，罗伯特·福琼“非常恼火”，很明显，这个仆人并没有跋涉进山，而只是在海岸附近转了转。福琼认为他就是在偷懒。仆人抗议说：别人告诉他，在他们所处的中国东南部，住在山里的人非常危险。一派胡言，福琼驳斥道，他们这次一起去。

船长提出派一些船员跟随并保护他们，但福琼表示他并不需要。不过，他渐渐感到了有些疑虑，因为当地人看到他开始大步向山上走去时，“试图劝阻我不要去，并暗示我肯定会遭到袭击，并被抢劫或是谋杀”。然后他注意到当地人都带着武器，而他的仆人解释说，这是为了自卫。不过，现在再回头已经为时过晚：“于是我决定勇敢地面对此事，继续前进。”

起初，一切顺利。外国人在当地极为罕见，因此福琼吸引了一大群人围观，但他们“总的来说很有礼貌”；他把自己的标本箱装得满满的，而“三四百个中国人，男女老少都有，惊奇地俯视着我们”。然而，福琼很快就遭到熟门熟路的打劫，他的仆人在持刀的强盗的包围下“吓得脸色发白”,“我精心采集的植物标本被扔得到处都是”。

这段小插曲似乎没有影响这位年轻苏格兰人的信心。在后面的旅途中，他又受到警告说，他想去的一个地方海盗盛行:“一派胡言！”他大声说道,“我们不会遇到任何海盗袭击。”你可以预见后面会发生什么。

不过，福琼最终安全返回了上海，并且从那里“向英国运送走8大玻璃箱活的植物”。在他长达400页的探险回忆录的结尾，他不无自得地指出,“在伦敦奇斯威克(Chiswick)园艺学会的花园里，秋牡丹从此绽放”。[1]

福琼是一位植物猎手，受雇于奇斯威克的伦敦园艺学会(现在被称作皇家园艺学会)。而那些玻璃箱让植物采集变得大为容易。它们被称为沃德箱(Wardian case),是在19世纪30年代，即在福琼中国之旅十年前被发明出来的。它的发明者纳撒尼尔·巴格肖·沃德(Nathaniel Bagshaw Ward)是伦敦东区的一名医生，也是一个蕨类植物爱好者，但因为伦敦的空气污染太过严重，他种植的蕨类植物总是难以成活。[2]

沃德的发明很简单，回过头去看也并无多么惊人之处。玻璃、木材、油灰、油漆——它基本上就是一个密封的小温室，能够让光线进入，并把烟尘挡在外面。而且它还可以保持水分，所以没有必要给植物浇水。它不是什么技术上的壮举，而是一个敢于质疑的头脑的产物。当时，人们普遍认为植物生长需要露天空气，但沃德想知道：如果没有露天空气又会怎样?

他的蕨类植物茁壮生长。沃德还很快意识到，他可能已经解决了一个长期困扰植物猎人的问题，即如何让他们的植物在漫长的海上旅途中存活下来。如果把植物放在甲板下面，植物会面临光线不足的问题，但要是放在甲板上，它们又会遭受盐雾的侵袭。[3] 此外，如果淡水不足，船员们显然宁愿植物缺水，而不是自己干渴。[4]

沃德安排了一个实验，他把两箱植物运往澳大利亚。几个月后，船长寄来一封信，对他表示了“热烈的祝贺”：箱内的大多数蕨类植物“生机勃勃”，茂盛的绿植甚至“努力想把箱子盖顶开”。在船返航时，沃德的箱子里装满了来自澳大利亚的植物，同样非常健康。[5]

沃德撰写了一本书，名为《植物在密闭玻璃箱内的生长》。他确信，他的发明会产生深远的影响。他的想法完全正确，只不过并不是像他所期望的那样。沃德当时的设想是，随着“上层社会和中产阶级”购买他的箱子在家中种植植物，将为穷人创造一个“新的健康产业”，即从乡村地区采购植物。他认为人类和蕨类植物一样，都会从逃离伦敦污染严重的空气中受益。他还设想建造大型密闭温室，人们可以居住其中，从麻疹或肺痨中康复。

他没有预见到他的箱子将重塑全球农业、政治和贸易。也许他本该可以想到这些的，因为植物收集从来都不仅限于多年生草本植物。“现代植物收集之父”约瑟夫·班克斯爵士（Sir Joseph Banks）敏锐地意识到，将作物从一个殖民地前哨转移到另一个殖民地前哨拥有巨大的经济潜力。[6]

在 18 世纪后期，他把伦敦的邱园（Kew Gardens）变成了某种意义上的皇家植物信息交换所。正是班克斯促使威廉·布莱（William Bligh）船长乘坐英国皇家海军慷慨号①开始了他命运多舛

① 皇家海军慷慨号（HMS Bounty）又译“皇家海军邦蒂号”“皇家海军赏金号”，于 1789 年在布莱船长指挥下的西印度群岛航行中发生哗变，布莱船长和 18 个忠于他的船员被抛弃在海上。他们乘坐的救生艇在海上漂泊了 4000 英里后，在 1789 年 6 月抵达东印度群岛的帝汶岛。好莱坞曾三次以此故事拍摄电影《叛舰喋血记》。——译者注

的航程，这一旅程最终以一场声名狼藉的叛乱告终。布莱本来的任务是把面包果树苗运送到西印度群岛，因为班克斯希望面包果能成为一种廉价的食物来源，用来养活那里数量庞大的奴隶。[7]

多亏了沃德箱，植物移栽事业迅猛发展。一位以植物进口为生的商人表示，在沃德箱出现前，他们预计每 20 株植物中有 19 株会在海上航行的过程中死去。而装在沃德箱中运输的植物，20 株中则会有 19 株能够存活下来。[8]

例如，正是得益于沃德箱，卡文迪许香蕉才传播到了世界各地，并成为你今天在商店里看到的香蕉品种。威廉 · 卡文迪许曾担任过皇家园艺学会的主席。[9]

沃德箱摧毁了巴西的橡胶工业。由于橡胶价格高企，英国外交部派了一位野心勃勃的业余植物学家去亚马孙雨林，并窃取了一些橡胶树的种子。它们在邱园中发芽，长成幼苗后被运到东亚。巴西发现自己根本无法与殖民地的橡胶种植园竞争。[10]

沃德箱还帮助打破了中国对茶叶市场的控制。沃德著作出版的那一年正是英国发动第一次鸦片战争的时候，当时，中国人决定不再接受以印度种植的鸦片来换取茶叶，于是英国派出炮艇来迫使他们改变想法。这样做的原因一望可知：茶叶税几乎占了英国政府收入的 1/10。[11]

随后，东印度公司（这家机构实际上代表大英帝国管理着南亚次大陆）决定，他们需要找到一个后备方案，那就是在印度种植茶叶。正如萨拉 · 罗斯（Sarah Rose）在《茶叶大盗》（*All the Tea in China*）一书中写的那样："印度喜马拉雅山脉地区的环境与中国最好的茶叶种植区极为相似。"[12]

这意味着他们需要把茶树走私出中国。只有一个人能胜任这份工作。罗伯特·福琼在他第一次探险时就知道，如果他剃光头并戴上假发，再穿上中式服装，几乎可以隐身在中国人中不被注意。“总的来说，”他写道，“我相信我可以化装成为一个相当像模像样的中国人。”[13] 经过适当的伪装，他最终为他的新雇主偷运出近两万株茶树。[14]

但沃德箱最重要的影响也许不是把植物从遥远的地方运回欧洲，而是让更多欧洲人能够去那些遥远的地方。沃德箱使金鸡纳树得以从南美洲运往印度和斯里兰卡。[15] 从这种树的树皮中提取的奎宁有助于抵御疟疾。这使得欧洲人去热带地区探险不再那么可怕。一些历史学家认为，没有这种药物，非洲本不可能成为殖民地。[16] 毕竟，并不是每个旅行者都像罗伯特·福琼那样对风险毫不畏惧。

40
玻璃纸

你是最棒的！你是圣雄甘地。
你是最棒的！你是拿破仑白兰地。

这是科尔·波特（Cole Porter）的一首歌，写于1934年。那么，他还会拿他所爱的对象和什么做比较呢？一个美好的夏日？并不是。

你是西班牙仲夏夜的紫。
你是玻璃纸。[1]

上面歌词中最后提到的，是一种透明的食品包装物。当然！今天它绝对不会被写进歌词，而且这不仅仅是因为拗口的“你是低密度聚乙烯”既拗口又不押韵。塑料包装不再是一种好的包装材料，同时也没什么好名声。英国《卫报》曾邀请读者分享讨人嫌的过度包装的例子，结果读者的评论蜂拥而至：收缩包装的黄瓜、放置在硬塑料桶中的苹果、小袋子里装着的预先切好的甜瓜，还有袋装香蕉。[2]大自然母亲难道不是为香蕉提供了自带的包装吗？这一切显然是浪费。

我们在后面会再讨论这种看似显而易见的事实。不过现在，让我们首先回到一个更单纯的时代，开始我们的包装故事，在那个时代，人们还没有开始担心垃圾填埋场，或是海洋和食物链中的塑料。[3]故事缘于1904年，法国孚日的一家高档餐厅，一位年老客人将红酒洒在了亚麻桌布上。一位名叫雅克·布兰登伯格的瑞士化学家恰好坐在附近的桌子。他就职于一家法国纺织公司，在看着服务员换桌布时，他一直在思索：是否能做出一种一擦就干净的布料？[4]

他没能做出来：他试着在桌布上喷洒纤维素，但它们变成一层透明的薄膜脱落下来。不过，那些透明的薄膜会有市场吗？到了第一次世界大战期间，他发现了一个市场：防毒面具的护目镜。他将自己的发明命名为玻璃纸，并于1923年将专利权出售给了美国杜邦公司。[5]玻璃纸早期的用途包括包装巧克力、香水和鲜花，[6]也许正是这些浪漫的用途激发了科尔·波特的灵感。

但是杜邦遇到一个问题。有些顾客对产品不满意。他们被告知玻璃纸能够防水，它也的确能够防水，但它不防潮。糖果会粘在上面，刀子会生锈，雪茄会变得干硬。[7]于是，杜邦公司雇用了27岁的化学家威廉·黑尔·查赫，让他寻找解决办法。不到一年，他就找出了一个办法：在玻璃纸上加一层极薄的硝化纤维素、蜡、增塑剂和混合剂涂层。[8]

玻璃纸的销售一飞冲天。这种产品的出现恰逢其时：20世纪30年代，超市正变得和以往不同，顾客不再排队等候店员接待，由店员拿取所需食品，而是自己从货架上挑选产品。因此，透明包装大受欢迎。[9] 一项研究发现，使用玻璃纸包装饼干使销售额增加了一半以上。[10] 诚然，这项研究是由杜邦公司进行的，但零售商本身也不乏类似的声音。《进步杂货商》（*The Progressive Grocer*）杂志曾刊登过一篇标题不那么进步的文章，声称："她要看准了再买肉。"[11]

事实上，肉类柜台最难实现自助服务，因为肉类一旦被切开，很快就会变色，但实验表明，如果买肉的顾客不需要排队等着告诉肉类商品的销售员切哪块肉，而是使用自助服务，那么肉类的销售可以增加 30%。有了这样的激励，人们纷纷想出各种解决办法：用红色灯光照明，使用抗氧化添加剂，当然，还包括使用一种改进型的玻璃纸（能让适量的氧气通过）。到了 1949 年，杜邦公司的广告宣称："就像其他食物一样，购买肉类也有了令人愉悦的新方式——自助服务。请进店选购预先切割、称重、标价和用玻璃纸包装的肉类产品吧。"[12]

不过，玻璃纸很快就过气了，被陶氏化学（Dow Chemical's）的聚偏二氯乙烯等竞品淘汰。就像玻璃纸一样，后者也是一个意外的发现。聚偏二氯乙烯最初是为了军事目的，在第二次世界大战中用于战斗机的抗风化、耐风雨。而且，像玻璃纸一样，它也经历了大量的研究和开发，才最终用于食品：它原本是深绿色的物质，散发着令人恶心的气味，但在陶氏化学公司解决了这些问题之后，它以莎纶包装膜（Saran-wrap）的名字推向市场，即我们现在通称的保鲜膜。[13]

在聚偏二氯乙烯引发公众健康恐慌之后，保鲜膜现在通常是用低密度聚乙烯制成的，尽管新产品的黏着度有所下降。[14] 低密度聚乙烯也是生产一次性塑料购物袋的材料，这种购物袋目前在全世界都已经被广泛禁用。[15]"那么，高密度聚乙烯又是什么？"我好像已经听到你们在发问。如果说到这个，你可能要得到一些乳状物了。当然，我指的不是喝的牛奶饮品，而是聚对苯二甲酸乙二酯。[16]如果你还没有被我搞糊涂的话，请记住，现在的塑料包装已经越来越多是用这些物质和其他物质多层复合而成，如双向拉伸聚丙烯或是乙烯–醋酸乙烯酯。[17]

包装专家表示，使用这种工艺是有原因的。这是因为不同的材料拥有不同的性质，所以使用多层复合材料，你就能够以一个更薄因而也更轻的包装材料，得到所需性能。但这些复合包装材料也更难回收利用。在此进行取舍并不容易。考虑到实际生活中有多少较重但可回收的包装材料真正被回收使用，你可能会发现，较轻但不可回收的包装物实际上产生的垃圾更少。[18]

一旦你开始研究塑料包装，这种反直觉的结论总是会不断出现。无疑，有些包装确实是愚蠢的浪费。但是用收缩塑料薄膜包装的黄瓜真的那么愚蠢吗？使用这种包装的黄瓜能够保鲜 14 天，而没有包装的黄瓜则只有 3 天保鲜期。[19]那么，相比较而言，重量仅有 1.5 克的塑料包装和黄瓜在食用前烂掉相比，哪种情况更糟？答案似乎突然间不那么显而易见了。

塑料袋可以阻止香蕉迅速变黄，也能阻止新土豆变绿；它们还可以兜住掉串的葡萄。[20]10 多年前，英国一家超市曾尝试将所有水果和蔬菜从包装中取出，结果其商品损耗率翻了一番。[21]我们最不希望看到的结果是，超市在幕后使用塑料包装，但在把商品摆到我们面前时把它们去掉。这种做法会产生一样多的塑料垃圾，而且其效果更差。

塑料包装不仅仅会影响保质期，还会减少商品运输中的损耗。另一家超市曾经因为将苹果放在塑料包装的托盘中而受到批评，于是他们试图将苹果装在大纸箱中散装出售，但由于许多苹果在运输过程中受损，这家超市实际售出的每个苹果都使用了更多的包装。[22] 根据英国政府的一份报告，只有 3% 的食物在送上商店货架之前就被损耗掉了，而在发展中国家，这个数字可能高达 50%，造成这种差异的部分原因，正是食物的包装方式。[23] 由于我们中越来越多的人生活在远离食物产地的城市当中，这一点显然不容忽视。

即使是可恶的一次性购物袋也可能并不像它表面看起来那样一无是处。如果你从超市购买过坚固的可重复使用的袋子，它们很可能是由无纺布聚丙烯制成的。它们对环境的破坏性较小，但前提是你一年内每周至少使用一次。这是根据丹麦政府的一份报告得出的结论，该报告权衡了生产和处理不同类型包装袋的各种环境影响。[24] 如果你使用的可重复使用袋子是以有机棉制成的，也不要自鸣得意：研究人员估计，这些袋子需要使用两万次才能证明其存在的价值。[25] 这意味着，即使你每天都购物，也要用上它半个多世纪才行。

市场可以成为体现公众愿望的一种极佳方式。20 世纪 40 年代，美国购物者想要方便的、预先分割好的肉类，那只“看不见的手”提供了使之成为可能的技术。但我们减少浪费的愿望可能无法屈从于市场力量，因为这个问题太复杂，我们在结账时的选择可能会意外地导致弊大于利的后果。我们只能以更迂回的途径，向政府和压力集团传递这一信息，并希望它们（以及善意的行业倡议）能够找出合理的答案。[26]

有一点很清楚：这个答案不会是去除一切包装，而应该是更好的包装，这些包装应该是在研发实验室里精心研制出来的，正像我们在实验室中研制出防潮玻璃纸那样。这样说来，也许科尔·波特的歌确有道理。

41
回收利用

让我们先简短地回顾一下废物回收利用的历史。在这里，我想把“回收利用”和“再利用”加以区别，因为在“减少使用、重复利用、回收利用”这一口号中，三种手段的排列顺序不是随意做出的。以玻璃瓶为例，如果你能够把它们冲洗干净并重新灌装，显然比粉碎和熔化它们来制造新的瓶子更有意义。

重复利用的例子可以追溯到纸张出现之前的纸莎草：古希腊人留给我们“palimpsest”一词，字面意思是“刮干净再利用”。[1]至于回收利用，罗马人会熔化旧的铜像来塑造新铜像。[2]一千多年前，日本人就会将纸张化成纸浆，以制造更多的纸。[3]几个世纪以来，一直有人靠捡破烂为生，如捡拾破布卖给造纸厂。[4]但这一切都是为了省钱或是赚钱，因为原材料是值钱的东西，不能随手扔掉。回收利用废物只是因为这是一种正确的做法，这种理念是近年来才出现的。

要想了解人们的态度是如何改变的，你可以看看 1955 年 8 月的《时代》杂志。其中有一篇文章的标题是“一次性生活”，这句话中的形容词并非贬义，而是带有庆祝的意味，而文章的副标题是“一次性物品减轻了家务负担”。文章中的一张配图展示了满面笑容的一家人将纸盘子、塑料餐具和其他物品塞满自己家的垃圾箱，旁边的文字告诉我们，要洗涮干净这些东西需要花 40 个小时，而现在家庭主妇已经摆脱了这个麻烦。如果可以使用一个铝箔制成的“一次性锅具”，或是一个一次性烧烤架，再配上一个方便的石棉支架，谁还需要在烹饪之后辛苦地清洗餐具呢？[5]

一个被称为“哭泣的印第安人”（The Crying Indian）的电视广告宣传片帮助扭转了公众的这种情绪，至少在美国是这样。[6]那个广告于 1971 年首次播出，描述了一个美洲原住民男子划着独木舟，沿着一条遍布垃圾的河流顺流而下，然后他站在一条公路旁，一辆汽车驶过，司机把一袋快餐的残渣扔在了他的脚下。“有些人对这个国家曾经拥有的自然美景有着深刻而持久的尊重，有些人则没有。人们开始污染环境。人们可以阻止这一切。”这位美洲原住民男子转向镜头，一滴眼泪顺着脸颊缓缓流下。[7]

但这则广告并不像其表面看起来的那样单纯，而且不仅仅是因为后来人们发现，扮演印第安人的演员其实是一个第二代意大利移民。[8]这则广告是由一家机构资助拍摄的，而这家机构则得到了饮料和包装行业大公司的支持。当时，饮料行业中押金计划很常见，就是说，你买一瓶汽水，喝完后归还空瓶子的时候，会得到一笔退还的现金。这种模式背后的逻辑是，为废物回收利用提供激励和物流服务是制造商的义务。[9]

广告“哭泣的印第安人”则传达了不同的信息。这到底该由谁来负责？所有人。押金计划已经过时了。为废物回收利用提供物流服务被视为地方政府的责任。[10]历史学家菲尼斯·达纳韦（Finis

Dunaway）认为，将“大的系统性问题转化为个人责任问题”是一个坏主意，这使得回收不再是有效的行动，而只是让人们的自我感觉良好。[11]

这似乎与波士顿大学行为经济学家的研究相吻合。后者发现，一旦人们知道他们能够回收利用物品，就会表现出更加浪费的行为。[12] 如果回收利用不会产生成本，这倒也无关紧要，但它显然并不是。

经济学家迈克尔·芒格（Michael Munger）也提出了类似的观点。他指出，你不能把垃圾处理一事交由自由市场来解决，因为如果向人们收取垃圾处理所需的实际费用，会诱使他们非法倾倒垃圾。因此必须对此提供补贴。但这又会激励《时代》杂志鼓吹的行为，即人们抛弃东西，但社会承担成本。那么，我们应如何实现废物回收利用呢？一个解决办法是进行道德劝说，例如“哭泣的印第安人”广告。

芒格在为自由主义智库卡托研究所（Cato Institute）撰写的一篇文章中说，但这也会导致一个问题产生。对于每一种废物，无论是玻璃瓶还是塑料咖啡杯，我们都应该冷静地权衡回收利用的成本和效益，并与其他选择进行比较。如今，设计良好的垃圾填埋场相当安全，我们可以利用它们产生的甲烷发电。[13] 现代垃圾焚化炉也可以产生一种清洁的能源。[14] 如果我们把回收利用上升为一种道德善行，那么到哪儿才是头儿呢？

有人说，我们应该削减回收利用计划，只收集大家都认为有必要回收的东西，例如瓦楞纸板和铝罐。[15] 这样做将使得垃圾分类更加容易。

但这似乎是一种倒退。有的地方将垃圾分类开展得有声有色，为什么其他地方做不到呢？[16] 或许我们需要系统的答案：或许监管者可以鼓励新的商业模式，比如饮料瓶押金计划，让制造商来思考如何激励他们所生产产品的回收利用及相关物流问题。所有这些讨论都可以归入时髦的“循环经济”范畴。[17]

或者，也许技术进步将再度成为拯救者。一家英国初创公司表示，它可以将复合塑料制品（众所周知，它们是难以回收的废物）重新炼成石油。[18] 澳大利亚一家商场推出了一种人工智能垃圾桶，它能感知人们投入其中的垃圾并进行相应分类，它甚至看起来有点像机器人瓦力。[19] 此外，目前最先进的垃圾分拣设施已经使用激光、磁铁和空气喷嘴来分离不同的可回收废物。[20]

42 矮秆小麦

20世纪初，一对新婚夫妇，凯茜（Cathy）和卡比·琼斯（Cappy Jones）离开美国康涅狄格州，在墨西哥西北部的雅基山谷（Yaqui Valley）开始了务农的新生活。这是一个鲜为人知的地方，位于亚利桑那州边界以南几百公里处，那里气候干燥，尘土飞扬，十分贫穷。不管怎样，它成了琼斯夫妇的家园。他们在那里抚养了两个女儿长大成人。1931年卡比去世后，凯茜决定留下来。

沿着大路向下，雄心勃勃的当地州长曾建立过一个农业研究中心——雅基山谷实验站（Yaqui Valley Experiment Station）。雄伟的石柱矗立在中心入口处，灌溉渠也被开凿出来。有一段时间，研究中心饲养了牛、羊和猪，还种植了柑橘、无花果和西柚。不过，它随后被废弃。到了1945年，那块地方已经成为一个田间杂草丛生、栅栏倒塌、建筑物的窗户被打碎、屋顶瓦片消失不见的荒地，老鼠横行其中。

但这时，凯茜听到了一个奇怪的传言，说有一个疯狂的外国佬在这个破败的地方安营扎寨，尽管这里没有电，没有卫生设施，甚至没有自来水。他也没有带任何机器，而是一直在用锄头挖掘。[1]

于是，凯茜开车过来一看究竟。她得知这个年轻人来自美国艾奥瓦州，就职于洛克菲勒基金会，他的工作是试图培育出能够抵抗锈病的小麦，这种病已经毁掉了许多农作物。从那里再往南一点，也就是他应该驻扎的地方，人们必须在春天播种庄稼，秋天收获。而在雅基山谷，由于气候不同，可以秋天播种，春天收获。通过暂时搬到这里几个月的时间，他希望能发现可以在不同自然条件下生长的品种，并且他的实验速度也能快上一倍。

但是，他面临一个难题。墨西哥政府已经划定了基金会可以工作的区域，这里并不在划定范围之内。他的老板告诉他，他如果真想去的话，可以去，但是他们无法支付买拖拉机的钱，也付不起钱把这个地方改造得适宜居住。并且从官方角度来说，他们对此事一无所知。尽管如此，他还是把妻子和蹒跚学步的孩子留在墨西哥城，义无反顾地来到了这里。

凯茜十分同情这个意志坚定的艾奥瓦年轻人。“没有琼斯夫人，我根本无法在当地活下去。”这个年轻人后来承认道。凯茜每周都会邀请他到家里吃饭、洗澡、洗衣服，教他讲西班牙语，还会开车送他到最近的城镇去购物。23 年后，那个镇子的主街为了纪念这位年轻人而更名为诺曼·布劳格博士大道（Calle de Dr Norman E. Borlaug）。

同年，即 1968 年，斯坦福大学生物学家保罗·埃利希（Paul Ehrlich）出版了一本爆炸性的书。在这本名为《人口炸弹》（*The Population Bomb*）的书中，埃利希宣称，在印度和巴基斯坦等贫穷国家，人口增长比粮食供应的增长更快。他预测，到 20 世纪 70 年代，“数亿人将被饿死”。[2]

谢天谢地，埃利希没有说对，因为他不知道诺曼·布劳格的长期艰苦努力。这个“疯狂的外国佬”后来获得了诺贝尔奖，以表彰他在墨西哥城和雅基山谷之间穿梭多年，培育了成千上万种小麦，并仔细记录了它们的特性：这种小麦能够抵抗某种类型的锈病，但不能抵抗另一种；那种小麦产量高，但面粉品质欠佳；等等。他会杂交那些拥有某种优良性状的品种，并期望其中一个杂交品种能够碰巧继承所有优良性状，且没有任何不良性状。

这是一项艰苦的工作。但最终，所有的努力得到了回报。布劳格培育出一种新型的“矮秆”小麦，这种小麦抗锈病、产量高，而且最关键的是，它的麦秆较短，所以不会在风中倒伏。通过进一步的实验，他研究出如何最大限度地提高这种小麦的产量，包括它们的种植间距、种植深度，以及应该施用多少肥料和灌溉多少水。

20 世纪 60 年代，布劳格在世界各地奔波，推广这种新型小麦。这并非易事。许多人无法接受新的小麦种植方式。例如，巴基斯坦一家研究所的所长伤心地报告说，他们试种了他的小麦，但收成很差。布劳格最终找到了原因：他们无视他的指示，种得太深、间距过大，而且没有施肥和除草。但是那位所长困惑地回答说：“可这就是在巴基斯坦种植小麦的方式啊。”半个世纪以来，巴基斯坦的小麦产量一直没有变化，从未超过每英亩 800 磅[①]，而墨西哥农民现在已经能实现 3 倍的小麦产量。墨西哥的方式难道不值得一试吗？不，一位著名学者表示：“这些数据已经证明，巴基斯坦的小麦亩产量永远不会上升！”

布劳格对那些不懂行的人毫不留情面，不管他们是谁。他曾

① 大致相当于 60 公斤 / 亩。——译者注

在印度对着副总理大喊大叫，比对方的嗓门还大。[3]他的猛烈推销攻势奏效了。最终，发展中国家开始进口布劳格的种子，并采用他的种植方法。从1960年到2000年，这些国家的小麦产量翻了三番。随后他又针对玉米和水稻开展了类似的研究工作。[4]这被称作“绿色革命”。埃利希曾预言人类会面临大规模的饥荒；事实上，在此期间世界人口增加了1倍有余。[5]

然而，对人口过剩的担忧从未完全消失。也许这是意料之中的事。这是经济学中最古老的问题之一，可以追溯到世界上第一位“政治经济学”教授，托马斯·罗伯特·马尔萨斯。[6]马尔萨斯在1798年出版了著名的《人口原理》，提出了一个简单的论点：人口呈几何级数增长，即2倍、4倍、8倍、16倍、32倍，粮食生产则不会；迟早，世界的人口会超出粮食生产所能负担的水平，而其后果将不堪设想。[7]

对我们而言值得庆幸的是，事实证明，马尔萨斯低估了人性的一个特点，即随着人们越来越富有，他们也越来越不想要那么多孩子，因此人口增长速度变得越来越慢。1968年，保罗·埃利希做出可怕预测的那一年，也恰好是世界人口增长率达到顶峰的一年。

马尔萨斯同样也低估了一个人的力量，那就是诺曼·布劳格。多年以来，得益于人类的聪明才智，粮食生产的增长率一直保持着和人口增长同步的水平。

至少到目前为止仍是如此。不过，全球人口仍在不断增长。[8]据一个估计，（为了与人口增长同步）粮食产量需要保持2.4%的年增长率。然而，事实并非如此：粮食产量增长的速度已经开始放缓，同时问题也越来越多，包括气候变化、水资源短缺，以及化肥和杀虫剂造成的污染。同时绿色革命本身使这些问题更加恶化。有人说，它甚至使得人类永久陷入了越穷越生的困境，因为化肥和灌溉需要资金，而许多农民并没有这个钱。[9]

现在已经年届八旬的保罗·埃利希坚持认为，与其说他的理论是错的，还不如说他走在了时代的前面。[10]或许，马尔萨斯如果还活着，他也会说同样的话。正如一位专家对作家查尔斯·曼恩（Charles Mann）所说的那样："50多年来，育种专家们一直像魔术师一样不断从他们的帽子里变出兔子，现在他们的兔子已经快用光了。"[11]

真是这样的吗？自从转基因技术出现以来，它主要应用于抗疾病、抗昆虫和抗除草剂等性状，虽然这也大大提高了农作物产量，但它并不是直接的目标。这一点正在开始改变。[12]农学家们才刚刚开始探索基因编辑工具CRISPR，它可以更快地完成诺曼·布劳格所做的事情。[13]

至于布劳格，他清楚地认识到自己的工作导致了一些问题，并且尚未得到有效处理，但他问了一个简单的问题：你是宁愿用不完美的方法种出更多的粮食，还是宁愿让人们忍饥挨饿？[14]在未来几十年里，这可能会成为一个我们不得不一直面对的问题。

43 太阳能光伏

苏格拉底认为，理想的房子应该冬暖夏凉。拥有如此清晰的思路，难怪苏格拉底会被后人称为伟大的哲学家了。[1]

在苏格拉底的时代，这样的愿望说起来容易实现起来难，不过，还是有许多“前现代”文明想出了办法来满足苏格拉底的要求。其中包括苏格拉底所认可的希腊城邦、公元前 7 世纪的中国人，以及普韦布洛人，即现在美国西南部的印第安人。这些文明设计出的建筑物全都尽可能地从冬季低垂的阳光中获得光照，同时最大限度地增加夏季的遮阳效果。[2]

所有这些建筑也全都非常优雅，但它们用的并不是那种现代工业经济运行所需的太阳能。在几千年的时间里，人类在此方面没有什么实质性进展。1980 年出版的《金线》（*A Golden Thread*）一书颂扬了几个世纪以来太阳能建筑和技术的巧妙运用，并敦促饱受 20 世纪 70 年代石油危机折磨的现代经济体学习古人的智慧。

例如，3000 年前中国人使用的抛物面镜可以聚焦太阳光线，用来烤食物。太阳能加热系统可以利用冬季的太阳光来加热空气或水，从而减少取暖费用。这种系统现在可以满足全球 1% 的取暖能源需求。[3] 这当然总比什么都没有好，但很难说它是一场太阳能革命。

《金线》只是简单提及了一种在 1980 年尚属小众的利基技术（niche technology）：太阳能光伏发电或光伏电池（PV cell），这种技术可以利用太阳光来发电。光伏效应并不是什么新鲜事物。它是 1839 年由法国科学家埃德蒙·贝克雷尔（Edmond Becquerel）发现的。1883 年，美国工程师查尔斯·弗里茨（Charles Fritts）在纽约制造出第一块固态光伏电池，然后是第一个屋顶太阳能电池阵列。

这些早期的电池由一种名为硒的昂贵元素制成，造价昂贵，同时效能很低，很难将它们投入实际应用。当时的物理学家也不知道它们的具体工作原理，要到 1905 年，其中的原理才被爱因斯坦解释清楚。（爱因斯坦意识到光子，即光的粒子，能够使电子从它们在原子核周围本来的位置逃逸出来，并形成光电流。）

直到 1954 年，美国贝尔实验室的研究人员才在偶然的情况下实现了突破。幸运的是，他们发现，硅元件暴露在阳光下时会开始产生电流。与硒不同，硅的价格很便宜，同时贝尔实验室的研究人员认为其光电转换效率是硒的 15 倍。[4]

新型硅光伏电池非常适合卫星。它首先应用在美国先锋一号卫星上，1958 年，先锋一号发射时携带着 6 块太阳能电池板进入轨道。[5] 在太空中，太阳一直闪耀，还有什么其他更好的能源来驱动一颗价值数百万美元的卫星呢？然而，回到地球上，太阳能光伏没什么重要的应用，它的成本仍然太高。

先锋一号的太阳能电池板耗资数十万美元，可产生 0.5 瓦的电量。到了 20 世纪 70 年代中期，太阳能电池板的价格降到了每瓦

100 美元，但这仍然意味着要给一个电灯泡供电，就需要安装 1 万美元的太阳能电池板。不过，太阳能电池板的成本一直在不断下降。到了 2016 年，每瓦只需要 0.5 美元，而且其价格还在快速下降。[6] 经历了几千年的缓慢发展之后，太阳能光伏技术的发展突然加速了。

也许我们本应预见到这种加速的到来。20 世纪 30 年代，一位名叫 T. P. 赖特（T. P. Wright）的美国航空工程师仔细观察了飞机制造厂的运转情况。他发表了一些研究成果，表明某种特定类型的飞机组装得越频繁，这种类型的新飞机组装起来就越快、越便宜，因为工人们将从实践中积累经验，开发出专门的工具，并找到节省时间和材料的方法。赖特估计，累计产量每翻一番，单位制造成本就会下降 15%。他把这种现象称为“学习曲线”（the learning curve）。[7]

30 年后，波士顿咨询集团（BCG）的管理顾问们在半导体领域重新发现了赖特的经验法则，随后又在其他领域发现了同样的情况。[8] 牛津大学的一些经济学家和数学家发现了令人信服的证据，证明从晶体管到啤酒等 50 多个不同的产品领域，都存在学习曲线效应，其中就包括光伏电池。有些领域的学习曲线很平缓，有些则很陡峭，但无论如何它似乎总是存在。[9]

对于光伏电池而言，这个曲线相当陡峭：产量每翻一番，成本就将下降 20% 以上。这一点很重要，因为光伏电池的产量增长十分快，在 2010 年至 2016 年，全球太阳能电池产量是 2010 年前的 100 倍。[10] 作为太阳能光伏系统的重要组成部分，电池的学习曲线也十分陡峭。

在技术上，学习曲线可能是一个可靠的事实，但矛盾的是，它创造了一个自洽的反馈回路，使得预测技术变革更加困难。使用者越多，产品就会越便宜；同时产品越便宜，使用者也就越多。

任何新产品都需要先经过价格昂贵的发展早期。太阳能光伏电池产业在开始时需要大量补贴，例如德国出于环保考虑而对太阳能光伏业提供补贴。近年来，中国掌握这项技术而大量生产太阳能电池板，导致奥巴马总统时期的美国政府抱怨说，进口太阳能电池板不是太贵了，而是便宜得“不公平”。

最近几年的超低利率也有助于将太阳能光伏推入主流能源系统，因为低利率使得贷款并安装太阳能电池板更具吸引力，而太阳能电池板可以使用几十年，除了一点点清洁和维护费用之外，发电几乎不需要更多成本。

太阳能电池板在某些较为贫困的国家尤其有巨大的前景，这些国家供电网络不发达且不可靠，但日照充足。例如，印度总理纳伦德拉·莫迪在 2014 年就职时宣布了雄心勃勃的计划，将兴建大型公用事业太阳能电站，并且计划在电网稀疏或根本没有电网的乡村建立小型光伏电网。[11]

与此同时，鉴于太阳能光伏正沿着陡峭的学习曲线迅猛发展，目前它在富裕和拥有良好电网接入的地区也具有了竞争力。早在 2012 年，在美国日照充足的各州，光伏项目就已成功签署了出售电力的协议，交易价格甚至低于化石燃料的发电价格。[12]

这表明，太阳能已经成为现有化石燃料型基础设施的强大竞争对手，这并不是因为它绿色环保，而是因为它更便宜。例如，在 2016 年下半年，内华达州的几家大型连锁赌场不再从该州的公用事业公司购买电力，而是转而使用以可再生能源为主的能源。这并非公司的品牌宣传活动，即使在支付了 1.5 亿美元的退网费用后，这一转网对于赌场来说仍然是一个更省钱的选择。[13]

一些行业观察家认为，由于太阳能变得越来越廉价，可能会迫使大型石油公司破产，重蹈当年的照相胶片巨头柯达的覆辙。

也许这种情况会比我们想象的更快发生，也许不是。毕竟，夜晚没有阳光，并且冬季储能仍是一大挑战。正如苏格拉底曾经警示我们的那样：最聪明的，是明白自己无知的人。不过，学习曲线已经向我们预示，太阳能光伏有望赢得最终胜利：它越来越便宜，因为它越来越被更多人使用；它的用户越来越多，因为它越来越便宜。尽管有苏格拉底的告诫在先，这听起来确实像是成功的秘诀。

第八部分

我们的机器人帝国

44
霍列瑞斯穿孔制表机

亚马逊、Alphabet（谷歌的母公司）、阿里巴巴、脸书、腾讯，这五家公司全部位列 2019 年夏天全球十大最有价值公司的榜单之上。它们的历史都不足 25 年，并且所有公司都是（以自己的方式）从事数据业务起家的。[1]

难怪人们已经普遍将数据称为“新石油”。[2] 直到 2011 年，价值最高的十大公司中还有五家是石油公司。[3] 而现在，只有埃克森美孚还在榜单之上。

这个类比其实并不完美。[4] 数据可以反复使用，而石油只能使用一次。不过，数据就像石油一样，在原始状态时对任何人都没有多大用处。必须对它们进行处理，才能得到有价值的东西：对于石油而言，需要炼成柴油才能为发动机提供动力；而对于数据而言，需要从中提炼洞见，才可被用于支持决策。这些决策可能包括在社交媒体时间轴上插入什么广告，或是将哪个搜索结果置于页面顶部。

想象一下，你需要在下面的场景中做出决定。有人正在 YouTube 上观看一段视频（谷歌运营的一个平台），那么你会推荐她接下来看点什么呢？如果激起了她的兴趣，YouTube 就能让她再看一个广告；如果抓不住她的注意力，她就会点击关闭，一走了之。你手中有需要的所有数据。可以看到她之前在 YouTube 上看过哪些视频：她感兴趣的内容是什么？还可以再看看其他用户在观看了同样的视频后都看了些什么。然后权衡选择，计算可能性。如果你的选择很明智，她又看到了另一则广告，那么恭喜你，你又为 Alphabet 公司赚到了大概 20 美分。[5]

显然，依靠人工来处理数据极为低效，完全不可行。这一类商业模式需要机器。在数据经济中，力量不是单纯来自数据，而是来自数据与算法的相互作用。

19 世纪 80 年代，一位年轻的德国裔美国发明家曾试图唤起家族成员的兴趣，让他们投资于一个能够比人类更快处理数据的机器。这台机器是他设计的，而他现在需要钱来测试它。那台机器看起来有点像一台直立的钢琴，只不过它没有琴键，而是有一个卡槽，可以吃进 1 美元大小、上面有孔的卡片；机器的正面是 40 个刻度盘，每插入一张新的卡片，这些刻度盘可能会向上走一格，也可能会保持不动。

这位年轻人，赫尔曼·霍列瑞斯（Herman Hollerith）的家人并没有领悟到机器的奥妙之处。他们非但没有热情地慨然投资，反而对他大肆嘲讽。霍列瑞斯显然一直没有原谅他们，他和亲戚们断绝了关系。他的孩子们在成长过程中完全不知道自己父亲一方还有亲戚。[6]

霍列瑞斯的发明是为了解决一个非常具体的问题。美国政府每过十年都会进行一次人口普查。这不是什么新鲜事。历代政府都想知道人们居住在哪里以及拥有什么，以便帮助提高税收和服务军队征兵。美国的开国元勋们曾经表示，人口普查应该让政府了解选举区域的划分界限，以便每个地区在国会中都有平等的代表权。[7]

但是，既然已经派了一队普查员前往全美各地，那么政府显然会想提出更多问题。人们的工作是什么？他们是否有什么疾病或残疾？他们说什么语言？知识就是力量，19 世纪官僚对这一点的理解并不比 21 世纪的平台公司差。然而在 1880 年的人口普查中，官僚们吞下的数据超出了他们的消化能力。普查范围不断扩大，纳入图书馆、养老院、犯罪记录和许多其他问题。在 1870 年，人口普查的问卷只有 5 种不同类型。到了 1880 年，这个数字变成了 215。[8]很快，人们就明白，把所有这些问题汇总要花上好几年的时间：他们刚刚完成这次人口普查，下一次人口普查就要开始了。因此，任何人如果能够加快这一进程，显然就能拿到一份有利可图的政府合同。

年轻的霍列瑞斯参与了 1880 年的人口普查，所以他非常了解这些问题。他还曾在专利局工作过，在那里，他发现发明能够赚大钱，特别是在快速发展的铁路领域的发明。[9]霍列瑞斯决定发明一种新型的火车制动器来发财。而一次火车旅行碰巧帮助他解决了人口普查面临的问题。

由于火车票经常遭到盗窃，当时的铁路公司找到了一种巧妙的方法将车票与买票人联系起来，那就是制作一张“打孔照片”。售票员用打孔机从一系列外貌特征描述中进行选择：正如霍列瑞斯回忆的那样，“浅色头发、深色眼睛、大鼻子，等等”。[10]如果一个深色头发、小鼻子的恶棍偷了你的车票，他很快就会被抓住。

在观察了这个系统之后，霍列瑞斯意识到，人们对人口普查问题的回答也可以用卡片上打孔的方式来表现。这样，人口普查中的数据汇总问题就可以迎刃而解，因为打孔卡片从 19 世纪初就被用来控制机器：雅卡尔提花织机（Jacquard loom）就是利用预先打孔的卡片来控制织物的编织式样。霍列瑞斯所需要做的，就是制造出一台“制表机”，把他设想的人口普查打孔卡片累加起来。在前面说的那个钢琴般的机器里面，一组弹簧固定的探针会落在卡片上；如果某根探针在落下时撞到卡片上有孔的位置，便会自动接通电流，并将相应的刻度盘向上推进一格。

让霍列瑞斯兴奋的是，官僚们对他的机器的反应显然比他的家人更热烈。他们租用了他的机器来汇总 1890 年人口普查的数据，那一次他们又增加了更多的调查问题。[11] 普查文书的重量高达 200 吨。[12] 与旧有系统相比，霍列瑞斯的机器使处理速度加快了好几年，费用也降低了数百万美元。[13]

更重要的是，这些机器使得查询数据更容易。假设你想寻找年龄在 40 岁到 45 岁之间、已婚、以木匠为职业的人，[14] 你将不需要仔细检查这 200 吨重的文件，只需要把机器设置好，把卡片放进去就行了。霍列瑞斯解释说：“通过简单应用众所周知的继电器，我们可以确保涵盖任何可能的组合。”[15]

政府很快就看到了这个发明在人口普查之外的用途：历史学家亚当·图泽指出，“全世界的官僚们都大受激励，梦想着自己将拥有无所不知的能力”。[16] 在 20 世纪 30 年代，美国借助打孔卡片发放了第一笔社会保障福利。[17] 在接下来的 10 年间，打孔卡片又助力组织了声名狼藉的犹太人大屠杀。[18]

企业也很快看到了其潜力。保险公司使用打孔卡片进行精算，公用事业公司使用它来计费，铁路公司使用它完成运输，制造商使用它追踪销售和成本。[19] 霍列瑞斯的制表机公司的生意做得风生水起，最终通过一系列合并，成为一家你可能听说过的公司，那就是IBM。历经打孔卡片让位于磁存储、制表机让位于可编程计算机的整个历程，IBM一直位居市场领导者之列，就在几年前，它还在世界十大公司的名单之上。[20]

但是，对霍列瑞斯的客户来说，如果数据的力量如此显而易见，那为什么又过了足足一个世纪，数据经济才终于到来呢？这是因为，现在被比作石油的数据有一种新的属性：像谷歌和亚马逊这样的公司并不需要大量的统计人员来收集数据。每次我们使用手机，或者让亚历克萨把灯打开的时候，我们都会在身后留下数据。

这种数据当然并不像输入霍列瑞斯打孔卡片的人口普查问题预设答案那样结构清晰，因而对其进行解读分析更为困难。但是这些数据量之大超出了想象。随着算法的改进，加之越来越多人几乎生活在网络之上，官僚们的梦想正在迅速变成企业家的现实。

45
陀螺仪

1744 年 10 月 3 日，英吉利海峡正酝酿着一场大风暴。与此同时，一支由海军上将约翰·巴尔肯爵士率领的英国皇家海军舰队在葡萄牙海岸驱逐了法国舰队后，正扬帆返航，径直驶向风暴。“我们遭遇了狂风的袭击，大风摧毁了所有的船帆和索具，我们不得不听命于海浪的摆布，”一位水手写道（他所在的军舰在最后一刻幸运地安全返回了港口），“到了 4 日，我们船舱里的积水已经高达 10 英尺，情况非常糟糕，每个人的脸上都充满了对死亡的恐惧，我们随时准备着被海浪吞没。”[1]

确实有一艘军舰被吞没了，那就是由巴尔肯上将亲自指挥的舰队旗舰，皇家海军胜利号（HMS Victory）。它沉入普利茅斯以南 50 英里的 100 米海底深处，一同沉没的还有 1100 条生命，同时据传还有大量来自葡萄牙的金条。[2] 它的残骸一直静卧在海底，直到 2008 年寻宝者找到了它。他们希望能找到传说中的黄金——但事实证明，这艘军舰上还有另一件东西比黄金更具经济意义：它是已知首次尝试将一个重要的想法付诸实践，这个想法现在已经被用于指导从潜艇到卫星，从火星上的探测器到口袋里的电话等诸多事物。

这个想法是由一位名叫约翰·塞尔森（John Serson）的人提出的。一年前，他被邀请登上伦敦附近的一艘皇家游艇，向两位高级海军军官和一位著名数学家解释他的想法。塞尔森是一位舰长，识字不多，但据《绅士杂志》（*The Gentleman's Magazine*）后来的报道，他是一个"灵巧的机械师"。塞尔森的灵感来自一款儿童玩具——旋转的陀螺，而他的目的是解决一个棘手的问题：在那个时代，水手们需要使用四分仪来确定太阳和地平线的角度，并据此判断船只的位置，但问题是，船只在海上航行的时候，经常会因为烟雾等原因看不见地平线。

塞尔森想知道他是否能造出一个人工地平线，即一个可以在颠簸晃动的海船上始终保持水平的装置。正如《绅士杂志》所述：

> 他制作了一个像陀螺一样的东西，其顶部是一个垂直于竖轴的圆形抛光金属片；他发现，不出所料，这个陀螺快速转动时，金属片很快就能恢复水平状态。即使金属片受到干扰而倾斜，它也能迅速恢复到水平位置。[3]

那两位军官以及那位数学家对他的装置极为赞赏："在他们看来，塞尔森先生的发明非常值得鼓励，因为在大雾天气中，这个装置很可能会被证明非常有用。"[4] 海军要求塞尔森在"胜利号"上做进一步的观察，"而可怜的塞尔森先生就这样丧了命"。[5] 但他的想法被继承了下来。其他人据此制作了自己版本的装置。[6] 其中一个被卖给了法国科学院，《绅士杂志》对此非常不屑，写道："这样，法国人就可以对它做一些无关紧要的改动，并且最终会像他们一贯为之的那样，无耻地将功劳据为己有。”[7]

事实证明，仅做出无关紧要的改动是远远不够的：经验证，塞尔森的“旋转窥镜”的实际应用性非常有限。[8]恰恰是法国，在一个世纪后，依据同样的原理做出了更为成功的装置。那是一个安装在万向节上的旋转圆盘，万向节由一组枢轴支撑，可以使圆盘保持水平，而不管底座如何倾斜。

法国物理学家莱昂·傅科（Léon Foucault）将他的装置称为陀螺仪（gyroscope），这个名字是由分别表示“转动”和“观察”的两个希腊语单词组合而成，因为傅科使用它来研究地球的自转。后来，电动机的出现使得圆盘可以一直保持旋转状态。于是，这个装置在实际生活中得到了广泛的应用。舰船上从此装备了实用的人工地平线。飞机上也是如此。到了 20 世纪初，赫尔曼·安舒茨–卡姆夫（Hermann Anschütz-Kaempfe）和埃尔默·斯佩里（Elmer Sperry）发现了将自旋对标南北向地轴的方法，从而发明了回转罗盘。

把这些仪器和其他仪器（如加速计和磁力仪）结合起来，你就能清楚地知道自己所在的方向和自己的行进方向。把输出的信号输入能够修正航向的系统中，就有了飞机的自动驾驶仪、轮船的陀螺稳定器，以及航天飞机或导弹上的惯性导航系统。[9]如果配合 GPS，你就可以知道自己的具体位置。

如果采用万向节制造旋转圆盘，其尺寸是有限制的，但新技术的出现已经使陀螺仪实现微型化。[10]振动式微电子机械陀螺仪的尺寸只有几立方毫米。[11]研究人员正在制造一种比人的头发丝还细的激光陀螺仪。[12]随着这些传感器和其他传感器变得越来越小，造价越来越便宜，同时计算机速度越来越快，电池越来越轻巧，它们已经被广泛地应用在从智能手机到机器人、游戏机以及虚拟现实耳机等各个方面。除此之外，还有另一项当前十分热门的技术——无人机。

首次无人驾驶飞行可以追溯到1849年——在莱昂·傅科的陀螺仪面世3年前。当时，奥地利试图将炸弹固定在气球上，并等待风吹向合适的方向时以此对威尼斯发动攻击。[13]那次尝试并不成功：一些炸弹落在了奥地利领土上。[14]但军事用途继续推动无人机技术向前发展，一直到最近几年。如果在历史新闻中搜索“无人机”，你会发现直到四五年前，最热门的报道全部是关于战争的。然后，突然之间人们开始提出下面的问题：“空域管制对业余爱好者意味着什么？”或是“还要多久才能由无人机为我们运送食品杂货？”

这是一个重要的问题。目前，无人机在从勘测到电影制作等诸多领域已经很常见，它们还会向人类难以到达的地方运送紧急医疗物资。但有望推动真正变革的，恰恰是日常生活中的常规用途，例如把我们网购的物品运送到我们手中，甚至是运载我们自身（中国的亿航公司正在研制可以搭载人类乘客的无人机）。[15]在中国农村，送货无人机开始像跨越式技术（leapfrog technology）那样呈现迅猛发展的势头，因为那里的基础设施不完善，具体针对无人机技术而言，乡村地区缺乏大型零售商店和适合货车送货的公路。例如，在江苏的某个农村，几乎没有人拥有汽车，只有一半家庭拥有冰箱，但村民人手一部手机，他们用手机在电商平台京东上下单，购买五花八门的商品，从一次性尿布到生鲜螃蟹。京东仓库的工人每天约四次使用时速45英里、载重量可达14公斤的无人机向村里运送村民网购的商品。所有人都很高兴——除了村里经营小卖部的大妈。[16]

如果无人机送货继续普及，我们就需要解决所谓“最后 1 公里”的瓶颈问题。在上面的例子中，京东使用人工负责把螃蟹和尿布等订购的商品送到村民手中，但在劳动力价格更高的国家，“最后 1 公里”的成本会在运输成本中占大头；一些人认为，如果这个环节能够实现自动化，那么实体店就可以彻底出局了。[17] 但尚没有人确切地知道其具体运作方式是什么。我们到底是希望我们网上购买的商品空降到我们的后花园，还是到我们的公寓楼顶？我们不在家的时候，能否让智能窗户自动打开，以便让无人机进屋？[18]

当然，还有另一个问题，即让可怜的约翰 · 塞尔森丧命的天气问题。如果我们要依赖空中运送，那么无人机必须能够在任何气候条件下都能工作。[19] 无人机有可能安然飞越足以沉没军舰的暴风雨而不折翼吗？也许要到那一天，才可以说陀螺仪真正发挥了它的价值。

46
电子数据表

1978 年，哈佛商学院一位名叫丹 · 布里克林的学生坐在教室里，看着他的会计学课讲师在黑板上表格的行和列中填写数字。老师改了一个数字，然后不得不相应地更改下面和后面的表格，擦掉原来的内容，填写新的数字，以便让数字对得上。丹 · 布里克林觉得那真是一件乏味无聊、枯燥重复的艰苦工作，而正像俗话所说，“懒惰是发明之母”。[1]

先是在表格行列中填写数字，然后花很多时间把它们擦掉重新计算，有这样经历的人绝不只是那位可怜的讲师，世界各地的会计人员每天都在他们的账本上做这种事。先是在一个摊开的对折账本（被称为“账目表”）上记入账目，然后将几个纸质表格汇总成为一些更大的主表。只要在一个地方做了改动，就可能意味着需要用铅笔、橡皮擦和台式计算器工作几个小时进行调整。

像许多商学院的学生一样，布里克林在进入哈佛之前曾有过正式的工作，他曾在王安公司（Wang）和 DEC 公司做过程序员，这两家公司是 20 世纪 70 年代计算机界的两大巨头。因此眼前的情景让布里克林想到：这些工作明明可以由电脑来完成，为什么还会有人在黑板上，或是在纸质账本上辛辛苦苦地做它们呢？

因此，他为新的 Apple II（第二代苹果电脑）编写了一个电子表格程序，然后由他的朋友鲍勃·弗兰克斯顿帮助他完善了这个软件。1979 年 10 月 17 日，他们两人的智慧结晶 VisiCalc 正式上市销售，并几乎在一夜之间风靡整个市场。

尽管市面上早有其他财务和会计软件，但 VisiCalc 是第一个拥有现代电子表格界面的程序，并且它被广泛认为是第一个“杀手级应用程序”，也就是说，这个软件程序实在太重要了，以至于你单纯只是为了使用它就会去购买一台电脑。苹果的史蒂夫·乔布斯后来曾声称，正是 VisiCalc“推动了 Apple II 大获成功”。[2]

VisiCalc 推出 5 年后，记者史蒂芬·列维（Steven Levy）（他被誉为杰出的现代计算史学家）就曾写道：“现在，企业高管、批发商、零售商和小企业主已经开始将自己的商业生涯分为两个阶段：在电子表格出现之前和电子表格出现之后。”[3]

列维还注意到 VisiCalc 强大的竞争对手 Lotus 1-2-3① 的面世。到 1988 年，《纽约时报》报道称，“Lotus 已经独霸电子表格市场长达五年”，此前，它“击败了首个电子表格软件 VisiCalc，尽管后者在个人计算机市场上的主导地位似乎是不可战胜的”。真是英雄总有折戟之时！《纽约时报》文章还介绍了几个新晋的挑战者，其中就包括一款名为 Microsoft Excel 的程序。[4]

不过，电子表格带给我们的真正教训不是行业霸主的兴衰沉浮，而是科技导致的失业问题。今天，机器人将会夺走我们的工作

---

① Lotus 1-2-3 是美国软件公司莲花公司 1983 年出品的一款电子表格软件。——译者注

已经成为老生常谈。但故事从来就没有这么简单，要说明这一点，我能想到的最好的例子就是电子表格。

一个机器人会计到底会长什么样？它显然不会像阿诺德·施瓦辛格[①]扮演的终结者（只不过配备的是袖珍计算器，而非重型机枪）。诚然，如果我是一个普通的人类会计，在某天早晨去上班时发现阿诺德坐在我的办公桌旁，我肯定会偷偷地退出来，并决定以后再回去拿我的私人物品。

如果说机器人会计的概念意味着什么的话，那么它更可能意味着 VisiCalc 或 Excel。这些程序使数十万会计记账员失业。记账员是指那些整天都在敲着袖珍计算器，并在纸质账本上删除和重新计算数字的人。当然，VisiCalc 在那个时代是革命性的，它显然比人类更有效率。根据财经播客 Planet Money 的数据，仅在美国，目前在职记账员的数量就比 1980 年减少了 40 万人（1980 年是 VisiCalc 上市的第一个整年）。

但是，Planet Money 也发现，在同一时期正式会计的数量增加了 60 万个。毕竟，由于数据处理费用更低、用途更广泛、功能也更强大，所以需求也随之上升。问题的关键不在于 60 万是否多过了 40 万。自动化有时创造就业机会，有时会毁掉就业机会，这是很正常的。关键之处在于，与简单地声称“机器人夺走了我的工作”相比，自动化实际上是以更微妙的方式重塑了职场。

在电子表格时代，会计工作中重复和常规的部分消失了，那些留下来并真正拥有旺盛需求的内容需要更多的判断力、更多人类的

---

① 阿诺德·施瓦辛格（Arnold Schwarzenegger）是奥地利美国籍男子健美运动员、演员、导演、制片人和政治家，曾担任美国加州州长。施瓦辛格主演了大受欢迎的科幻动作片《终结者》，扮演了其中的机器人杀手。——译者注

技能。电子表格创造了全新的产业。在高端金融业有无数的工作岗位，这些工作出于交易、保险或其他目的而依赖于探索不同的数字场景——调整数字，然后观察表格的行列自己重新计算。在电子表格出现之前，这一类的工作几乎不存在。

在《塑造世界经济的 50 项伟大发明》(*Fifty Things That Made the Modern Economy*)[①]中，我们曾经提到过 Jennifer Unit，这是一种带语音引导程序的耳机，它会将指令分解成最不需要动脑子和最不可能犯错误的步骤，以此来指导仓库拣选人员分拣商品。Jennifcr Unit 剥夺了脑力劳动最后一丝乐趣，而电子表格的工作方式则恰恰相反：它拿走了一项高强度脑力劳动中最无聊的部分。

把上述两项技术综合起来就可以看出，科技通常不会简单地夺走某个工作岗位，而是会将易于实现自动化的部分拿走，然后让人类来适应这一变化了的岗位。这会让人类的工作更有趣，或者更了无生趣，到底是哪一种要视具体情况而定。

就会计行业而言，科技使人类的工作更具创造性。谁不想要一个更富有创造性的会计呢？会计师们非但没有受到自动化的伤害，反而认为电子表格是理所当然的。我读过的会计史中根本不屑于提及 VisiCalc 或 Excel，也许他们认为这些软件有损会计的尊严。

电子表格对会计和金融业的影响预示着其他白领的工作将会发生的变化。记者们不再撰写关于企业盈利报告的常规报道，因为算法可以更快和更便宜地做到这一点。老师们在给予学生帮助指导之前，会先由一个在线教程对孩子进行测试，并找出其存在困扰的地方。在某些情况下，医生可以由护士外加诊断应用程序的组合来

---

① 本书已由中信出版集团出版。——编者注

代替。律师事务所使用“文件汇编系统”了解客户的相关信息，然后再起草法律合同。[5]让我们拭目以待，看看这些职业的从业人员是否会开心地回顾他们与机器的初次会面，就像会计师遇到自己的“终结者”阿诺德那样。

不过，他们确实应该记得电子数据表提出的最后一个警示：有时候，我们认为自己把一些日常工作交给了一台不会出错的计算机，而实际上我们只是获得了一个杠杆，然后用它把人为错误放大到戏剧性的程度。

请设想以下场景：一个未能通过面试的高级警察职位申请者得到通知，恭喜他已经得到了这份工作，而造成这种状况的原因是在对某一列数据进行排序的时候，没有对其相邻的列同样进行排序。[6]

还有一个例子，两位著名的经济学家，卡门·莱因哈特（Carmen Reinhart）和国际货币基金组织（IMF）前首席经济学家肯·罗格夫（Ken Rogoff）遭遇到一个大尴尬，因为一位研究生发现，他们一篇颇具影响力的经济学论文中存在一个电子表格错误。莱因哈特和罗格夫不小心遗漏了几个国家，因为他们忘了将公式选择框再往下拖五个单元格。[7]

哦，还有，投资银行摩根大通损失了60亿美元，部分原因是它使用的电子表格中一个风险指标不是去除以两个数字的平均值，而是除以了两个数字之和，从而使得风险指标的值看起来只有它们本该有的一半大。[8]

如果我们给计算机发出错误的指令，它们会以同样惊人的速度和效率来完成指令，这种速度和效率正是丹·布里克林开发VisiCalc的灵感所在。这是一个我们似乎注定要不断接受的教训，并且其影响远远超出了会计行业。

47
聊天机器人

罗伯特·爱泼斯坦正在寻找爱情。那一年是 2006 年，他在网络上寻寻觅觅。他与一位黑发美女开始通过电子邮件交流，看上去大有希望。但不久之后，他意识到自己被欺骗了。伊万娜（Ivana）用磕磕绊绊的英语承认，她并不住在加州附近，而是住在俄罗斯。爱泼斯坦很失望，因为坦白说，他想要的可不仅仅是一位笔友，但女方热情友好，而且不久之后，她就坦承自己已经开始爱上他了。[1]

“我对你有很特别的感觉……它——就像美丽的花朵在我的心灵中绽放一样……我完全无法解释……我会等待你的回复，祈祷老天赐给我好运……”

于是，他们展开了一场如火如荼的书信往来。爱泼斯坦花了很长时间才注意到，伊万娜从未真正回答过他的问题。她会写自己如何在公园里散步，与母亲交谈，还会重复甜言蜜语，说她是多么喜欢他。满腹狐疑的罗伯特最终给伊万娜发了一行用键盘胡乱敲出的乱码，而她回复了另一封关于她母亲的邮件。罗伯特·爱泼斯坦终于意识到一个事实：伊万娜是一个聊天机器人。

这个故事最出人意料之处，并不是一个伪装成俄罗斯美女的聊天机器人如何欺骗了一个孤独寂寞的加州中年男子，而是这个惨遭欺骗的人是罗布纳奖（Loebner Prize）的创始人之一。罗布纳奖是一个人工智能对话测试，每年举办一次，在测试中，计算机程序将试图骗过人类评委，让他们相信自己也是人类。因此，这个故事实际上讲的是，一位全球顶尖的聊天机器人专家花了两个月的时间，试图勾引一个计算机程序。

每年，参与罗布纳奖测试的聊天机器人都需要设法通过图灵测试（Turing test），这个测试是 1950 年由英国数学家、密码破译专家和计算机的先驱艾伦·图灵（Alan Turing）提出的。在图灵的“模仿游戏”中，一位评委将通过提词器与一个人和一台计算机进行交流。[2]那个人的工作是证明他（或是她）确实是人，而计算机的工作是模仿人类对话，并使评委信服它是一个人。[3]

长期以来，计算机领域的先驱们对于计算机的发展总是过度乐观。诺贝尔经济学奖得主赫伯·西蒙（Herb Simon）曾在 1957 年预言，计算机将在 10 年内击败国际象棋世界冠军，但实际上这花了 40 年的时间（我们在本书最后一个故事中会再次谈到这个话题）。1970 年，马文·明斯基（Marvin Minsky）预言说，计算机将在“3 到 8 年内”拥有与人类相当的通用智能。这个预言现在看起来像个笑话。

艾伦·图灵的预测要准确一些。他认为，在 50 年内，计算机将能够在和人类交谈五分钟后欺骗 30% 的人类评委。这个预测不算太离谱，因为它变为现实花了 64 年的时间——尽管人们目前仍在争论，2014 年被大肆宣扬成功通过了图灵测试的计算机程序“尤金·古斯特曼”（Eugene Goostman）是否真的做数。[4]和伊万娜一样，古斯特曼声称英语不是自己的母语，从而降低了人类评委的期望值。（他声称自己是一名 13 岁的孩子，住在乌克兰的敖德萨。）

早期最著名的一个聊天机器人伊莉莎（ELIZA）不太可能通过图灵测试，但它确实成功地模仿了一位人本主义治疗师，并且实现这一切只用了几行代码。伊莉莎的名字取自《皮格马利翁》① 和《窈窕淑女》② 中的虚构人物伊莉莎 · 杜利特尔（Eliza Doolittle），她（或者它？）是约瑟夫 · 维森鲍姆（Joseph Weizenbaum）在 20 世纪 60 年代中期编写出的计算机程序。如果你键入“是我的丈夫让我来这里的”，伊莉莎可能会简单地回答：“是您的丈夫让您来这里的。”如果你说自己感到生气，伊莉莎可能会问：“您认为来这里会不会让您感觉不再生气？”或者她可能只是简单地说：“请多说一点。”

人们并不在乎伊莉莎不是活生生的人：至少有人肯听她们说话而不会评判她们，或只是想骗她们上床。约瑟夫 · 维森鲍姆的秘书会请他离开房间，以便她能和伊莉莎私下谈谈。[5] 心理治疗师们被彻底迷住了。《神经与精神疾病杂志》（*Journal of Nervous and Mental Disease*）的一篇当代文章曾若有所思地指出：一个计算机系统可以在每小时接诊几百个病人，如果能管理一支机器人大军，人类治疗师将会更有效率。[6] 事实上，认知行为疗法现在确实是在由聊天机器人管理，比如临床心理学家艾利森 · 达西（Alison Darcy）设计的“Woebot”。它们已经根本不会假装自己是人类了。[7]

---

① 《皮格马利翁》（*Pygmalion*）又被译作《卖花女》，是爱尔兰剧作家萧伯纳的著名戏剧。——译者注

② 《窈窕淑女》（*My Fair Lady*）是好莱坞根据萧伯纳的戏剧《皮格马利翁》翻拍的电影。——译者注

想到人们居然会满足于用如此粗陋的一个替代品来代替人际交往，约瑟夫·维森鲍姆自己都深感惊恐。但就像玛丽·雪莱笔下的弗兰肯斯坦①一样，他创造了一些他自己无法控制的东西。

聊天机器人现在无处不在。它们处理投诉和询问。Babylon Health 是一个聊天机器人，它会询问人们的医疗症状，并决定是否应该将他们转诊给医生。阿米丽亚（Amelia）在一些银行中直接与客户交谈，不过 Allstate Insurance（好事达保险）则使用它向其呼叫中心的工作人员提供信息，帮助他们与客户交谈。亚历克萨和 Siri（苹果智能语音助手）会解读我们的语音并做出回复，从而使我们不必再笨手笨脚地对着那块小屏幕戳戳点点。[8]

布莱恩·克里斯蒂安（Brian Christian）是《最有人性的“人”》（*The Most Human Human*）一书的作者，这是一本有关图灵测试的书。他指出，大多数现代聊天机器人甚至根本就不想设法通过图灵测试。当然也有例外：例如伊万娜式的聊天机器人就被专门为婚外情提供便利的网站 Ashley Madison 所使用，这家网站利用这些聊天机器人来掩盖一个事实，即没有几个人类女性使用这个网站。[9]显然，我们在春心荡漾的时候，似乎不太可能注意到网络对面的聊天机器人并非人类。

另一个策略是激怒我们。一个有效的聊天机器人 MGonz，通过引发彼此的互相辱骂骗过了许多人。[10]政治也是大量使用聊天机器人的领域，最臭名昭著的一个例子是 2016 年美国大选，当时社

---

① 弗兰肯斯坦（Frankenstein）是英国作家玛丽·雪莱在 1818 年创作的同名小说（又译《科学怪人》《人造人的故事》等）的主人公，他本是一位热衷于生命起源的生物学家，用不同尸体的各个部分拼凑成一个巨大的人体，并赋予其生命，从而引发了一系列悲剧。——译者注

交媒体聊天机器人假装愤怒的公民，在推特上大肆散布不实消息和侮辱性的表情包。[11]

但一般说来，聊天机器人满足于以聊天机器人的身份出现。伪装成人类十分困难，因此商业机器人在很大程度上绕过了这一挑战，而专注于做好小任务，即解决简单的问题，并把复杂的任务交给人类去完成。亚当·斯密在18世纪末提出了一个理论，即生产力建立在将劳动力划分为小型专业任务的过程之上。[12]这正是现代聊天机器人的工作原理。

这种逻辑使经济学家相信，自动化将重塑，而不是摧毁工作岗位。正如我们在“电子数据表”的故事中看到的那样，工作职能被分解成为多个任务，计算机接管了常规性任务，人类则负责提供创造性和适应性。[13]从提款机到自助结账柜台，我们都观察到这样的现象。聊天机器人又向我们提供了另一个例子。但是我们必须警惕这样一种风险：作为消费者、生产者，甚至单纯作为普通公民，我们都为适应电脑而扭曲了自己。我们使用自助结账，尽管和店员聊上几句可以让我们心情舒畅。我们发布状态更新，或是点击某一个表情符号，然后交由社交媒体算法去加以过滤；就像依赖聊天机器人伊莉莎一样，只要感到有人在倾听，我们就已经心满意足。[14]

布莱恩·克里斯蒂安指出，我们人类应该把这看作提高我们游戏水平的挑战。就让电脑接管呼叫中心好了。这难道不好过强迫一个有血有肉的“机器人”严格按照脚本机械做出回应，并让所有身在其中的人都感到沮丧？我们可能希望，更好的聊天机器人不是执着于骗过人类，而是能帮助人类节省时间，从而让我们有更多时间彼此进行更有意义的交谈。

48
立方星

有一则广为流传的故事讲述了航天飞机的尺寸是怎样确定的。显然，在确定助推器火箭的宽度时，要确保其在运输过程中能通过铁路隧道，而铁路隧道的尺寸又受到了马车宽度的影响：简而言之，这就决定了航天飞机助推器的宽度大概相当于两匹马臀部并列的宽度。

这个故事看上去可能有点牵强，但我想讲述另一则类似但相当真实的故事，它与当今最热门的一种航天器有关，后者的规格是由玩具娃娃“豆豆布偶”（Beanie Baby）的大小决定的。[1]

1999 年，斯坦福大学教授鲍勃·特威格斯（Bob Twiggs）开课教授研究生设计卫星，那一年正是豆豆布偶玩具风靡全球之时。在那时，卫星的尺寸都很大。例如，2001 年发射的阿尔忒弥斯（Artemis）通信卫星重 3 吨多、高 8 米，两块太阳能电池板的长度堪比一辆公共汽车。[2] 由于空间和重量都很大，人们自然会想在卫星上搭载越来越多的装备，因而它们的造价变得越来越高（更不用说它们还使人们懒得动脑思考）。

特威格斯表示：“如果你有足够的空间能把所有的东西都放进去，最终你就不会再精心设计了。”[3] 所以他和他的同事认为，学生们需要一种约束。特威格斯去当地的一家商店，在那里他发现了……一个豆豆布偶被紧紧地装在包装盒里。他回到教室，把豆豆布偶盒子放在桌子上，并告诉学生们：你们设计出的卫星必须能装进这个盒子里。[4]

随着现代智能手机技术的发展彻底改变了小型成品部件的质量和功率，这一当年的教育挑战已经演变为微型卫星，即立方星（CubeSat）的实用标准。“立方星”一词并不特别精确：一个卫星单位的规格是 10 厘米乘 10 厘米再乘 11.35 厘米，许多立方星会有多个单位大小，不过其规格仍然类似于鞋盒，重量仅有几公斤而不是数吨。

一个已经列入发射计划的立方星——月球手电筒，旨在环绕月球运行，将太阳光反射进月球上的黑暗陨坑中，并分析反射回来的光线。另一个项目，近地小行星侦察机卫星，则旨在探索太阳帆的应用，同时研究近地小行星。[5]

但目前，大多数立方星的设计目的是从上面拍摄我们地球的照片和其他图像。其基本组成部分包括一个智能手机处理器、太阳能电池板、一个照相机和一些电池。[6]

立方星制造和发射都很便宜。传统上，建造和发射一颗大型卫星的整个过程可能要花费 5 亿美元；而只需花上大概 10 万美元，你就能把一颗立方星送入近地轨道。[7]

大型火箭，如欧洲航天局的阿丽亚娜 5 号火箭（Ariane 5），或俄罗斯的联盟 2 号火箭（Soyuz 2），高度可达到大约 50 米。但是立方星和其他小型卫星可以搭载更小的私营部门火箭，比如火箭实验室①新西兰发射台发射的 18 米长的电子号（Electron）火箭。

立方星也可以搭载在大型卫星之上发射。2017 年初，印度国家航天机构 ISRO 一次发射了 104 颗卫星，创下世界纪录。这 104 颗卫星中的三颗卫星属于大型卫星，其余的都是小型卫星，其中 88 颗是硅谷一家名为行星（Planet）的初创公司所拥有的立方星。[8]

行星公司成立于 2010 年，拥有世界上最大的私人卫星群。截至 2019 年夏天，这家公司已拥有大约 140 颗卫星，每 24 小时可拍摄 80 万张照片，能够覆盖全球任何地方。这些照片的精度虽然无法与大型卫星的复杂成像相媲美，但它们能够提供更好的覆盖范围——在任何给定的时间范围内拍摄更多地方的更多照片，从而弥补了精度低的缺陷。同时，行星公司的 140 颗卫星可能只是更大卫星计划的先驱：SpaceX 和亚马逊都已宣布了在近地轨道发射数千颗卫星的计划。[9]

立方星教给我们有关现代经济的三个经验教训。第一，它揭示了廉价且标准化的模块化组件的重要性。当我们只关注独特且复杂的项目并为其喝彩时，低廉的造价改变了一切。

第二，立方星的先驱们已经拥抱了硅谷的“快速失败”②模式。作为一家公共机构，美国国家航空航天局（NASA）对风险的容忍度非常低，但是由于一个立方星的损失不大，因此可以采取不同的

---

① 火箭实验室（Rocket Lab）是一家美国私营航空航天制造商和小型卫星发射服务提供商，总部在美国加州，在新西兰拥有全资子公司。该公司开发小型火箭，并提供商业火箭发射服务。——译者注

② 快速失败（fail-fast）在商业中被广泛用作隐喻，流行于硅谷的初创中。它指企业应该进行大胆的实验，以确定产品或战略的长期可行性，而不是谨慎行事，多年投资于某种最终失败的方法。——译者注

方法：如果你一次发射几十颗卫星，那么在这儿或那儿损失一两颗也没什么。如果说美国国家航空航天局专注于确保昂贵的设备能够完美工作，硅谷的立方星模式则意味着不用过于担心。使用可抛弃的卫星，哪怕失败多次，也比确保大卫星一次成功要便宜。如果这次不成功，再试一次好了。

但第三个教训是，不要太随便地否定公共部门的作用。将私营太空探索与美国国家航空航天局和其他国家航天机构的活动区分开来十分容易。事实上，我刚刚就是这么做的。但其实，美国国家航空航天局一直在悄悄地支持立方星的发展，例如资助小型立方星发射火箭，以及让立方星免费登上国际空间站，在那里它们可以通过一个特殊的立方星气闸舱进行发射。[10]

立方星可能很快就会教给我们更多关于经济运行的全新知识。1924 年去世的著名经济学家阿尔弗雷德·马歇尔曾将经济学描述为研究“日常生活中”的人性。立方星使我们能够观察到日常生活如何每天周而复始地在世界各地展开，并为我们展示了相当的细节。

经济预测人士已经迅速地注意到这种可能性。很多人或机构都想知道油价将会上涨还是下跌、小麦市场是否供过于求，以及优质的埃塞俄比亚咖啡是否将会短缺，这些人或机构包括商品交易商、农作物保险公司、超市、石油公司，甚至星巴克。不需要太丰富的想象力，你就能想到，如果可以每天看到农作物生长的图像将给你带来怎样的优势；此外，如果使用合适的照片，外加恰当的分析，你还可以算出路上行驶了多少卡车、数出储油罐的数量，甚至可以通过烟囱冒出的浓烟推算出某个发电厂的发电量。[11]

但是，除了这些专门的贸易预测，卫星还有望揭示世界经济运行过程中隐藏的联系。我们可以测量污染、交通拥堵和森林砍伐的情况，甚至评估是否有人试图进行种族清洗。[12] 算法已经开始大规模地提取精准的信息，如肯尼亚村庄里有多少房屋安装了金属屋顶？喀麦隆的哪些道路状况良好？换言之，外国的援助资金是否发挥了作用？[13]

一个大经济体的表面之下隐藏了太多的东西，因而每隔数月（甚至数年）定期发布的统计数据遗漏了太多的内容。现在，我们每天都能观察到这些信息了。

虽然有关航天飞机和马屁股的老故事提醒我们，经济的某些部分变化缓慢，但现代经济的许多方面确实正在经历日新月异的发展。这样说来，无怪乎有些人那么热衷于拍快照。

49 老虎机

莫莉少女时代的第一份工作是在一个军事基地为老虎机换零钱。人到中年后，莫莉已经不再靠老虎机挣工资，而是会在两天的狂欢中把所有的薪水都投进老虎机。[1]

她在拉斯韦加斯大道边一家酒店的高层客房里告诉娜塔莎·道·舒尔："我甚至兑现了自己的人寿保险，以便有更多的钱玩。"舒尔是一位人类学家，她 20 年来一直在研究老虎机的世界。

这场谈话发生在两个女人之间也许很合适。社会学家经常将赌博描述为男子气概的证明，从身着燕尾服的詹姆斯·邦德①在高风险轮盘赌中展示他的钢铁神经和扑克技巧，到人类学家克利福德·格尔茨（Clifford Geertz）在 20 世纪 70 年代分析的巴厘岛斗鸡赌徒。但老虎机似乎完全不符合这种定位。玩它们既不需要技巧，也不需要钢铁般的神经。格尔茨认为，它们是供"妇女、儿童、青

① 詹姆斯·邦德（James Bond）是《007》系列小说、电影的主角。在故事里，他是英国情报机构军情六处的特工，代号 007，被授权可以干掉任何妨碍行动的人。——译者注

少年、极端贫穷的人、在社会上被人瞧不起的人、怪异的人……”消遣的东西。[2]

但是老虎机绝非玩具。它们非常有利可图，而且像入侵物种一样野蛮生长。2005 年，我在去拉斯韦加斯观看世界扑克大赛并撰写有关博弈理论的文章时，见识了老虎机。数十名记者蜂拥而上，争相采访明星牌手。老虎机似乎只是沉默而色彩斑斓的装饰背景，聚拢了一群肥胖和上了年纪的玩家，他们像坐电动轮椅一样骑在老虎机上。直到后来我才意识到，就赌场而言，世界扑克大赛才是装饰背景，老虎机已经成为绝对的主角。[3]

并且不仅仅是赌场，英国的博彩业曾经以赛马博彩为主，现在已经依赖一种叫作固定赔率投注终端的老虎机。当政府在 2018 年宣布将削减最大赌注规模时，一家博彩公司回应称，这将迫使其关闭近 1000 家门店。[4] 莫莉在老虎机上的花费手笔如此之大，以至于拉斯韦加斯一家酒店邀请她免费入住。那么，莫莉是希望赢得一大笔钱吗？娜塔莎 · 道 · 舒尔问道。不，她知道那根本是不可能的。

“人们永远无法理解的是，我并不是为了赢钱而玩的。”[5]

一个不想赢钱的赌徒？这看上去不太对劲。但长期以来，我们一直在设法理解老虎机到底是什么，以及它们在现代经济中教给我们什么教训。

现在普遍认为，老虎机是 1890 年左右在美国开始出现的。当时，芝加哥的理想玩具公司（Ideal Toy Company）制造了一台机器，带有五个卷轴，每个卷轴内有十张扑克牌。投入一枚硬币，如果卷轴转出的五张牌组成了一手好牌，你就可以从服务员那里领取奖金。1893 年，布鲁克林的斯特曼和皮特公司（Sittman and Pitt）制造的版本在美国广为流行。

后来，从巴伐利亚移民到旧金山的查尔斯·费（Charles Fey）想出了一个简化机器的想法。如果只有三个卷轴，这台机械装置就会变得非常简单，可以在不需要人看着的情况下自动支付奖金。这种机器在旧金山大受欢迎，直到1906年大地震导致费的车间在火灾中被毁。[6]

现代老虎机就是装在壳里的电脑，之所以给它们设计出笨重的杠杆，只是为了唤起人们对原来的老机器的回忆。正是这种数字化的转变使得老虎机的利润丰厚。不必再考虑麻烦的换零钱（年轻的莫莉曾经做过的工作），因为现在玩家已经改成使用挂绳的电子磁卡，这种磁卡把他们和机器紧密连接在一起。玩家一点不需要挪动，他们沉浸于莫莉所说的"进入状态"，即一种全神贯注的恍惚状态，周遭的世界似乎已经完全不再存在。赢了钱意味着拥有了更多点数，而更多点数意味着更多的"上机时间"。[7]

这就是莫莉说她不是为了赢钱而玩的意思。现代老虎机不像彩票或轮盘赌，玩家参与的目的就是希望能中大奖。取而代之的是，老虎机不断吞下小额赌注（可能是100个1美分的赌注，分散在令人眼花缭乱的可能赢钱的组合中），同时也不断地让玩家赢取小额奖金（如果那确实可以被视作赢了的话）。如果你一共下注了100美分，最后赢回20美分，那能真的算赢钱了吗？当然，伴随着彩灯闪烁和叮当作响的祝贺音乐，机器会告诉你，你赢了。

在研究人员研究过的一台老虎机上，100次下注将产生14次真正的胜利（即机器的回报比赌客投入的钱多）和18次虚假的胜利（即机器大张旗鼓地宣称玩家赢了，但实际上赢的钱比他下的赌注要少。）[8] 同一研究小组在试验中接着证明，假赢率为18%的机器比假赢次数多得多或少得多的机器更容易让人上瘾。[9]

老虎机的设计者做这一切并不是偶然为之：老虎机行业竞争激烈。一台价值 1 万美元的机器如果能吸引玩家的话，一个月就可以回本。如果做不到这点，它将被一个带有爆米花壶的机器取代，新机器不断涌出彩票球，或是一台向玩家脸上吹送巧克力甜香的机器，也可能会模仿唐纳德·特朗普的声音，大声宣布“你被解雇了”！他们会想方设法让玩家感到兴奋和惊讶。他们总是在寻找更好的捕鼠器，而我们则是老鼠。[10]

20 世纪最著名的心理学家之一，伯尔赫斯·弗雷德里克·斯金纳（B. F. Skinner）对此丝毫不会感到惊讶。斯金纳曾在哈佛大学长期实验，通过给按下控制杆的老鼠食物颗粒来研究老鼠的行为。后来，由于食物颗粒供应紧张，他开始间歇性地给予食物奖励。老鼠有时可能多次按下控制杆也得不到食物颗粒，有时则可能按下控制杆后就能获得食物，老鼠无从判断到底何时会有食物。令人惊讶的是，不可预知的回报比慷慨可靠的回报更具激励性。[11]

像莫莉这样的老虎机成瘾者正是这样被牢牢控制，全身心地“陷入沉迷”。人类学家娜塔莎·道·舒尔曾经观看过赌场安全摄像头拍摄的一段视频，那里面有一个人在老虎机前心脏病发作：

> 他……突然瘫倒在旁边的人身上，而对方完全没有反应。两个路过的人把他拽了出来，其中一个人恰好是一位下了班的急诊室护士。附近的赌徒几乎没人离开他们的座位……不到一分钟后，一名赌场保安带着除颤器出现在现场；他放置电极板，进行清理并电击了那名男子两次。尽管一位昏迷的男子就躺在他们的脚边，手触着他们椅子的底部，但其他赌徒仍然在下注。

研究表明，老虎机比彩票、赌场游戏或体育博彩等其他形式的赌博更容易使人上瘾。[12]

同样令人不安的是，在过去几年里，老虎机背后的心理机制已经从赌场转移到了我们的口袋里。处于恢复期的赌徒可以避开那些可能会看到老虎机的地方，但是我们没有任何地方可以逃离我们的手机，并且我们还有很多合理的理由去看它们。我们都看到过人们如何“陷入沉迷”，对身边的同伴甚至周遭的交通状况毫无察觉，因为手机是他们唯一关心的东西。

这又涉及间歇性强化：是否来了新的电子邮件？脸书的帖子是否有了新的“点赞”？许多电脑游戏更是厚颜无耻地使用间歇性强化，提供“战利品宝箱”（里面是不可预知的奖励），并附带着我们熟悉的闪光特效。这看起来就像一场赌博，只不过玩家通常是未成年人。[13]

2003 年出版的一本书《不劳而获》（*Something for Nothing*）一开头就描述了一个令人震惊的画面，老虎机前的赌徒们将小便撒在纸杯里，因为他们不想中断自己在游戏中的连胜纪录。[14] 如今，我们大多数人都知道边看手机边小便是什么感觉。不仅仅是我，对吧？

我们可能并不想最大限度地增加“上机时间”，但那些通过广告赚钱的大型科技公司肯定想。我们看屏幕的次数越多，屏幕上能显示的广告就越多。我们中的大多数人永远不会陷入莫莉的境地，成为老虎机的奴隶。遗憾的是，我们不能对自己口袋里那个不断闪烁微光的设备说同样的话。

50
国际象棋算法

2012 年 6 月 25 日，加里 · 卡斯帕罗夫（Garry Kasparov）——在许多人心目中，他是国际象棋史上最伟大的棋手——坐下来与电脑进行了一场比赛。他并没有坐多久。尽管电脑拥有执白先行的优势，卡斯帕罗夫很快以一马、双象以及后追杀对方的王获胜。将杀只用了 16 步，耗时仅有短短 40 秒，以至于卡斯帕罗夫为这么快就取得胜利而道歉。[1]

不过，卡斯帕罗夫大度地对与他对弈的电脑程序盛赞有加。这个程序被称作“TuroChamp”，是由数学家艾伦 · 图灵在 1948 年写成的（这位图灵正是我们在第 47 个故事中讲到的提出“图灵测试”的人）。图灵制定了一些简单的规则：在设计的程序中，拥有更多子、更多可移动子和更强防守子的局面会被赋予更高的值。程序会评估下一步可走的棋以及对方可能做出的反应（通常有几百个选项），然后按照可产生最高值的局面走子，同时假设对手随后会回敬最损害己方价值的一步棋。

在一台现代的笔记本电脑上，这种计算只需几分之一秒。但是艾伦·图灵的年代还没有电脑，每一步棋的走法都需要花半个小时用铅笔和纸进行计算。[2] 卡斯帕罗夫对这个不是用电脑运行出来的电脑国际象棋算法赞不绝口。[3]

算法是指一个按照步骤循序渐进的过程，它是一系列定义良好的指令，遵循这些指令会导致一个特定结果的产生，就像一个由学院派厨师编写的菜谱。如今，我们认为算法是计算机所做的充满神秘的事情。但正如 TuroChamp 证明的那样，算法实际上是一种方法，使产生结果所需的过程不再神秘，因而其他人也可以做到。图灵本可以凭借自己的直觉下一盘更好的棋，而且付出的努力要少得多。但如果那样的话，他永远也解释不清自己是如何做到这一切的。

“算法”（algorithm）一词源于一位大约生活在 1200 年前的杰出波斯数学家的名字。他的名字叫穆罕默德·伊本·穆萨·阿尔–花剌子模（Muhammad ibn Musa al-Khwarizmi），欧洲学者后来称他为“阿尔戈利兹姆”（Algorithmi）。

而算法本身的出现还要早于阿尔–花剌子模，它们在将近 4000 年前就出现在巴比伦，被用来计算代数问题求解。计算机科学家唐纳德·克努特（Donald Knuth）在 1972 年重新发表了一些古老的算法，以提醒他的同事们，程序远比计算机更为古老。[4] 其中一个克努特着重介绍的算法展示了如何根据一个矩形水池的深度、容积以及宽度与高度的关系，计算矩形水池的长度和宽度（估计这是古巴比伦人会想做的事吧）。这个巴比伦算法基本上是一个解决高中代数问题的方法。

拥有算法的不仅仅只有巴比伦人，世界各地的人们开发出各种各样的算法：目前我们已知的算法包括公元 3 世纪的中国人提出的算法，7 世纪印度人提出的算法，当然还有古希腊人的算法。2000

多年前，欧几里得（Euclid）发表了一个可以导出两个数最大公约数的算法。欧几里得算法是一个简单的算法，你需要反复执行，直到得出答案。[5]

然而，所有这些算法处理的问题从本质上说都是数学问题，例如寻找素数或求解线性方程组。到了 19 世纪 50 年代，任职于爱尔兰科克的皇后学院（Queen's College）[①]的数学教授乔治·布尔（George Boole）出版了《思想法则》（*The Laws of Thought*）一书。布尔的著作将逻辑命题转化为数学运算：真（TRUE）、假（FALSE）、与（AND）、或（OR）、非（NOT），预示着思想本身有望转化为一个按照步骤循序渐进的算法过程。但布尔的想法在 80 年里一直不温不火，人们不清楚它们到底有什么实际价值。

然后，在 20 世纪 30 年代，美国数学家克劳德·香农（Claude Shannon）证明了电路可以遵循布尔的"思想法则"——"真"和"假"代表着"开"和"关"。而"与"、"非"和"或"代表由简单的电子元件进行的操作。这开启了数字时代，意味着算法终于能够开始充分发挥其潜力。[6]从计算机科学发展初期开始，国际象棋就是算法智能的试验田：它的规则足够清晰明确，感觉是一个可以应对的挑战，但又十分复杂，无法完全依靠暴力破解。克劳德·香农在 1950 年撰写了有史以来第一篇有关让计算机下国际象棋的学术论文。他解释说，问题不在于设计一台能完美地下国际象棋的机器（那相当不切实际），也不是仅仅设计一台能够按规则下国际象棋的机器（那并没有太大意义）。我们希望机器能够在下棋时展示出相

① 后更名为科克大学，是爱尔兰最顶尖的大学之一，世界著名研究型学府。——译者注

当的技巧，或许可以和一位国际象棋领域的人类高手一较高下。”[7]

“和一位人类高手一较高下”，这指出了最终的发展方向，不是吗？一个算法，通过一个预先设定的程序无意识地不断雕琢，最终是否能够超越人类的思维？这种算法还能实现什么？这就是图灵和香农对计算机象棋感兴趣的原因所在。真正的核心并不在于机器在棋盘上的表现，而在于机器是否能够思考。

下国际象棋需要思想能力的理论盛行了几十年。1979 年，侯世达（Douglas Hofstadter，也被译为道格拉斯·霍夫施塔特）在其关于智能出现的著作《哥德尔、艾舍尔、巴赫书：集异璧之大成》（*Gödel，Escher，Bach*）一书中指出，如果一台计算机先进到能够成为国际象棋的世界冠军，那么它免不了会拥有其他方面的智能。“我已经厌烦了国际象棋，”在面对来下一盘棋的挑战时，它可能会这样回答，“让我们来谈谈诗歌吧。”[8]

侯世达并没有否认算法能够出色地下国际象棋的可能性。他只是认为，算法要做到这一点必须是极其微妙、复杂和多才多艺的，而下国际象棋将只是其诸多成就中微不足道的一个。

侯世达大错特错。仅仅 18 年后，一台电脑——IBM 的深蓝——击败了人类国际象棋世界冠军卡斯帕罗夫本人。深蓝从来没有提起过诗歌的话题。它的工作原理与 TuroChamp 非常相似，只不过它每秒能够检索 1.5 亿手棋，并且不只考虑未来两步的走法，而是会考虑未来很多步的走法，同时它还带有一个庞大的人类国际象棋开局棋谱库作为支持。深蓝令卡斯帕罗夫束手无策、只得推盘认输的那一步妙招，只是从其自带的人类棋谱库中检索出来的最优解，毫无奥妙可言。[9]

深蓝的胜利表明，暴力计算实际上可以替代人类思维的神秘特质。也许算法真的不需要“思考”，也许思考没有我们想象的那么重要。

侯世达对深蓝过于狭窄的能力范畴十分恼火。他抱怨说，如果没有灵活、通用的类人智能，将某种算法称为人工智能纯粹是一种“诡计”，无论它在某些特定任务（如国际象棋）中表现得多么专业。[10] 不过，IBM 使用深蓝的方法是当今成功算法设计的典范：程序员乐于从中借鉴思想神经科学（例如，数字神经网络是相互关联的逻辑节点，模拟动物大脑工作的某些方面），但并不试图模仿人类的认知。对意识的洞察并非重点，成果才是最重要的，不管这些成果是不是“诡计”。如今，尽管计算机仍然丝毫没有表现出想与我们探讨诗歌的兴趣，但它们确实正在交付成果。

以 CloudCV 为例，这是一个可以准确地以非正式措辞回答有关图片问题的系统。我用一张图片测试了这个系统，在那张图片上，几位年轻人正聚在某人的客厅里。“他们在干什么？”我键入了问题，“他们在喝什么？”CloudCV 迅速（并且正确）地告诉我，他们正在玩 Wii①，喝啤酒。[11]

像 CloudCV 这样的算法在处理一系列广泛的问题方面仍然比不上人类，但它们正在不断进步，而我们人类却没有。在 2016 年的时候，在回答视觉问题的标准化挑战中，这些机器的得分为 55%，人类得分为 81%；但到了 2019 年夏天，机器的得分已经达到了 75%。如果你仍坚信它们不会超过我们，那么我得承认，你比我更有信心。[12] 很少还有人记得卡斯帕罗夫在 1996 年曾大败深蓝。到了 1997 年再次对阵的时候，深蓝的能力已经达到原来的两

① 是由任天堂于 2006 年发布的家用游戏机。——译者注

倍，但卡斯帕罗夫并没有。到 1998 年，深蓝的能力再次翻番。卡斯帕罗夫的失败只是时间问题。

这些不仅仅发生在棋盘之上。目前，算法这一遵循步骤循序渐进的指令已经可以诊断皮肤癌、乳腺癌或糖尿病，其诊断水平迅速超过了熟练的医学专业人员。这些在识别模式方面的惊人成绩通常是由多层神经网络完成的。它们不是欧几里得甚至艾伦·图灵心目中的算法，但它们无疑仍然是算法。[13]

显然，算法将在越来越多的领域中实现“和一位人类高手一较高下”的性能，因此经济学家越来越多地考虑了它们将如何影响人类的工作。大卫·奥特（David Autor）、弗兰克·利维（Frank Levy）和理查德·默纳（Richard Murnane）在 2003 年发表的一篇文章建构了目前为人们所公认的观点。（我们已经在“电子数据表”和“聊天机器人”中对此进行了介绍。）他们认为，大多数的“工作”都是由一系列“任务”组成，其中有些是常规任务，有些则是非常规的。算法会不断蚕食常规任务领域。[14] 这种区分已经被证明是一种理解计算机对工作场所影响的有效方法：随着计算机不断接管“任务”，人类的工作岗位更有可能发生改变，而不是消失。

但是，仍然存在一个问题，那就是：常规与非常规的界限并不总是那么明显。谁会将诊断癌症描述为常规任务呢？但考虑到国际象棋这个前车之鉴，也许我们早就应该清楚地认识到这一点了，毕竟在那么长的时间里，国际象棋似乎一直是个既神秘又神圣的领域。

目前，在算法能够比人类做得更好的事情中，最令人印象深刻的是……编写算法。AlphaZero 是由谷歌的姊妹公司 DeepMind 开发的一款棋类学习算法。英国前国际象棋冠军马修·萨德勒（Matthew Sadler）说，AlphaZero“玩起来就像一个‘开了挂’的人”，而且它有效地进行了自我编程：人类编写了学习算法，然后学习算法编写了一个下国际象棋的算法。[15] 2017 年，AlphaZero 只自我训练了几个小时，就击败了最优秀的下棋软件 Stockfish，而后者能够轻松击败最优秀的人类棋手。Stockfish 每秒钟可检查 6000 万种棋局，AlphaZero 只能检查 6 万种。不管怎样，它还是赢了，因为它的神经网络更善于识别棋局模式。[16]

在本书中，我们看到了许多无须担心科技会夺走人类工作的理由，从电子数据表到印刷机，再到缝纫机。我们不知道这一次是否会有所不同，因为我们不知道“非常规性”任务这种想法是否已开始消失。但我们已经懂得，当你不再需要像艾伦·图灵那样，用一张纸和一支简陋的铅笔来计算每一个步骤时，按照步骤循序渐进能够带你走得很远。

注释

铅笔

1 Henry David Thoreau, *The Maine Woods* (1864), https://en.wikisource.org/ wiki/The_Maine_Woods_(1864)/Appendix#322.

2 Henry Petroski, *The Pencil: A History of Design and Circumstance* (London: Faber and Faber, 1989).

3 *Encyclopaedia Britannica* (1771 edition).

4 Petroski, *The Pencil*, p. 6.

5 Leonard Read, ‘I, Pencil: My Family Tree as Told to Leonard E. Read’, *The Freeman* (1958) available at https://fee.org/resources/i-pencil/.

6 Read, ‘I, Pencil’.

7 Petroski, *The Pencil*, pp. 184–6.

8 https://pencils.com/pencil-making-today-2/.

9 Read, ‘I, Pencil’.

10 Milton Friedman, *Free to Choose* (PBS, 1980), available at: https://www. youtube.com/watch?v=67tHtpac5ws.

11 https://geology.com/minerals/graphite.shtml.

12 Eric Voice, ‘History of the Manufacture of Pencils’, *Transactions of the Newcomen Society* 27 (1950).

13 Petroski, *The Pencil*, pp. 62, 69.

14 John Quiggin, ‘I, Pencil, Product of the Mixed Economy’, https:// johnquiggin.com/2011/04/16/i-pencil-a-product-of-the-mixed-economy/; Newell Rubbermaid corporate website.

1 砖头

1 Stefanie Pietkiewicz, 'From brick to marble: Did Augustus Caesar really transform Rome?' , UCLA press release, 3 March 2015, http://newsroom. ucla.edu/stories/from-brick-to-marble:-did-augustus-caesar-really-transform-rome.

2 Hannah B. Higgins, *The Grid Book* (Cambridge, MA: MIT Press, 2009), p. 25.

3 Gavin Kennedy, https://www.adamsmith.org/blog/economics/ of-pins-and-things.

4 James W. P. Campbell and Will Pryce, *Brick: A World History* (London: Thames & Hudson, 2003), p. 186.

5 New International Bible, https://www.biblegateway.com/passage/?search=Genesis+11%3A1-9&version=NIV.

6 Campbell and Pryce, *Brick: A World History*.

7 According to an anecdote by Alvar Aalto, who elaborated that 'Architecture is the transformation of a worthless brick into something worth its weight in gold.' http://uk.phaidon.com/agenda/architecture/articles/2015/april/01/even-modernists-like-mies-loved-bricks/.

8 Campbell and Pryce, *Brick: A World History*, pp. 26–7.

9 Campbell and Pryce, *Brick: A World History*, pp. 28–9.

10 Campbell and Pryce, *Brick: A World History*, p. 30.

11 http://www.world-housing.net/major-construction-types/adobe-introduction; Campbell and Pryce, *Brick: A World History*, p. 30.

12 Esther Duflo and Abhijit Banerjee, *Poor Economics* (New York: Public Affairs, 2011).

13 Edward Dobson and Alfred Searle, *Rudimentary Treatise on the Manufacture of Bricks and Tiles*, 14th edn (London: The Technical Press, 1936).

14 Jesus Diaz, 'Everything You Always Wanted to Know About Lego' , https://gizmodo.com/5019797/everything-you-always-wanted-to-know-about-lego.

15 Stewart Brand, *How Buildings Learn: What Happens After They're Built* (New York: Viking Press, 1994), p. 123.

16 Campbell and Pryce, *Brick: A World History*, p. 296.

17 Campbell and Pryce, *Brick: A World History*, p. 267.

18 Carl Wilkinson, 'Bot the builder: the robot that will replace bricklayers' , *Financial Times*, 23 February 2018, https://www.ft.com/content/db2b5d6 4-10e7-11e8-a765-993b2440bd73.

19 http://iopscience.iop.org/article/10.1088/1755-1315/140/1/012127/pdf.

20 Peter Smisek, 'A Short History of "Bricklaying Robots"' , 17 October 2017, https://www.theb1m.com/video/a-short-history-of-bricklaying-robots.

2 工厂

1 Justin Corfield, 'Lombe, John' , in Kenneth E. Hendrickson III (ed.), *The Encyclopedia of the Industrial Revolution in World History* (Lanham, MD: Rowman

& Littlefield, 2014), p. 568.

2 Joshua Freeman, *Behemoth: A History of the Factory and the Making of the Modern World* (London: WW Norton, 2018), pp. 1–8.

3 Our World In Data, https://ourworldindata.org/economic-growth#the-total-output-of-the-world-economy-over-the-last-two-thousand-years.

4 Adam Smith, *An Inquiry into the Nature and Causes of the Wealth of Nations* (1776), available at https://www.ibiblio.org/ml/libri/s/SmithA_ WealthNations_p.pdf.

5 William Blake, *Milton a Poem*, http://www.blakearchive.org/search/?search= jerusalem c1804-1811.

6 https://picturethepast.org.uk/image-library/image-details/poster/DCAV000798/ posterid/DCAV000798.html.

7 https://www.bl.uk/collection-items/the-life-and-adventures-of-michael-armstrong-the-factory-boy; Freeman, *Behemoth*, p. 25.

8 Bill Cahn, *Mill Town* (New York: Cameron and Kahn, 1954).

9 Friedrich Engels, *The Condition of the Working Class in England* (1845).

10 Note that exploitative conditions are still found in some rich countries. See, for instance, Sarah O'Connor, 'Dark Factories' , *Financial Times*, 17 May 2018, https:// www.ft.com/content/e427327e-5892-11e8-b8b 2-d6ceb45fa9d0.

11 Myself included: Tim Harford, *The Undercover Economist* (New York: Oxford University Press, 2005). For a detailed account of conditions for women in Chinese factories see Pun Ngai, *Made in China* (Hong Kong: Hong Kong University Press, 2005). An intriguing study of Ethiopian factories is summarised by Christopher Blattman and Stefan Dercon, 'Everything We Knew About Sweatshops Was Wrong' , *New York Times*, 27 April 2017.

12 Freeman, *Behemoth*, p. 8; Elizabeth Roberts, *Women's Work 1840–1940* (Basingstoke: Macmillan Education, 1988).

13 Wolfgang Streeck, 'Through Unending Halls' , *London Review of Books* 41.3 (7 February 2019), pp. 29–31, https://www.lrb.co.uk/the-paper/v41/n03/ wolfgang-streeck/through-unending-halls.

14 Quoted in Adam Menuge, 'The Cotton Mills of the Derbyshire Derwent and its Tributaries' , *Industrial Archaeology Review* 16.1 (1993), 38–61, DOI: 10.1179/ iar.1993.16.1.38; see also Neil Cossons, *Making of the Modern World: Milestones of Science and Technology* (London: John Murray, 1992).

15 Charles Babbage, *On the Economy of Machinery and Manufactures* (London: Charles Knight, 1832; reprinted Cambridge: Cambridge University Press, 2009).

16 Richard Baldwin, 'Globalisation, automation and the history of work: Looking back to understand the future' , 31 January 2019, https://voxeu.org/content/globalisation-automation-and-history-work-looking-back-underst and-future; Richard Baldwin, *The Great Convergence* (Cambridge, MA: Harvard University Press, 2016).

17 BetaNews, 'The Global Supply Chain Behind the iPhone 6', https:// betanews.com/2014/09/23/the-global-supply-chain-behind-the-iphone-6/.

3 邮票

1 Rowland Hill, *Post Office Reform: Its Importance and Practicability*, 3rd edition (1837), available at http://www.gbps.org.uk/information/downloads/files/ penny-postage/Post%20Office%20Reform,%20its%20Importance%20and%20Practicability%20-%20Rowland%20Hill%20(3rd%20edition,%20 1837).pdf, p. iv.

2 Sir Rowland Hill and George Birkbeck Hill, *The Life of Sir Rowland Hill and the History of Penny Postage* (1880), available at http://www.gbps.org.uk/information/downloads/files/penny-postage/The%20Life%20of%20Sir%20Rowland%20Hill%20(Volume%201).pdf, p. 263.

3 Hill and Hill, *Life of Sir Rowland Hill*, pp. 279, 326.

4 Hill, *Post Office Reform*.

5 Hill and Hill, *Life of Sir Rowland Hill*, p. 278.

6 Hill, *Post Office Reform*, p. 54.

7 Hill and Hill, *Life of Sir Rowland Hill*, pp. 364–371.

8 Hill and Hill, *Life of Sir Rowland Hill*, p. 238.

9 Gregory Clark, *Average Earnings and Retail Prices, UK, 1209–2017* (Davis, CA: University of California, Davis, 28 April 2018), https://www. measuringworth.com/datasets/ukearncpi/earnstudyx.pdf.

10 Hill and Hill, *Life of Sir Rowland Hill*, p. 238.

11 James Vernon, *Distant Strangers: How Britain Became Modern* (Berkeley: University of California Press, 2014), p. 68.

12 Hill, *Post Office Reform*, p. 80.

13 Hill, *Post Office Reform*, p. 68-81.

14 https://www.richmondfed.org/~/media/richmondfedorg/publications/ research/economic_review/1992/pdf/er780201.pdf.

15 Hill, *Post Office Reform*, p. 79.

16 Hill, *Post Office Reform*, p. 79.

17 Eunice and Ron Shanahan, 'The Penny Post', The Victorian Web, http://www.victorianweb.org/history/pennypos.html.

18 Catherine J. Golden, *Posting It: The Victorian Revolution in Letter Writing* (Gainesville: University Press of Florida, 2009).

19 Randal Stross, 'The Birth of Cheap Communication (and Junk Mail)', *New York Times*, 20 February 2010, https://www.nytimes.com/2010/02/21/ business/21digi.html.

20 Daron Acemoğlu, Jacob Moscona and James Robinson, 'State capacity and American technology: Evidence from the 19th century', *Vox*, 27 June 2016, https://voxeu.org/article/state-capacity-and-us-technical-progress-19th-century.

21 'Amazon is not the only threat to legacy post offices', *Economist*, 19 April 2018, https://www.economist.com/business/2018/04/19/amazon-is-not-the-only-threat-to-legacy-post-offices.

22 'The Shocking Truth about How Many Emails Are Sent', Campaign Monitor, March 2019, https://www.campaignmonitor.com/blog/email-marketing/2018/03/shocking-truth-about-how-many-emails-sent/.

23 Acemoğlu, Moscona and Robinson, 'State capacity and American technology'.

4 自行车

1 Margaret Guroff, *The Mechanical Horse: How the Bicycle Reshaped American Life* (Austin: University of Texas Press, 2016), ch. 1.

2 Harry Oosterhuis, 'Cycling, modernity and national culture', *Social History* 41.3 (2016), 233–48.

3 Guroff, *Mechanical Horse*, ch. 3.

4 Paul Smethurst, *The Bicycle – Towards a Global History* (London: Palgrave Macmillan, 2015), ch. 1.

5 David Herlihy, *Bicycle: The History* (New Haven, CT: Yale University Press, 2004), pp. 268–9.

6 Margaret Guroff, 'The Wheel, the Woman and the Human Body', https:// longreads.com/2018/07/06/the-wheel-the-woman-and-the-human-body/ (extract from *The Mechanical Horse*).

7 Guroff, 'The Wheel, the Woman and the Human Body'.

8 Guroff, *Mechanical Horse*, ch. 3.

9 Karthik Muralidharan and Nishith Prakash, 'Cycling to School: Increasing Secondary School Enrollment for Girls in India', NBER Working Paper No. 19305, August 2013.

10 Jason Gay, 'The LeBron James interview about bicycles', *Wall Street Journal*, 6 August 2018, https://www.wsj.com/articles/the-lebron-james-interview-about-bicycles-1533561787.

11 William Manners, 'The secret history of 19th century cyclists', *Guardian*, 9 June 2015, https://www.theguardian.com/environment/bike-blog/2015/ jun/09/feminism-escape-widneing-gene-pools-secret-history-of-19th-century-cyclists; Steve Jones, 'Steve Jones on Extinction: A conversation with Steve Jones', https://www.edge.org/conversation/steve_ jones-steve-jones-o n-extinction.

12 David A. Hounshell, *From the American System to Mass Production, 1800–1932* (Baltimore, MD: Johns Hopkins University Press, 1984), Introduction and ch. 5.

13 Jane Jacobs, *Cities and the Wealth of Nations* (New York: Random House, 1984), p. 150.

14 Smethurst, *The Bicycle*, ch. 1.

15 Jacobs, *Cities and the Wealth of Nations*, p. 38.

16 Smethurst, *The Bicycle*, ch. 3, p. 118.

17 Tatsuzo Ueda, 'The development of the bicycle industry in Japan after World War II', *Japanese Experience of the UNU Human and Social Development Programme* (1981), https://d-arch.ide.go.jp/je_archive/english/society/wp_ je_unu38.html.

18 World Bank Blog, 'Cycling Is Everyone's Business', https://blogs.worldbank.org/publicsphere/cycling-everyone-s-business; Worldometers: Bicycles, http://www.worldometers.info/bicycles/.

19 The European Cyclists Federation reports 16 million shared bikes in China alone in 2018: https://ecf.com/news-and-events/news/executive-summary-what-happening-bike-share-world-1; *The Economist* counted more than 1500 bike-share schemes in 2017, with more coming at an increasing rate: https://www.economist.com/christmas-specials/2017/12/19/how-bike-sharing-conquered-the-world.

5 眼镜

1 Thomas Black, 'Google Glass Finds a New Home at the Factory', *Bloomberg*, 20 May 2019, https://www.bloomberg.com/news/articles/2019-05-20/google-glass-finds-a-new-home-at-the-factory.

2 Andre Bourque, 'Smart glasses are making workers more productive', CIO, 16 May 2017, https://www.cio.com/article/3196294/smart-glasses-ar e-making-workers-more-productive.html.

3 Project Glass: Live Demo at Google I/O, 27 June 2012, https://www. youtube.com/watch?v=D7TB8b2t3QE.

4 Black, 'Google Glass Finds a New Home at the Factory'.

5 https://en.wikipedia.org/wiki/Ibn_al-Haytham.

6 David C. Lindberg, *Theories of Vision from al-Kindi to Kepler* (Chicago, IL: University of Chicago Press, 1981), pp. 209–10.

7 Rebecca Stefoff, *Microscopes and Telescopes* (New York: Marshall Cavendish, 2007), pp. 12–13.

8 Lindberg, *Theories of Vision*, p. 86.

9 Steven Johnson, *How We Got to Now* (New York: Penguin, 2014), pp. 15–16.

10 James B. Tschen-Emmons, *Artifacts from Medieval Europe* (Santa Barbara, CA: ABC-CLIO, 2015), p. 260.

11 Alberto Manguel, *A History of Reading* (London: Flamingo, 1997), p. 293.

12 Manguel, *History of Reading*, p. 292.

13 Born circa 1255, according to https://en.wikipedia.org/wiki/ Jordan_of_Pisa.

14 Steven R. Fischer, *A History of Reading* (London: Reaktion Books, 2004), p. 186.

15 Stefoff, *Microscopes and Telescopes*, pp. 14–16.

16 Stefoff, *Microscopes and Telescopes*, pp. 14–16.

17 'Britain's Eye Health in Focus: A snapshot of consumer attitudes and behaviour towards eye health' (College of Optometrists, 2013), http://www. wcb-ccd.org.uk/perspectif/library/BEH_Report_FINAL%20(1).pdf.

18 'VisionWatch' (Vision Council, September 2016), https://www. thevisioncouncil.org/sites/default/files/research/VisionWatch_ VisionCouncil_Member_Benefit_Report_September%202016_FINAL.pdf; 'Share of Japanese wearing eyeglasses as of September 2017, by age group and gender' , Statista, https://www.statista.com/statistics/825746/japan-glasses-usage-share-by-age-gender/.

19 'Eyeglasses for Global Development: Bridging the Visual Divide' (Geneva: World Economic Forum, June 2016), http://www3.weforum.org/docs/ WEF_2016_EYElliance.pdf.

20 Sam Knight, 'The spectacular power of Big Lens' , *Guardian*, 10 May 2018, https://www.theguardian.com/news/2018/may/10/the-invisible-power-of-big-glasses-eyewear-industry-essilor-luxottica.

21 'Eyeglasses for Global Development' .

22 Priya Adhisesha Reddy et al., 'Effect of providing near glasses on productivity among rural Indian tea workers with presbyopia (PROSPER): a randomised trial' , *Lancet Global Health* 6.9, PE1019-E1027 (1 September 2018), http://dx.doi.org/10.1016/S2214-109X(18)30329-2.

23 'Eyeglasses to Improve Workers' Manual Dexterity' , Givewell, April 2019, https://www.givewell.org/international/technical/programs/eyeglasses-workers-manual-dexterity.

24 'Eyeglasses for Global Development' .

25 Paul Glewwe, Albert Park, Meng Zhao, *A Better Vision for Development: Eyeglasses and Academic Performance in Rural Primary Schools in China*, HKUST IEMS Working Paper No. 2015-37, June 2016, https://www. povertyactionlab.org/sites/default/files/publications/424_542_A%20better%20vision%20for%20development_PaulGlewwe_May2016.pdf.

26 Elie Dolgin, 'The myopia boom' , *Natur*e 519.7543 (18 March 2015), https://www.nature.com/news/the-myopia-boom-1.17120?WT. mc_id=TWT_NatureNews#/eye.

27 John Trevelyan and Peter Ackland, 'Global Action Plan Indicators – the data in full' , Vision Atlas, International Agency for the Prevention of Blindness, updated 11 October 2018, http://atlas.iapb.org/global-action-plan/ gap-indicators/.

28 Jennifer L. Y. Yip et al., 'Process evaluation of a National Primary Eye Care Programme in Rwanda' , *BMC Health Services Research* 18.1 (December 2018), https://doi.org/10.1186/s12913-018-3718-1.

29 Zhang et al., 'Self correction of refractive error among young people in rural China: results of cross sectional investigation' , *BMJ* 2011;343:d4767, doi: 10.1136/bmj.d4767, http://cvdw.org/resources/bmj.d4767.full.pdf.

6 罐头食品

1 Alex Davies, 'Inside the Races That Jump-Started the Self-Driving Car', *Wired*, 11 October 2017, https://www.wired.com/story/darpa-grand-urban-challenge-self-driving-car/.

2 Alex Davies, 'Inside the Races'; 'An Oral History of the Darpa Grand Challenge, the Grueling Robot Race That Launched the Self-Driving Car', *Wired*, 3 August 2017, https://www.wired.com/story/darpa-grand-challenge-2004-oral-history/.

3 https://en.wikipedia.org/wiki/History_of_self-driving_cars.

4 *Inventors and Inventions* (New York: Marshall Cavendish, 2008).

5 Kat Eschner, 'The Father of Canning Knew His Process Worked, But Not Why It Worked', *Smithsonian* magazine, 2 February 2017, https://www. smithsonianmag.com/smart-news/father-canning-knew-his-process-worked-not-why-it-worked-180961960/.

6 http://www.oxfordreference.com/view/10.1093/oi/authority.20110803095425331.

7 *Inventors and Inventions*.

8 N. Appert, *The Art of Preserving All Kinds of Animal and Vegetable Substances for Several Years* (1812), available at http://www.gutenberg.org/ files/52551/52551-h/52551-h.htm.

9 Tom Geoghegan, 'The story of how the tin can nearly wasn't', BBC News Magazine, 21 April 2013, https://www.bbc.co.uk/news/ magazine-21689069.

10 Geoghegan, 'The story'.

11 Vivek Wadhwa, 'Silicon Valley Can't Be Copied', *MIT Technology Review*, 3 July 2013, https://www.technologyreview.com/s/516506/ silicon-valley-cant-be-copied/.

12 https://en.wikipedia.org/wiki/Category:Information_technology_places.

13 Wadhwa, 'Silicon Valley'.

14 Geoghegan, 'The story'.

15 Sue Shephard, *Pickled, Potted, and Canned: How the Art and Science of Food Preserving Changed the World* (New York: Simon and Schuster, 2006).

16 Geoghegan, 'The story'.

17 Zeynep Tufekci, 'How social media took us from Tahrir Square to Donald Trump', *MIT Technology Review*, 14 August 2018, https://www. technologyreview.com/s/611806/how-social-media-took-us-from-tahrir-square-to-donald-trump/.

18 Evan Osnos, 'Doomsday Prep for the Super-Rich', *New Yorker*, 22 January 2017, https://www.newyorker.com/magazine/2017/01/30/ doomsday-prep-for-the-super-rich.

19 *Inventors and Inventions*.

7 拍卖

1 Edward Gibbon, *The History of the Decline and Fall of the Roman Empire* (1776–89), ch. 31, https://ebooks.adelaide.edu.au/g/gibbon/edward/g43d/ chapter31.html.

2 Herodotus, *The Histories* (Harmondsworth: Penguin Books, 1972), pp. 120–1.

3 Ralph Cassady, *Auctions and Auctioneering* (Berkeley: University of California Press, 1967), pp. 33–6.

4 Brian Learmount, *The History of the Auction* (London: Barnard and Learmount, 1985), p. 84.

5 Learmount, *History of the Auction*, p. 84.

6 Samuel Pepys, *Diary*, 6 November 1660, https://www.pepysdiary.com/diary/1660/11/06/, 3 September 1662, https://www.pepysdiary.com/ diary/1662/09/03/.

7 John McMillan, *Reinventing the Bazaar: A Natural History of Markets* (New York: WW Norton, 2002); 'Aalsmeer Flower Auction Fights the Clock' , *New York Times* video, 23 December 2014, https://www.youtube.com/ watch?v=zx7buFdpis4.

8 William Vickrey, 'Counterspeculation, Auctions, and Competitive Sealed Tenders' , *Journal of Finance* 16.1: 8–39.

9 Paul Klemperer, 'What Really Matters in Auction Design' , *Journal of Economic Perspectives* 16.1: 169–89, DOI: 10.1257/0895330027166.

10 Ken Binmore and Paul Klemperer, 'The Biggest Auction Ever: The Sale of the British 3G Telecom Licenses' , *Economic Journal* 112.478 (March 2002): C74–C96, https://doi.org/10.1111/1468-0297.00020.

11 Google has a video tutorial explaining the workings of the Ad Auction: https://www.youtube.com/watch?v=L5r0Ng8XbDs. For a more academic discussion, Google's Chief Economist Hal Varian published an analysis of the auction as it was in 2009. Hal Varian, 'Position Auctions' , *International Journal of Industrial Organization* 25.6 (2007): 1163–78.

12 Rachel Lerman, 'Google reports $7.1 billion profit, but still falls short on third-quarter expectations' , Associated Press, 28 October 2019.

13 Jasmine Enberg, 'Global Digital Ad Spending 2019' , *eMarketer*, 28 March 2019, https://www.emarketer.com/content/global-digital-ad-spending-2019.

14 Jack Nicas, 'Google Uses Its Search Engine to Hawk Its Products' , *Wall Street Journal*, 19 January 2017.

8 郁金香

1 Charles Mackay, *Extraordinary Popular Delusions and the Madness of Crowds* (1841).

2 Mike Dash, *Tulipomania* (London: Phoenix, 2003).

3 Anne Goldgar, *Tulipmania: Money, Honor, and Knowledge in the Dutch Golden Age* (Chicago: University of Chicago Press, 2007).

4 Goldgar, *Tulipmania*.

5 Goldgar, *Tulipmania*.

6 Dash, *Tulipomania*.

7 Dash, *Tulipomania*.

8 Stephen Moss, 'The Super-studs: Inside the Secretive World of Racehorse Breeding' , *Guardian*, 28 October 2009, https://www.theguardian.com/sport/2009/oct/28/sea-the-stars-stud.

9 Peter Garber, 'Famous First Bubbles' , *Journal of Economic Perspectives*, Spring 1990; 'Tulipmania' , *Journal of Political Economy* 97.3 (June 1989): 535–60.

10 James McClure and David Chandler Thomas, 'Explaining the timing of tulipmania's boom and bust: historical context, sequester capital and market signals' , *Financial History Review*, 2017.

11 Andrew Odlyzko, 'Collective hallucinations and inefficient markets: The British Railway Mania of the 1840s' , Working Paper, School of Mathematics and Digital Technology Center, University of Minnesota, 2010.

9 王后御用瓷器

1 Brian Dolan, *Josiah Wedgwood: Entrepreneur to the Enlightenment* (London: Harper Perennial, 2004), p. 169.

2 Dolan, *Josiah Wedgwood*, p. 169.

3 Dolan, *Josiah Wedgwood*, p. 153.

4 Dolan, *Josiah Wedgwood*, pp. 213–14.

5 Katie Hafner and Brad Stone, 'IPhone Owners Crying Foul Over Price Cut' , *New York Times*, 7 September 2007, https://www.nytimes. com/2007/09/07/technology/07apple.html.

6 R. H. Coase, 'Durability and Monopoly' , *Journal of Law and Economics* 15.1 (April 1972): 143–9.

7 Nancy F. Koehn, *Brand New: How Entrepreneurs Earned Consumers' Trust from Wedgwood to Dell* (Boston, MA: Harvard Business School Press, 2001), p. 40.

8 Dolan, *Josiah Wedgwood*, p. 277.

9 See e.g. Emile Durkheim, *La science positive de la morale en Allemagne* (1887), available at https://gallica.bnf.fr/ark:/12148/bpt6k171631/f61.image; Thorstein Veblen, *The Theory of the Leisure Class* (1899); https:// en.wikipedia.org/wiki/Trickle-down_effect.

10 Deniz Atik & A. Fuat Fırat, 'Fashion creation and diffusion: The institution of marketing' , *Journal of Marketing Management* 29.7–8 (2013): 836–60, DOI: 10.1080/0267257X.2012.729073.

11 Malcolm Gladwell, 'The Coolhunt' , *New Yorker*, 10 March 1997, https:// www.newyorker.com/magazine/1997/03/17/the-coolhunt.

12 Vanessa Grigoriadis, 'Slaves of the Red Carpet' , *Vanity Fair*, 10 February 2014, https://www.vanityfair.com/hollywood/2014/03/hollywood-fashion-stylists-rachel-zoe-leslie-fremar.

13 Nancy F. Koehn, *Brand New: How Entrepreneurs Earned Consumers' Trust from Wedgwood to Dell* (Boston, MA: Harvard Business School Press, 2001), p. 35.

14 Koehn, *Brand New*, p. 12.

15 Dolan, *Josiah Wedgwood*, pp. 174–5.

16 Dolan, *Josiah Wedgwood*, p. 263.

17 Dolan, *Josiah Wedgwood*, p. 217.

18 Dolan, *Josiah Wedgwood*, p. 287.

19 Jenny Uglow, *The Lunar Men: The Friends Who Made the Future* (London: Faber and Faber, 2002), p. 205.

20 See e.g. Wolfgang Pesendorfer, 'Design Innovation and Fashion Cycles', *American Economic Review* 85.4 (1995): 771–92; Barak Y. Orbach, 'The Durapolist Puzzle: Monopoly Power in Durable-Goods Markets', *Yale Journal on Regulation* 21.1 (2004): 67–119.

21 Dolan, *Josiah Wedgwood*, p. 277.

10 香烟广告

1 Allan M. Brandt, *The Cigarette Century: The Rise, Fall, and Deadly Persistence of the Product That Defined America* (New York: Basic Books, 2007).

2 Robert Proctor, *Golden Holocaust: Origins of the Cigarette Catastrophe and the Case for Abolition* (Berkeley: University of California Press, 2011).

3 Brandt, *Cigarette Century*.

4 Proctor, *Golden Holocaust*.

5 Proctor, *Golden Holocaust*.

6 Brandt, *Cigarette Century*.

7 Brandt, *Cigarette Century*.

8 Brandt, *Cigarette Century*.

9 Proctor, *Golden Holocaust*.

10 Terrence H. Witkowski, 'Promise Them Everything: A Cultural History of Cigarette Advertising Health Claims', *Current Issues and Research in Advertising* 13.2 (1991): 393–409.

11 Witkowski, 'Promise Them Everything'.

12 Brandt, *Cigarette Century*.

13 Witkowski, 'Promise Them Everything'.

14 'Smoke Gets In Your Eyes', *Mad Men* pilot episode, first broadcast 19 July 2007. Writer: Matthew Weiner. Director: Alan Taylor. Production company: Lionsgate. A video clip and transcript of this particular moment is at http://www.sarahvogelsong.com/blog/2018/1/29/its-toasted.

15 Proctor, *Golden Holocaust*.

16 Brandt, *Cigarette Century*.

17 https://en.wikipedia.org/wiki/Regulation_of_nicotine_marketing.

18 'Plain packaging of tobacco products: Evidence, design and implementation' (World Health Organization, 2016), https://www.who.int/tobacco/ publications/industry/plain-packaging-tobacco-products/en/.

19 See e.g. William Savedoff, 'Plain packaging' , British American Tobacco, http://www.bat.com/plainpackaging; 'Tobacco Companies Fail the Corporate Social Responsibility Test of a Free-Market Advocate' , Center for Global Development, 17 August 2017, https://www.cgdev.org/blog/tobacco-companies-fail-corporate-social-responsibility-test-free-market-advocate.

20 See e.g. Brandt, *The Cigarette Century*.

21 Global Health Observatory, World Health Organization, https://www.who. int/gho/tobacco/use/en/.

22 Proctor, *Golden Holocaust*.

11 缝纫机

1 https://www.youtube.com/watch?v=koPmuEyP3a0.

2 https://budpride.co.uk/.

3 See e.g. Rachel Alexander, 'Woke Capitalism: Big Business Pushing Social Justice Issues' , The Stream, 12 June 2019, https://stream.org/woke-capitalism-big-business-pushing-social-justice-issues/.

4 https://en.wikipedia.org/wiki/Declaration_of_Sentiments (accessed 8 July 2019).

5 Ruth Brandon, *Singer and the Sewing Machine: A Capitalist Romance* (London: Barrie & Jenkins, 1977), p. 42.

6 Adam Mossoff, 'The Rise and Fall of the First American Patent Thicket: The Sewing Machine War of the 1850s' , *Arizona Law Review* 53(2011): 165–211.

7 'The Story of the Sewing-Machine; Its Invention Improvements Social, Industrial and Commercial Importance' , *New York Times*, 7 January 1860, https://www.nytimes.com/1860/01/07/archives/the-story-of-the-sewingmachine-its-invention-improvements-social.html.

8 *Godey's Lady's Book and Magazine* 61 (1860), p. 77.

9 Brandon, *Singer*, p. 44.

10 Brandon, *Singer*, p. 21.

11 Brandon, *Singer*, p. 45.

12 'Story of the Sewing-Machine' .

13 Grace Rogers Cooper, *The Sewing Machine: Its Invention and Development* (Washington, DC: Smithsonian Institution, 1968), pp. 41–2.

14 Mossoff, 'American Patent Thicket' .

15 Mossoff, 'American Patent Thicket' .

16 'Patent pools and antitrust – a comparative analysis' , Secretariat, World Intellectual

Property Organization, March 2014, https://www.wipo.int/ export/sites/www/ip-competition/en/studies/patent_pools_report.pdf.

17 David A. Hounshell, *From the American System to Mass Production, 1800–1932* (Baltimore, MD: Johns Hopkins University Press, 1984), ch. 2.

18 Mossoff, 'American Patent Thicket'.

19 Mossoff, 'American Patent Thicket'.

20 Brandon, *Singer*, p. 117.

21 Andrew Godley, 'Selling the Sewing Machine Around the World: Singer's International Marketing Strategies, 1850–1920', *Enterprise and Society* 7.2 (March 2006).

22 Brandon, *Singer*, p. 140.

23 Brandon, *Singer*, pp. 120–1.

24 Mossoff, 'American Patent Thicket'.

25 Brandon, *Singer*, p. 125.

26 Brandon, *Singer*, pp. 68, 73.

27 Brandon, *Singer*, p. 124.

28 Brandon, *Singer*, p. 127.

29 'Story of the Sewing-Machine'.

30 *Godey's Lady's Book and Magazine* 61, p. 77.

31 Mossoff, 'American Patent Thicket'.

12 邮购目录

1 https://www.wards.com/.

2 David Blanke, *Sowing the American Dream: How Consumer Culture Took Root in the Rural Midwest* (Athens: Ohio University Press, 2000).

3 Blanke, *American Dream.*

4 Blanke, *American Dream.*

5 Doug Gelbert, *Branded! Names So Famous the People Have Been Forgotten* (Cruden Bay Books, 2016).

6 Gelbert, *Branded!*.

7 Blanke, *American Dream.*

8 Gelbert, *Branded!*.

9 Gelbert, *Branded!*.

10 Blanke, *American Dream.*

11 Leslie Kaufman with Claudia H. Deutsch, 'Montgomery Ward to Close Its Doors', *New York Times*, 29 December 2000, https://www.nytimes. com/2000/12/29/business/montgomery-ward-to-close-its-doors.html.

12 'Ward (Montgomery) & Co.', Encyclopaedia of Chicago, http://www. encyclopedia.chicagohistory.org/pages/2895.html.

13 Catalogue No. 13, Montgomery Ward & Co., available at https://archive. org/details/catalogueno13spr00mont.

14 Earle F. Walbridge, '*One Hundred Influential American Books Printed before 1900. Catalogue and Addresses. Exhibition at The Grolier Club April Eighteenth–June Sixteenth MCMXLVI*' (review), *The Papers of the Bibliographical Society of America* 41.4 (Fourth Quarter, 1947): 365–7.

15 Blanke, *American Dream*.

16 *99 Percent Invisible*, 'The House that Came in the Mail' , 11 September 2018, https://99percentinvisible.org/episode/the-house-that-came-in-the-mail/.

17 According to the Measuring Worth website, $30m in 1900 is worth $0.9bn at 2018 prices, or $4.2bn if adjusted in line with unskilled wages.

18 Judith M. Littlejohn, 'The Political, Socioeconomic, and Cultural Impact of the Implementation of Rural Free Delivery in Late 1890s US' (2013). https://digitalcommons.brockport.edu/cgi/viewcontent. cgi?article=1009&context=hst_theses.

19 Littlejohn, 'Political, Socioeconomic, and Cultural Impact' .

20 Littlejohn, 'Political, Socioeconomic, and Cultural Impact' .

21 Montgomery Ward Catalogue extract, 1916, Carnival Glass Worldwide, https://www.carnivalglassworldwide.com/ montgomery-ward-ad-1916.html.

22 1911 Modern Homes Catalog, available at http://www.arts-crafts.com/ archive/sears/page11.html.

23 Nancy Keates, 'The Million-Dollar Vintage Kit Homes That Come From Sears' , *Wall Street Journal*, 21 September 2017, https://www.wsj.com/articles/ some-vintage-kit-homes-now-sell-for-over-1-million-1506001728.

24 'Montgomery Ward to End Catalogue Sales' , *Los Angeles Times*, 2 August 1985, https://www.latimes.com/archives/ la-xpm-1985-08-02-mn-5529-story.html.

25 Stephanie Strom, 'Sears Eliminating Its Catalogues and 50,000 Jobs' , *New York Times*, 26 January 1993, https://www.nytimes.com/1993/01/26/ business/sears-eliminating-its-catalogues-and-50000-jobs.html.

26 Larry Riggs, 'Direct Mail Gets Most Response, But Email Has Highest ROI: DMA' , *Chief Marketer*, 22 June 2012, https://www.chiefmarketer.com/ direct-mail-gets-most-response-but-email-has-highest-roi-dma/.

27 Jiayang Fan, 'How e-commerce is transforming rural China' , *New Yorker*, 16 July 2018, https://www.newyorker.com/magazine/2018/07/23/how-e-commerce-is-transforming-rural-china.

28 Anderlini, 'Liu Qiangdong, the "Jeff Bezos of China" , on making billions with JD.com' , *Financial Times*, 15 September 2017, https://www.ft.com/ content/a257956e-97c2-11e7-a652-cde3f882dd7b.

29 Feng Hao, 'Will "Taobao villages" spur a rural revolution?' , China Dialogue, 24

May 2016, https://www.chinadialogue.net/article/show/ single/en/8943-Will-Taobao-villages-spur-a-rural-revolution.

30 Anderlini, ‘Liu Qiangdong’ .

31 James J. Feigenbaum and Martin Rotemberg, ‘Communication and Manufacturing: Evidence from the Expansion of Postal Services’ , working paper, https://scholar.harvard.edu/files/ feigenbaum_and_rotemberg_-_rural_free_delivery.pdf.

32 See e.g. Feng Hao, ‘Will “Taobao villages” spur a rural revolution?’ ; Josh Freedman, ‘Once poverty-stricken, China’s “Taobao villages” have found a lifeline making trinkets for the internet’ , Quartz, 12 February 2017, https:// qz.com/899922/once-poverty-stricken-chinas-taobao-villages-have-found-a-lifeline-making-trinkets-for-the-internet/.

13 快餐连锁店

1 Ray Kroc with Robert Anderson, *Grinding It Out: The Making of McDonald's* (Chicago, IL: Contemporary Books, 1987), ch 1.

2 John F. Love, *McDonald's: Behind the Arches* (London: Transworld, 1987), p. 23.

3 Kroc, *Grinding It Out*, ‘Afterword’ .

4 Love, *McDonald's*, pp. 16–19.

5 Love, *McDonald's*, pp. 25–6.

6 Love, *McDonald's*, p. 16.

7 Love, *McDonald's*, p. 24.

8 Love, *McDonald's*, p. 22.

9 Kroc, *Grinding It Out*, ch. 2.

10 Kroc, *Grinding It Out*, p. 176.

11 Roger D. Blair, Francine Lafontaine, *The Economics of Franchising* (Cambridge: Cambridge University Press, 2005).

12 Examples drawn from https://www.franchisedirect.com/ top100globalfranchises/rankings.

13 Blair, Lafontaine, *Economics of Franchising*; Jaimie Seaton, ‘Martha Matilda Harper, The Greatest Businesswoman You've Never Heard Of’ , Atlas Obscura, 11 January 2017, https://www.atlasobscura.com/articles/martha-matilda-harper-the-greatest-businesswoman-youve-never-heard-of.

14 Love, *McDonald's*, p. 53.

15 Love, *McDonald's*, ch. 3.

16 Love, *McDonald's*, pp. 148–9.

17 Love, *McDonald's*, pp. 144–6.

18 Hayley Peterson, ‘Here's what it costs to open a McDonald's restaurant’ , Business Insider, 6 May 2019, https://www.businessinsider.com/what-it-costs-to-open-a-mcdonalds-2014-11.

19 https://en.wikipedia.org/wiki/McDonald's.

20 Peterson, 'Here's what it costs' .

21 Alan B. Kreuger, 'Ownership, Agency, and Wages: An Examination of Franchising in the Fast Food Industry' , *Quarterly Journal of Economics* 106.1 (February 1991): 75–101.

22 Sugato Bhattacharyya and Francine Lafontaine, 'Double-Sided Moral Hazard and the Nature of Share Contracts' , *RAND Journal of Economics* 26.4 (Winter 1995): 761–81.

23 Love, *McDonald's*, p. 24.

14 筹款行动

1 Adam Smith, *An Inquiry into the Nature and Causes of the Wealth of Nations* (1776).

2 'Gross Domestic Philanthropy: An international analysis of GDP, tax and giving' , Charities Aid Foundation, January 2016, https://www.cafonline. org/docs/default-source/about-us-policy-and-campaigns/gross-domestic-philanthropy-feb-2016.pdf.

3 Author's calculations. The UK beer market is estimated at $15.5 billion in 2019, per https://www.statista.com/outlook/10010000/156/beer/united-kingdom; meat products, $18.6 billion in 2019, per https:// www.statista.com/outlook/40020000/156/meat-products-sausages/united-kingdom; bread, $4.7 billion in 2019, per https://www. statista. com/outlook/40050100/156/bread/united-kingdom. UK GDP is estimated at $2,800 billion in 2018, per https://en.wikipedia.org/wiki/Economy_of_the_United_Kingdom.

4 https://en.wikipedia.org/wiki/Tithe.

5 Adrian Sargeant and Elaine Jay, *Fundraising Management: Analysis, Planning and Practice* (Abingdon: Routledge, 2014).

6 Scott M. Cutlip, *Fund Raising in the United States: Its Role in America's Philanthropy* (Piscataway, NJ: Transaction Publishers, 1965).

7 Cutlip, *Fund Raising*.

8 Sargeant and Jay, *Fundraising Management*.

9 Sargeant and Jay, *Fundraising Management*.

10 *The Rotarian*, October 1924, available at https://books.google.co.uk/ books?id=TUQEAAAAMBAJ&pg=PA59.

11 Anna Isaac, 'Have charity shock ads lost their power to disturb?' , *Guardian*, 20 April 2016, https://www.theguardian.com/voluntary-sector-network/2016/apr/20/charity-ads-shock-barnados.

12 See e.g. Amihai Glazer and Kai A. Konrad, 'A Signaling Explanation for Charity' , *American Economic Review* 86.4 (September 1996): 1019–28, https:// www.jstor.org/stable/2118317.

13 Geoffrey Miller, *The Mating Mind: How Sexual Choice Shaped the Evolution of*

Human Nature (London: Vintage, 2000).

14 Craig Landry, Andreas Lange, John A. List, Michael K. Price and Nicholas G. Rupp, 'Toward an Understanding of the Economics of Charity: Evidence from a Field Experiment', East Carolina University, University of Chicago, University of Maryland, University of Nevada-Reno, NBER and RFF, 2005, http://www.chicagocdr.org/papers/listpaper. pdf#search=%2522towards%20an%20understanding%20of%20the%20 economics%20of%20charity%2522.

15 James Andreoni, 'Impure Altruism and Donations to Public Goods: A Theory of Warm Glow Giving', *Economic Journal* 100.401 (June 1990): 464– 77, available at https://econweb.ucsd.edu/~jandreon/Publications/ ej90.pdf.

16 'Introduction to Effective Altruism', Centre for Effective Altruism, 22 June 2016, https://www.effectivealtruism.org/articles/introduction-to-effective-altruism/.

17 https://givewell.org.

18 Dean Karlan and Daniel Wood, 'The Effect of Effectiveness: Donor Response to Aid Effectiveness in a Direct Mail Fundraising Experiment', Economic Growth Center Discussion Paper No. 1038, 2015.

19 'Mega-charities', The GiveWell Blog, 28 December 2011, https://blog. givewell.org/2011/12/28/mega-charities/.

15 圣诞老人

1 Lindsay Whipp, 'All Japan Wants for Christmas Is Kentucky Fried Chicken', *Financial Times*, 19 December 2010, https://www.ft.com/content/bb2dafc6-0ba4-11e0-a313-00144feabdc0#axzz2F2h70NMo.

2 https://www.theguardian.com/lifeandstyle/2016/dec/21/coca-cola-didnt-invent-santa-the-10-biggest-christmas-myths-debunked; https://www. coca-colacompany.com/stories/coke-lore-santa-claus.

3 http://www.whiterocking.org/santa.html.

4 https://www.snopes.com/fact-check/rudolph-red-nosed-reindeer/.

5 Stephen Nissenbaum, *The Battle for Christmas* (New York: Alfred Knopf, 1997); Bruce David Forbes, *America's Favorite Holidays: Candid Histories* (Oakland: University of California Press, 2015).

6 Nissenbaum, *Battle for Christmas*.

7 Forbes, *America's Favorite Holidays*.

8 John Tierney, 'The Big City, Christmas, and the Spirit of Commerce', *New York Times*, 21 December 2001, https://www.nytimes.com/2001/12/21/nyregion/the-big-city-christmas-and-the-spirit-of-commerce.html.

9 Joel Waldfogel, *Scroogenomics: Why You Shouldn't Buy Presents for the Holidays* (Woodstock: Princeton University Press, 2009).

10 Waldfogel, *Scroogenomics*.

11 Harriet Beecher Stowe, 'Christmas; or, The Good Fairy', *National Era* 4 (26 December 1850).
12 Marla Frazee, *Santa Claus: The World's Number One Toy Expert* (Boston, MA: Houghton Mifflin Harcourt, 2005).
13 Joel Waldfogel, 'The Deadweight Loss of Christmas', *American Economic Review* 83.5 (1993): 1328–36, www.jstor.org/stable/2117564.
14 Parag Waknis and Ajit Gaikwad, 'The Deadweight Loss of Diwali', MPRA Paper, University Library of Munich, 2011, https://EconPapers.repec.org/ RePEc:pra:mprapa:52883.
15 The World Bank includes the IBRD (which makes non-concessional loans) and IDA (which makes concessional loans), and each lent about $20 billion in 2017. http://pubdocs.worldbank.org/en/982201506096253267/ AR17-World-Bank-Lending.pdf.
16 Jennifer Pate Offenberg, 'Markets: Gift Cards', *Journal of Economic Perspectives* 21.2 (Spring 2007).
17 Francesca Gino and Francis J. Flynn, 'Give them what they want: The benefits of explicitness in gift exchange', *Journal of Experimental Social Psychology* 47 (2011): 915–22, https://static1.squarespace.com/ static/55dcde36e4b0df55a96ab220/t/55e746dee4b07156fbd7f6bd/ 1441220318875/Gino+Flynn+JESP+2011.pdf.

16 环球银行金融电信协会（SWIFT）

1 Susan Scott and Markos Zachariadis, *The Society for Worldwide Interbank Financial Telecommunication (SWIFT)* (Abingdon: Routledge, 2014), p. 12.
2 Tom Standage, *The Victorian Internet* (London: Weidenfeld and Nicolson, 1998), pp. 110–11.
3 Patrice A. Carré, 'From the telegraph to the telex: a history of technology, early networks and issues in France in the 19th and 20th centuries', *FLUX Cahiers scientifiques internationaux Réseaux et Territoires* 11 (1993): 17–31.
4 Eric Sepkes, quoted in Scott and Zachariadis, *The Society*, pp. 11–12.
5 The words of the Italian banker Renato Polo, quoted in Scott and Zachariadis, *The Society*, p. 18.
6 Scott and Zachariadis, *The Society*, p. 19.
7 'New SWIFT network gives banks an instant linkup – worldwide', *Banking* 69.7 (1977): 48.
8 Scott and Zachariadis, *The Society*, chs. 2–3.
9 Lily Hay Newman, 'A New Breed of ATM Hackers Gets in Through a Bank's Network', *Wired*, 9 April 2019; Iain Thomson, 'Banking system SWIFT was anything but on security, ex-boss claims', The Register, 18 August 2016, https://www.theregister.co.uk/2016/08/18/ swift_was_anything_but_on_security_claim/.
10 Michael Peel and Jim Brunsden, 'Swift shows impact of Iran dispute on international

business', *Financial Times*, 6 June 2018, https://www.ft.com/ content/9f082a96-63f4-11e8-90c2-9563a0613e56.

11 Eric Lichtblau and James Risen, 'Bank Data Is Sifted by U.S. in Secret to Block Terror', *New York Times*, 23 June 2006.

12 Michael Peel, 'Swift to comply with US sanctions on Iran in blow to EU', *Financial Times*, 5 November 2018, https://www.ft.com/content/8f16f8aa-e104-11e8-8e70-5e22a430c1ad.

13 Justin Scheck and Bradley Hope, 'The Dollar Underpins American Power', *Wall Street Journal*, 29 May 2019.

14 Henry Farrell and Abraham L. Newman, 'Weaponized Interdependence: How Global Economic Networks Shape State Coercion', *International Security* 2019 44:1, 42–79.

15 Nicholas Lambert, *Planning Armageddon* (London: Harvard University Press, 2012).

17 信用卡

1 Lewis Mandell, *The Credit Card Industry: A History* (Boston, MA: Twayne Publishers, 1990), p. xii; The Department Store Museum website, http://www.thedepartmentstoremuseum.org/2010/11/charge-cards.html; Hilary Greenbaum and Dana Rubinstein, 'The Cardboard Beginnings of the Credit Card', *New York Times*, 2 December 2011, http://www.nytimes. com/2011/12/04/magazine/the-cardboard-beginnings-of-the-credit-card.html.

2 Mandell, *Credit Card Industry*, p. 26; Greenbaum and Rubinstein, 'Cardboard Beginnings'.

3 David S. Evans and Richard Schmalensee, *Paying with Plastic: The Digital Revolution in Buying and Borrowing* (Cambridge, MA: MIT Press, 1999), p. 79.

4 Bank of America, 'Our History', https://about.bankofamerica.com/ en-us/our-story/birth-of-modern-credit-card.html; *99 Percent Invisible*, 'The Fresno Drop', Episode 196, https://99percentinvisible.org/episode/ the-fresno-drop/.

5 History of IBM, http://www-03.ibm.com/ibm/history/ibm100/us/en/ icons/magnetic/.

6 Evans and Schmalensee, *Paying with Plastic*, pp. 7–9.

7 Maddy Savage, 'Why Sweden is close to becoming a cashless economy', BBC News, 12 September 2017, http://www.bbc.co.uk/news/ business-41095004.

8 Mandell, *Credit Card Industry*, p. 39.

9 Drazen Prelec and Duncan Simester, 'Always Leave Home Without It: A Further Investigation of the Credit-Card Effect on Willingness to Pay', *Marketing Letters* 12.1 (2001): 5–12, http://web.mit.edu/simester/Public/ Papers/Alwaysleavehome.pdf.

10 Thomas A. Durkin, *Consumer Credit and the American Economy* (Oxford: Oxford University Press, 2014), p. 267.

11 https://blogs.imf.org/2017/10/03/rising-household-debt-what-it-means-for-growth-and-stability/.

12 Durkin, *Consumer Credit*, Table 7.7, pp. 312–23.

18 股票期权

1 https://www.c-span.org/video/?23518-1/clinton-campaign-speech (starts at 27:14).

2 Planet Money, 'Episode 682: When CEO Pay Exploded', 5 February 2016, https://www.npr.org/templates/transcript/transcript. php?storyId=465747726.

3 Lawrence Mishel and Jessica Schieder, 'CEO compensation surged in 2017', Economic Policy Institute, Washington, DC, 16 August 2018, epi. org/152123.

4 Aristotle, *Politics* 1.11.

5 An alternative possibility is that Thales may have entered into a legally binding contract to hire the presses: if so, he would have invented not the option but the future. See George Crawford and Bidyut Sen, *Derivatives for Decision Makers: Strategic Management Issues* (Hoboken, NJ: John Wiley & Sons, 1996), p. 7.

6 Aristotle, *Politics* 1.11.

7 Crawford and Sen, *Derivatives*, p. 7.

8 Crawford and Sen, *Derivatives*, p. 20.

9 Michael C. Jensen and Kevin J. Murphy, 'CEO Incentives – It's Not How Much You Pay, But How', *Harvard Business Review* 3 (May–June 1990): 138–53.

10 Robert Reich, 'There's One Big Unfinished Promise By Bill Clinton that Hillary Should Put to Bed', 7 September 2016, https://robertreich.org/ post/150082237740.

11 Brian J. Hall and Kevin J. Murphy, 'The Trouble with Stock Options', NBER Working Paper No. 9784, June 2003.

12 Jerry W. Markham and Rigers Gjyshi (eds), *Research Handbook on Securities Regulation in the United States* (Cheltenham and Northampton, MA: Edward Elgar Publishing, 2014), p. 254.

13 Hall and Murphy, 'The Trouble'.

14 Lucian A. Bebchuk and Jesse M. Fried, 'Pay without Performance: The Unfulfilled Promise of Executive Compensation', Harvard Law School John M. Olin Center for Law, Economics and Business Discussion Paper Series, Paper 528, 2003, p. 10.

15 Bebchuk and Fried, 'Pay without Performance', p. 67.

16 Bebchuk and Fried, 'Pay without Performance'. See also, more recently, Indira Tulepova, 'The Impact of Ownership Structure on CEO Compensation: Evidence from the UK', MA thesis, Radboud University Nijmegen Faculty of Management, 2016–17.

17 Bebchuk and Fried, 'Pay without Performance'. See also Tulepova, 'Impact of Ownership Structure'.

18 Marianne Bertrand and Sendhil Mullainathan, 'Are CEOs Rewarded for Luck? The Ones Without Principals Are', *Quarterly Journal of Economics* 116.3 (August 2001): 901–32, https://doi.org/10.1162/00335530152466269.

19 Rosanna Landis Weaver, 'The Most Overpaid CEOs: Are Fund Managers Asleep at The Wheel?', Harvard Law School Forum on Corporate Governance and Financial Regulation, 30 March 2019, https://corpgov.law. harvard.edu/2019/03/30/the-most-overpaid-ceos-are-fund-managers-asleep-at-the-wheel/.

20 Fernando Duarte, 'It takes a CEO just days to earn your annual wage', BBC, 9 January 2019, http://www.bbc.com/capital/story/20190108-how-long-it-takes-a-ceo-to-earn-more-than-you-do-in-a-year.

21 See e.g. Mishel and Schieder, 'CEO compensation surged in 2017'.

22 See e.g. Robert C. Pozen and S. P. Kothari, 'Decoding CEO Pay', *Harvard Business Review*, July–August 2017, https://hbr.org/2017/07/ decoding-ceo-pay; Nicholas E. Donatiello, David F. Larcker and Brian Tayan, 'CEO Talent: A Dime a Dozen, or Worth its Weight in Gold?', Stanford Closer Look Series, September 2017, https://www.gsb.stanford. edu/faculty-research/publications/ceo-talent-dime-dozen-or-worth-its-weight-gold.

23 Mishel and Schieder, 'CEO compensation surged in 2017'.

24 See e.g. David F. Larcker, Nicholas E. Donatiello and Brian Tayan, 'Americans and CEO Pay: 2016 Public Perception Survey on CEO Compensation', Corporate Governance Research Initiative, Stanford Rock Center for Corporate Governance, February 2016, https://www.gsb. stanford.edu/faculty-research/publications/americans-ceo-pay-2016-public-perception-survey-ceo-compensation; Dina Gerdeman, 'If the CEO's High Salary Isn't Justified to Employees, Firm Performance May Suffer', Working Knowledge, Harvard Business School, 17 January 2018, https://hbswk.hbs. edu/item/if-the-ceo-s-high-salary-isn-t-justified-to-employees-firm-performance-may-suffer.

19 维克瑞的旋转栅门

1 Jacques H. Drèze, *William S. Vickrey 1914–1996: A Biographical Memoir* (Washington, DC: National Academies Press, 1998), http://www.nasonline. org/publications/biographical-memoirs/memoir-pdfs/vickrey-william.pdf; Ronald Harstad, 'William S. Vickrey', https://economics.missouri.edu/ working-papers/2005/wp0519_harstad.pdf.

2 Yohana Desta, '1904 to today: See how New York City subway fare has climbed over 111 years', Mashable, 22 March 2015, https://mashable. com/2015/03/22/new-york-city-subway-fare/.

3 William S. Vickrey, 'The revision of the rapid transit fare structure of the City of New York: Finance project', New York, 1952.

4 Vickrey, 'The revision'.

5 Daniel Levy and Andrew T. Young, '"The Real Thing": Nominal Price Rigidity of the Nickel Coke, 1886–1959', *Journal of Money, Credit and Banking* 36.4

(August 2004): 765–99, available at SSRN: https://ssrn.com/ abstract=533363.
6 William S. Vickrey, 'My Innovative Failures in Economics' , *Atlantic Economic Journal* 21 (1993): 1–9.
7 Jaya Saxena, 'The Extinction of the Early Bird' , Eater, 29 January 2018, https://www.eater.com/2018/1/29/16929816/early-bird-extinction-florida.
8 John Koten, 'Fare Game: In Airlines' Rate War, Small Daily Skirmishes Often Decide Winners' , *Wall Street Journal*, 24 August 1984.
9 Koten, 'Fare Game' .
10 Dug Begley, 'Almost $250 for 13 miles: Uber's "surge pricing"' , *Houston Chronicle*, 30 December 2014.
11 Nicholas Diakopoulos, 'How Uber surge pricing really works' , *Washington Post*, 17 April 2015.
12 Daniel Kahneman, Jack L. Knetsch and Richard Thaler, 'Fairness as a Constraint on Profit Seeking: Entitlements in the Market' , *American Economic Review* 76.4 (1986): 728–41, http://www.jstor.org/ stable/1806070.
13 Constance L. Hays, 'Variable-Price Coke Machine Being Tested' , *New York Times*, 28 October 1999; David Leonhardt, 'Airline Tickets Can Be More in June Than in January. But Soda? Forget It' , *New York Times*, 27 June 2005.
14 Robin Harding, 'Rail privatisation: the UK looks for secrets of Japan's success' , *Financial Times*, 28 January 2019, https://www.ft.com/content/ 9f7f044e-1f16-11e9-b2f7-97e4dbd3580d.
15 David Schaper, 'Are $40 road tolls the future?' , *NPR All Things Considered*, 12 December 2017, https://www.npr.org/2017/12/12/570248568/ are-40-toll-roads-the-future.
16 Harstad, 'William S. Vickrey' .

20 区块链

1 Arie Shapira and Kailey Leinz, 'Long Island Iced Tea Soars After Changing Its Name to Long Blockchain' , *Bloomberg*, 21 December 2017, https://www. bloomberg.com/news/articles/2017-12-21/crypto-craze-sees-long-island-iced-tea-rename-as-long-blockchain.
2 Jason Rowley, 'With at least $1.3 billion invested globally in 2018, VC funding for blockchain blows past 2017 totals' , TechCrunch, 20 May 2018, https://techcrunch.com/2018/05/20/with-at-least-1-3-billion-invested-glo bally-in-2018-vc-funding-for-blockchain-blows-past-2017-totals.
3 Jonathan Chester, 'What You Need To Know About Initial Coin Offering Regulations' , *Forbes*, 9 April 2018, https://www.forbes.com/sites/ jonathanchester/2018/04/09/what-you-need-to-know-about-initial-coin-offering-regulations.
4 https://bitcoin.org/bitcoin.pdf.

5 See e.g. 'How blockchains could change the world' , interview with Don Tapscott, *McKinsey*, May 2016, https://www.mckinsey.com/industries/ high-tech/our-insights/ how-blockchains-could-change-the-world; Laura Shin, 'How The Blockchain Will Transform Everything From Banking To Government To Our Identities' , *Forbes*, 26 May 2016, https://www.forbes. com/sites/laurashin/2016/05/26/how-the-blockchain-will-transform-every thing-from-banking-to-government-to-our-identities/.

6 Christian Catalini and Joshua Gans, 'Some Simple Economics of the Blockchain' , Rotman School of Management Working Paper No. 2874598, MIT Sloan Research Paper No. 5191-16, https://papers.ssrn.com/sol3/ papers.cfm?abstract_id=2874598.

7 Steven Johnson, 'Beyond the Bitcoin Bubble' , *New York Times*, 16 January 2018, https://www.nytimes.com/2018/01/16/magazine/ beyond-the-bitcoin-bubble.html.

8 John Biggs, 'Exit scammers run off with $660 million in ICO earnings' , TechCrunch, 13 April 2018, https://techcrunch.com/2018/04/13/exit-scammers-run-off-with-660-million-in-ico-earnings/.

9 Tyler Cowen, 'Don't Let Doubts About Blockchains Close Your Mind' , *Bloomberg*, 27 April 2018, https://www.bloomberg.com/view/ articles/2018-04-27/blockchains-warrant-skepticism-but-keep-an-open-mind.

10 Jan Vermeulen, 'Bitcoin and Ethereum vs Visa and PayPal – Transactions per second' , My Broadband, 22 April 2017, https://mybroadband.co.za/news/ banking/206742-bitcoin-and-ethereum-vs-visa-and-paypal-transactions-per-second. html.

11 Alex de Vries, 'Bitcoin's Growing Energy Problem' , *Joule* 2.5 (16 May 2018): 801–5, https://www.cell.com/joule/fulltext/S2542-4351(18)30177-6.

12 Preethi Kasireddy, 'Blockchains don't scale. Not today, at least. But there's hope' , Hacker Noon, 22 August 2017, https://hackernoon.com/ blockchains-dont-scale-not-today-at-least-but-there-s-hope-2cb43946551a.

13 Catherine Tucker and Christian Catalini, 'What Blockchain Can't Do' , *Harvard Business Review*, 28 June 2018, https://hbr.org/2018/06/ what-blockchain-cant-do.

14 Kai Stinchcombe, 'Ten years in, nobody has come up with a use for blockchain' , Hacker Noon, 22 December 2017, https://hackernoon.com/ ten-years-in-nobody-has-come-up-with-a-use-case-for-blockchain-ee 98c180100.

15 Mark Frauenfelder, ' "I Forgot My PIN" : An Epic Tale of Losing $30,000 in Bitcoin' , *Wired*, 10 October 2017, https://www.wired.com/story/i-forgot-my-pin-an-epic-tale-of-losing-dollar30000-in-bitcoin/.

16 Chris Wray, 'Law and global trade in the era of blockchain' , 9 April 2018, https:// medium.com/humanizing-the-singularity/law-and-global-trade-in-the-era-of-blockchain-2695c6276579.

17 Klint Finley, 'A $50 Million Hack Just Showed That the DAO Was All Too Human' , *Wired*, 18 June 2016, https://www.wired.com/2016/06/50-million-hack-just-showed-

dao-human/.

18 Eric Budish, 'The Economic Limits of Bitcoin and the Blockchain' , 5 June 2018, http://faculty.chicagobooth.edu/eric.budish/research/ Economic-Limits-Blockchain.pdf.

19 Jim Edwards, 'One of the kings of the '90s dot-com bubble now faces 20 years in prison' , Business Insider, 6 December 2016, http://uk.businessinsider.com/where-are-the-kings-of-the-1990s-dot-com-bubble-bust-2016-12/.

20 Josiah Wilmoth, 'Ex-Iced Tea Maker "Long Blockchain" Faces Reckoning as Nasdaq Prepares to Delist Its Shares' , CCN, 6 June 2018, https://www. ccn.com/ex-iced-tea-maker-long-blockchain-faces-reckoning-as-nasdaq-prepares-to-delist-its-shares/.

21 可互换零件

1 Simon Winchester, *Exactly: How Precision Engineers Created the Modern World* (London: William Collins, 2018), pp. 90–4.

2 Marshall Brain, 'How Flintlock Guns Work' , https://science.howstuffworks. com/flintlock2.htm.

3 Winchester, *Exactly*, pp. 90–4.

4 William Howard Adams, *The Paris Years of Thomas Jefferson* (New Haven, CT: Yale University Press, 1997).

5 Thomas Jefferson, 30 August 1785, in *The Papers of Thomas Jefferson*, ed. Julian Boyd (Princeton, NJ: Princeton, University Press, 1950).

6 David A. Hounshell, *From the American System to Mass Production, 1800–1932* (Baltimore, MD: Johns Hopkins Press, 1984), p. 26.

7 Frank Dawson, *John Wilkinson: King of the Ironmasters* (Cheltenham: The History Press, 2012).

8 Winchester, *Exactly*.

9 H. W. Dickinson, *A Short History of the Steam Engine* (Cambridge: Cambridge University Press, 1939), ch. V.

10 Robert C. Allen, *Global Economic History: A Very Short Introduction* (Oxford: Oxford University Press, 2011), ch. 3.

11 L. T. C. Rolt, *Tools for the Job* (London: HM Stationery Office, 1986), pp.55–63; Ben Russell, *James Watt* (London: Reaktion Books, 2014), pp. 129–30.

12 Winchester, *Exactly*.

13 Adam Smith, *An Inquiry into the Nature and Causes of the Wealth of Nations* (1776), book 1, p. 1, available at https://www.econlib.org/library/Smith/ smWN.html?chapter_num=4#book-reader.

14 Hounshell, *American System to Mass Production*, p. 3.

15 Priya Satia, *Empire of Guns* (London: Duckworth Overlook, 2018), pp. 353–5.

16 Hounshell, *American System to Mass Production*; Winchester, *Exactly*.

17 Hounshell, *American System to Mass Production*; Winchester, *Exactly*.

22 射频识别

1 Adam Fabio, 'Theremin's Bug: How the Soviet Union Spied on the US Embassy for Seven Years', Hackaday.com, 8 December 2015, https:// hackaday.com/2015/12/08/theremins-bug/.

2 Martin Vennard, 'Leon Theremin: The man and the music machine', BBC World Service, 13 March 2012, https://www.bbc.co.uk/news/ magazine-17340257.

3 A.W., 'RFIDs are set almost to eliminate lost luggage', *Economist*, 1 November 2016, https://www.economist.com/gulliver/2016/11/01/rfids-are-set-almost-to-eliminate-lost-luggage.

4 Bill Glover and Himanshu Bhatt, *RFID Essentials* (Sebastopol, CA: O'Reilly, 2006).

5 Jordan Frith, *A Billion Little Pieces: RFID and Infrastructures of Identification* (Cambridge, MA: MIT Press, 2019).

6 'Radio silence', *Economist Technology Quarterly*, 7 June 2007, https://www.economist.com/technology-quarterly/2007/06/07/radio-silence.

7 Glover and Bhatt, *RFID Essentials*; Frith, *A Billion Little Pieces*.

8 Jonathan Margolis, 'I am microchipped and have no regrets', *Financial Times*, 31 May 2018, https://www.ft.com/content/6c0591b4-632d-11e8-bdd1-cc0534df682c.

9 Kevin Ashton, 'That "Internet of Things" Thing', *RFID Journal*, 22 June 2009, https://www.rfidjournal.com/articles/view?4986.

10 N.V., 'The Difference Engine: Chattering Objects', *Economist*, 13 August 2010, https://www.economist.com/babbage/2010/08/13/the-difference-engine-chattering-objects.

11 Cory Doctorow, 'Discarded smart lightbulbs reveal your wifi passwords, stored in the clear', *BoingBoing*, 29 January 2019, https://boingboing. net/2019/01/29/fiat-lux.html.

12 https://www.pentestpartners.com/security-blog/gps-watch-issues-again/.

13 'Privacy Not Included: Vibratissimo Panty Buster', Mozilla Foundation, 1 November 2018, https://foundation.mozilla.org/en/privacynotincluded/ products/vibratissimo-panty-buster/.

14 Shoshana Zuboff, *The Age of Surveillance Capitalism* (London: Profile, 2019); Bruce Sterling, *The Epic Struggle of the Internet of Things* (Moscow: Strelka Press, 2014).

23 接口信息处理机

1 Katie Hafner and Matthew Lyon, *Where Wizards Stay Up Late* (New York: Touchstone, 1996), p. 22.

2 Hafner and Lyon, *Wizards*, pp. 10–15.

3 Hafner and Lyon, *Wizards*, pp. 10–15.

4 Hafner and Lyon, *Wizards*, p. 42.

5 Gene I. Rochlin, *Trapped in the Net* (Princeton, NJ: Princeton University Press, 1997), pp. 38–40. Also, personal communication with Adrian Harford, a veteran computer engineer.

6 Janet Abbate, *Inventing the Internet* (Cambridge, MA: MIT Press, 1999), p. 48.

7 Peter H. Salus, *Casting the Net: From ARPANET to Internet and Beyond* (Reading, MA: Addison-Wesley, 1995), p. 21. Clark himself modestly commented that 'someone else would have thought of it in a few days or weeks'.

8 Graham Linehan, *The IT Crowd*: 'The Speech' (aired December 2008; https://www.imdb.com/title/tt1320786/).

9 Abbate, *Inventing*, pp. 52–3; for a description of how more modern routers work, see Andrew Blum, *Tubes* (London: Viking, 2012), pp. 29–30.

10 Old Computers, http://www.old-computers.com/museum/computer. asp?c=551.

11 Blum, *Tubes*, p. 39. (David Bunnell, *Making the Cisco Connection* (New York: John Wiley, 2000), p. 4, puts the cost at $100,000.)

12 Abbate, *Inventing*, pp. 62–3.

13 http://www.historyofinformation.com/expanded.php?id=1108; Hafner and Lyon, *Wizards*, pp. 150–3.

14 Abbate, *Inventing*, pp. 194–5.

24 全球定位系统

1 'Swedes miss Capri after GPS gaffe', BBC, 28 July 2009, http://news.bbc. co.uk/1/hi/world/europe/8173308.stm.

2 'Economic impact to the UK of a disruption to GNSS', Showcase Report, April 2017, https://assets.publishing.service.gov.uk/government/uploads/system/uploads/attachment_data/file/619545/17.3254_Economic_impact_ to_UK_of_a_disruption_to_GNSS_-_Showcase_Report.pdf.

3 Greg Milner, *Pinpoint: How GPS Is Changing Our World* (London: Granta, 2016).

4 Dan Glass, 'What Happens If GPS Fails?', *Atlantic*, 13 June 2016, https:// www.theatlantic.com/technology/archive/2016/06/what-happens-if-gps-fails/486824/.

5 William Jackson, 'Critical infrastructure not prepared for GPS disruption', GCN, 8 November 2013, https://gcn.com/articles/2013/11/08/ gps-disruption.aspx.

6 Milner, *Pinpoint*.

7 Milner, *Pinpoint*.

8 Milner, *Pinpoint*.

9 Milner, *Pinpoint*.

10 Milner, *Pinpoint*.

11 Victoria Woollaston, 'Solar storms 2018: What is a solar storm and when will the next one hit Earth?', Alphr, 12 April 2018, http://www.alphr.com/ science/1008518/solar-

storm-earth-charged-particles.

12 Milner, *Pinpoint*.

13 Milner, *Pinpoint*.

14 ‘National Risk Estimate’, Department of Homeland Security, available at https://rntfnd.org/wp-content/uploads/DHS-National-Risk-Estimate-GP S-Disruptions.pdf.

15 Milner, *Pinpoint*.

16 Greg Milner, ‘What Would Happen If G.P.S. Failed?’, *New Yorker*, 6 May 2016, https://www.newyorker.com/tech/elements/what-would-happen-if-gps-failed.

25 活字印刷机

1 Frédéric Barbier, *Gutenberg's Europe: The Book and the Invention of Western Modernity* (London: Polity Press, 2016).

2 John Man, *The Gutenberg Revolution* (London: Bantam, 2009), ch. 2.

3 Julie Mellby, ‘One Million Buddhist Incantations’, 3 January 2009, https:// www.princeton.edu/~graphicarts/2009/01/one_million_buddhist_ incantati.html.

4 Tom Scocca, ‘The first printed books came with a question: What do you do with these things?’, *Boston Globe*, 29 August 2010, http://www.boston. com/bostonglobe/ideas/articles/2010/08/29/cover_story/?page=full.

5 Mary Wellesley, ‘Gutenberg's printed Bible is a landmark in European culture’, *Apollo Magazine* 8 (September 2018), https://www.apollo-magazine. com/gutenbergs-printed-bible-landmark-european-culture/; ‘Fifty Treasures: The Gutenberg Bible’, https://www.50treasures.divinity.cam. ac.uk/treasure/gutenberg-bible/.

6 Jeremiah Dittmar, ‘Europe's Transformation After Gutenberg’, *Centrepiece* 544 (Spring 2019).

7 John Naughton, *From Gutenberg to Zuckerberg: What You Really Need to Know About the Internet* (London: Quercus, 2012), ch. 1.

8 Dittmar, ‘Europe's Transformation’.

9 Simon Winchester, *Exactly*.

10 Dittmar, ‘Europe's Transformation’.

11 Barbier, *Gutenberg's Europe*.

12 Paul Ormerod, *Why Most Things Fail* (London: Faber & Faber, 2005), p. 15.

13 Elizabeth Eisenstein, *The Printing Revolution in Early Modern Europe* (New York: Cambridge University Press, 1983).

14 Eisenstein, *Printing Revolution*.

15 Andrew Marantz, *Antisocial: Online Extremists, Techno-Utopians, and the Hijacking of the American Conversation* (New York: Viking, 2019).

16 https://www.bl.uk/treasures/gutenberg/basics.html.

17 Scocca, ‘The first printed books’, *Boston Globe*, 29 August 2010.

26 卫生巾

1 Sharra Vostral, *Under Wraps* (Plymouth: Lexington Books, 2011), ch. 4.

2 Vostral, *Under Wraps*, ch. 1.

3 Thomas Heinrich and Bob Batchelor, *Kotex, Kleenex, Huggies: Kimberly-Clark and the Consumer Revolution in American Business* (Columbus: Ohio State University Press, 2004), p. 96.

4 Janice Delaney, Mary Jane Lupton, Emily Toth, *The Curse: A Cultural History of Menstruation* (New York: New American Library, 1976).

5 Vostral, *Under Wraps*, ch. 3.

6 Delaney et al., *The Curse*; Ashley Fetters, 'The Tampon: A History', *Atlantic*, June 2015, https://www.theatlantic.com/health/archive/2015/06/ history-of-the-tampon/394334/.

7 A. Juneja, A. Sehgal, A. B. Mitra, A. Pandey, 'A Survey on Risk Factors Associated with Cervical Cancer', *Indian Journal of Cancer* 40.1 (January– March 2003): 15–22, https://www.ncbi.nlm.nih.gov/pubmed/14716127; Colin Schultz, 'How Taboos Around Menstruation Are Hurting Women's Health', *Smithsonian Magazine*, 6 March 2014, https://www.smithsonianmag. com/smart-news/how-taboos-around-menstruation-are-hurting-womens-health-180949992/.

8 Delaney et al., *The Curse*; Museum of Menstruation website, http://www. mum.org/collection.htm.

9 Kat Eschner, 'The Surprising Origins of Kotex Pads', *Smithsonian Magazine*, 11 August 2017, https://www.smithsonianmag.com/innovation/surprising-origins-kotex-pads-180964466/.

10 Eschner, 'Surprising Origins'.

11 Eschner, 'Surprising Origins'.

12 Vostral, *Under Wraps*, ch. 4.

13 Fetters, 'The Tampon'.

14 Kelly O'Donnell, 'The whole idea might seem a little strange to you: Selling the menstrual cup', *Technology Stories*, 4 December 2017, https://www. technology-stories.org/menstrual-cups/.

15 Delaney et al., *The Curse*.

16 Susan Dudley, Salwa Nassar, Emily Hartman and Sandy Wang, 'Tampon Safety', National Center for Health Research, http://www.center4research. org/tampon-safety/. They cite a 2015 Euromonitor report.

17 Andrew Adam Newman, 'Rebelling Against the Commonly Evasive Feminine Care Ad', *New York Times*, 16 March 2010.

18 Vibeke Venema, 'The Indian sanitary pad revolutionary', *BBC Magazine*, 4 March 2014.

19 Oni Lusk-Stover, Rosemary Rop, Elaine Tinsely and Tamer Samah Rabie, 'Globally,

periods are causing girls to be absent from school' , World Bank Blog: Education for Global Development, 27 June 2016, https://blogs. worldbank.org/education/globally-periods-are-causing-girls-be-absent-school.

20 Thomas Friedman, 'Cellphones, Maxi-Pads and Other Life-Changing Tools' , *New York Times*, 6 April 2007.

27 闭路电视

1 Albert Abramson, *The History of Television, 1942 to 2000* (Jefferson: McFarland, 2002).

2 Michael Marek, 'The V-2: the first space rocket' , Deutsche Welle, 2 October 2012, https://www.dw.com/en/the-v-2-the-first-space-rocket/a-16276064.

3 Bob Ward, *Dr. Space: The Life of Wernher Von Braun* (Annapolis: Naval Institute Press, 2005).

4 Abramson, *History of Television*.

5 Niall Jenkins, '245 million video surveillance cameras installed globally in 2014' , IHS Markit, 11 June 2015, https://technology.ihs.com/532501/245-million-video-surveillance-cameras-installed-globally-in-2014.

6 Dan Strumpf, Natasha Khan and Charles Rollet, 'Surveillance Cameras Made by China Are Hanging All Over the U.S.' , *Wall Street Journal*, 12 November 2017, https://www.wsj.com/articles/surveillance-cameras-made-by-china-are-hanging-all-over-the-u-s-1510513949.

7 Paul Mozur, 'Inside China's Dystopian Dreams: A.I., Shame and Lots of Cameras' , *New York Times*, 8 July 2018, https://www.nytimes. com/2018/07/08/business/china-surveillance-technology.html.

8 Matthew Carney, 'Leave no dark corner' , ABC, 17 September 2018, http://www.abc.net.au/news/2018-09-18/china-social-credit-a-model-citizen-in-a-digital-dictatorship/10200278.

9 Simina Mistreanu, 'Life Inside China's Social Credit Laboratory' , *Foreign Policy*, 3 April 2018, https://foreignpolicy.com/2018/04/03/life-inside-chinas-social-credit-laboratory/.

10 Mistreanu, 'China's Social Credit Laboratory' .

11 Mistreanu, 'China's Social Credit Laboratory' .

12 Mistreanu, 'China's Social Credit Laboratory' .

13 Henry Cowles, 'Orwell knew: we willingly buy the screens that are used against us' , Aeon, 24 July 2018, https://aeon.co/ideas/orwell-knew-we-willingly-buy-the-screens-that-are-used-against-us.

14 https://www.smbc-comics.com/comic/listening.

15 Scott Carey, 'Does Amazon Alexa or Google Home listen to my conversations?' , TechWorld, 25 May 2018, https://www.techworld.com/ security/does-amazon-alexa-listen-to-my-conversations-3661967/.

16 https://en.wikipedia.org/wiki/Panopticon.

28 色情作品

1 Lyrics by Robert Lopez and Jeff Marx; book by Jeff Whitty.
2 Mark Ward, ‘Web porn: Just how much is there?’, BBC News, 1 July 2013, https://www.bbc.co.uk/news/technology-23030090.
3 https://www.alexa.com/topsites (accessed 24 September 2018). Netflix ranked 26th, Pornhub 28th, LinkedIn 29th.
4 R. Dale Guthrie, *The Nature of Paleolithic Art* (Chicago: University of Chicago Press, 2005).
5 http://www.britishmuseum.org/explore/a_history_of_the_world/ objects.aspx#7.
6 Ilan Ben Zion, ‘4,000-year-old erotica depicts a strikingly racy ancient sexuality’, *Times of Israel*, 17 January 2014, https://www.timesofisrael. com/4000-year-old-erotica-depicts-a-strikingly-racy-ancient-sexuality/.
7 April Holloway, ‘Sex Pottery of Peru: Moche Ceramics Shed Light on Ancient Sexuality’, 6 May 2015, https://www.ancient-origins.net/artifacts-other-artifacts/sex-pottery-peru-moche-ceramics-shed-light-an cient-sexuality-003017.
8 https://en.wikipedia.org/wiki/Kama_Sutra.
9 Patchen Barss, *The Erotic Engine: How Pornography Has Powered Mass Communication, from Gutenberg to Google* (Toronto: Doubleday Canada, 2010).
10 Barss, *Erotic Engine*.
11 https://www.etymonline.com/word/pornography.
12 Barss, *Erotic Engine*.
13 Eric Schlosser, *Reefer Madness: Sex, Drugs, and Cheap Labor in the American Black Market* (New York: HMH, 2004).
14 Barss, *Erotic Engine*.
15 Jonathan Coopersmith, ‘Pornography, Videotape and the Internet’, *IEEE Technology and Society Magazine*, Spring 2000.
16 Peter H. Lewis, ‘Critics Troubled By Computer Study On Pornography’, *New York Times*, 3 July 1995, https://www.nytimes.com/1995/07/03/ business/critics-troubled-by-computer-study-on-pornography.html.
17 Barss, *Erotic Engine*.
18 Lewis Perdue, *EroticaBiz: How Sex Shaped the Internet* (Lincoln: Writers Club Press, 2002).
19 Joe Pinsker, ‘The Hidden Economics of Porn’, *Atlantic*, 4 April 2016, https://www.theatlantic.com/business/archive/2016/04/pornography-industry-economics-tarrant/476580/.
20 Jon Ronson, The Butterfly Effect, http://www.jonronson.com/butterfly.html.
21 Jon Ronson, ‘Jon Ronson on bespoke porn: “Nothing is too weird. We consider all

requests”’, *Guardian*, 29 July 2017, https://www.theguardian. com/culture/2017/jul/29/jon-ronson-bespoke-porn-nothing-is-too-weird-all-requests.

22 David Auerbach, ‘Vampire Porn’, Slate, 23 October 2014, http://www.slate. com/articles/technology/technology/2014/10/mindgeek_porn_monopoly_ its_dominance_is_a_cautionary_tale_for_other_industries.html.

23 https://www.youtube.com/watch?v=gTY1o0w_uEA.

24 Bruce Y. Lee, ‘In Case You Are Wondering, Sex With Robots May Not Be Healthy’, *Forbes*, 5 June 2018, https://www.forbes.com/sites/ brucelee/2018/06/05/in-case-you-are-wondering-sex-with-robots-may-not-be-healthy.

29 禁令

1 Daniel Okrent, *Last Call: The Rise and Fall of Prohibition* (New York: Simon and Schuster, 2010).

2 Walter A. Friedman, *Fortune Tellers: The Story of America's First Economic Forecasters* (Princeton, NJ: Princeton University Press, 2013).

3 Mark Thornton, *The Economics of Prohibition* (Salt Lake City: University of Utah Press, 1991).

4 Okrent, *Last Call*.

5 Thornton, *Economics of Prohibition*.

6 Lisa McGirr, *The War on Alcohol: Prohibition and the Rise of the American State* (New York: WW Norton, 2015).

7 Mark Thornton, ‘Cato Institute Policy Analysis No. 157: Alcohol Prohibition Was a Failure’, Cato Institute, 1991, https://object.cato.org/ sites/cato.org/files/pubs/pdf/pa157.pdf.

8 McGirr, *War on Alcohol*.

9 McGirr, *War on Alcohol*.

10 Thornton, *Economics of Prohibition*.

11 Thornton, *Economics of Prohibition*.

12 Gary S. Becker, ‘Crime and Punishment: An Economic Approach’, *Journal of Political Economy* 76.2 (1968): 169–217.

13 Tim Harford, ‘It's the humanity, stupid: Gary Becker has lunch with the FT’, 17 June 2006, http://timharford.com/2006/06/its-the-humanity-stupid-gary-becker-has-lunch-with-the-ft/.

14 Okrent, *Last Call*.

15 Okrent, *Last Call*.

16 Thornton, *Economics of Prohibition*.

17 Thornton, *Economics of Prohibition*.

18 Thornton, *Economics of Prohibition*.

19 Observation based on https://en.wikipedia.org/wiki/Prohibition (accessed 5

January 2019).

20 Eimor P. Santos, 'No alcohol, cockfights: What you can't do on May 14 election day', CNN Philippines, 12 May 2018, http://cnnphilippines.com/ news/2018/05/12/Gun-ban-liquor-ban-what-you-cant-do-on-May-14-election-day.html.

21 'Alcohol sales ban tightened for Asanha Bucha, Lent', *The Nation*, 26 July 2018, http://www.nationmultimedia.com/detail/breakingnews/30350856.

22 Brian Wheeler, 'The slow death of prohibition', BBC News, 21 March 2012, https://www.bbc.co.uk/news/magazine-17291978.

23 https://en.wikipedia.org/wiki/Blue_laws_in_the_United_States.

24 'Revisiting Bootleggers and Baptists', Policy Report, Cato Institute, 17 September 2014, https://www.cato.org/policy-report/ septemberoctober-2014/revisiting-bootleggers-baptists.

25 Philip Wallach and Jonathan Rauch, 'Bootleggers, Baptists, bureaucrats, and bongs: How special interests will shape marijuana legalization', Center for Effective Public Management at Brookings, June 2016, https://www. brookings.edu/wp-content/uploads/2016/07/bootleggers.pdf.

26 https://en.wikipedia.org/wiki/Legality_of_cannabis.

27 Christopher Snowdon, IEA Discussion Paper No. 90, 'Joint Venture: Estimating the Size and Potential of the UK Cannabis Market', Institute for Economic Affairs, 2018, https://iea.org.uk/wp-content/uploads/2018/06/ DP90_Legalising-cannabis_web-1.pdf.

28 'Ending the Drug Wars', Report of the LSE Expert Group on the Economics of Drug Policy, London School of Economics and Political Science, 2014, http://eprints.lse.ac.uk/56706/1/Ending_the%20_ drug_wars.pdf.

29 Sarah Sullivan, 'Support for Grass Grows: 4 Steps to Keeping Workplaces Safe With New Marijuana Laws', Lockton Companies, 2017, https://www.lockton. com/whitepapers/Sullivan_Legalizing_Marijuana_April_2017_lo_res.pdf.

30 "点赞"

1 https://dharmacomics.com/about/.

2 Julian Morgans, 'The Inventor of the "Like" Button Wants You to Stop Worrying About Likes', Vice, 6 July 2017, https://www.vice.com/en_uk/ article/mbag3a/the-inventor-of-the-like-button-wants-you-to-stop-worrying-about-likes.

3 Trevor Haynes blog, 'Dopamine, Smartphones & You: A battle for your time', 1 May 2018, http://sitn.hms.harvard.edu/flash/2018/ dopamine-smartphones-battle-time/; Bethany Brookshire, 'Dopamine Is ______: Is it love? Gambling? Reward? Addiction?', 3 July 2013, http://www.slate.com/articles/health_and_science/science/2013/07/what_ is_dopamine_love_lust_sex_addiction_gambling_motivation_reward.html; Adam Alter, *Irresistible* (New York: Penguin Books, 2017).

4 Morgans, 'The Inventor'.

5 Victor Luckerson, 'The Rise of the Like Economy' , The Ringer, 15 February 2017, https://www.theringer.com/2017/2/15/16038024/how-the-like-button-took-over-the-internet-ebe778be2459.

6 https://www.quora.com/Whats-the-history-of-the-Awesome-Button-that-eventually-became-the-Like-button-on-Facebook.

7 Gayle Cotton, 'Gestures to Avoid in Cross-Cultural Business: In Other Words, "Keep Your Fingers to Yourself!"' , *Huffington Post*, 13 June 2013, https://www.huffingtonpost.com/gayle-cotton/cross-cultural-gestures_b_3437653.html.

8 Morgans, 'The Inventor' .

9 Hannes Grassegger and Mikael Krogerus, 'The Data That Turned the World Upside Down' , Motherboard, 28 January 2017, https://motherboard.vice. com/en_us/article/mg9vvn/how-our-likes-helped-trump-win.

10 Grassegger and Krogerus, 'The Data' .

11 Jacob Kastrenakes, 'Facebook will limit developers' access to account data' , The Verge, 21 March 2018, https://www.theverge.com/2018/3/21/17148726/facebook-developer-data-crackdown-cambr idge-analytica.

12 David Nield, 'You Probably Don't Know All the Ways Facebook Tracks You' , 8 June 2017, https://fieldguide.gizmodo.com/all-the-ways-facebook-tracks-you-that-you-might-not-kno-1795604150.

13 Rob Goldman, 'Hard Questions: What Information Do Facebook Advertisers Know About Me?' , Facebook, 23 April 2018, https://newsroom. fb.com/news/2018/04/data-and-advertising/.

14 Julia Angwin, Ariana Tobin and Madeleine Varner, 'Facebook (Still) Letting Housing Advertisers Exclude Users by Race' , ProPublica, 21 November 2017, https://www.propublica.org/article/facebook-advertising-discrimination-housing-race-sex-national-origin.

15 Julia Angwin, Madeleine Varner and Ariana Tobin, 'Facebook Enabled Advertisers to Reach "Jew Haters"' , ProPublica, 14 September 2017, https:// www.propublica.org/article/facebook-enabled-advertisers-to-reach-jew-haters.

16 BBC, 'Facebook data: How it was used by Cambridge Analytica' , BBC, https://www.bbc.co.uk/news/av/technology-43674480/facebook-data-ho w-it-was-used-by-cambridge-analytica.

17 Grassegger and Krogerus, 'The Data' .

18 Sam Machkovech, 'Report: Facebook helped advertisers target teens who feel "worthless"' , Ars Technica. 1 May 2017, https://arstechnica.com/ information-technology/2017/05/facebook-helped-advertisers-target-teens-who-feel-worthless/.

19 'Comments on Research and Ad Targeting' , Facebook, 30 April 2017, https://newsroom.fb.com/news/h/comments-on-research-and-ad-targeting/.

20 'Facebook admits failings over emotion manipulation study' , BBC, 3 October 2014,

https://www.bbc.co.uk/news/technology-29475019.

21 Olivia Goldhill, ‘The psychology behind Cambridge Analytica is massively overhyped’, Quartz, 29 March 2018, https://qz.com/1240331/cambridge-analytica-psychology-the-science-isnt-that-good-at-manipulation/.

22 Mark Irvine, ‘Facebook Ad Benchmarks for YOUR Industry [Data]’, The Wordstream Blog, 28 February 2017, https://www.wordstream.com/blog/ws/2017/02/28/facebook-advertising-benchmarks.

31 木薯加工

1 https://www.damninteresting.com/the-curse-of-konzo/; Geoff Watts, ‘Hans Rosling: Obituary’, *Lancet*, 389.18 (February 2017), https://www. thelancet.com/pdfs/journals/lancet/PIIS0140-6736(17)30392-6.pdf.

2 J. Henrich and R. McElreath, ‘The evolution of cultural evolution’, *Evolutionary Anthropology: Issues, News, and Reviews* 12.3 (2003): 123–35, https://henrich.fas.harvard.edu/files/henrich/files/henrich_ mcelreath_2003.pdf.

3 http://www.burkeandwills.net.au/Brief_History/Chapter_15.htm.

4 Jared Diamond, *Guns, Germs and Steel* (New York: WW Norton, 2005), p. 296.

5 Joseph Henrich, *The Secret of Our Success* (Woodstock: Princeton University Press, 2016), ch. 3. See also Robert Boyd and Peter J. Richerson, *The Origin and Evolution of Cultures* (New York: Oxford University Press, 2005).

6 Cornell College of Agriculture and Life Sciences, https://poisonousplants. ansci.cornell.edu/toxicagents/thiaminase.html.

7 http://www.abc.net.au/science/articles/2007/03/08/2041341.htm; Henrich, *The Secret*, ch. 3.

8 http://www.fao.org/docrep/009/x4007e/X4007E04.htm#ch3.2.1.

9 Peter Longerich, *Holocaust: The Nazi Persecution and Murder of the Jews* (New York: Oxford University Press, 2010), pp. 281–2.

10 Henrich, *The Secret,* ch. 7.

11 Hipólito Nzwalo and Julie Cliff, ‘Konzo: From Poverty, Cassava, and Cyanogen Intake to Toxico-Nutritional Neurological Disease’, *PLOS Neglected Tropical Diseases*, June 2011. https://www.ncbi.nlm.nih.gov/pmc/ articles/PMC3125150/.

12 Amy Maxmen, ‘Poverty plus a poisonous plant blamed for paralysis in rural Africa’, https://www.npr.org/sections/thesalt/2017/02/23/515819034/ poverty-plus-a-poisonous-plant-blamed-for-paralysis-in-rural-africa.

13 A. P. Cardoso, E. Mirione, M. Ernesto, F. Massaza, J. Cliff, M. R. Haque, J. H. Bradbury, ‘Processing of cassava roots to remove cyanogens’, *Journal of Food Composition Analysis* 18 (2005): 451–60.

14 Henrich, *The Secret,* ch. 7.

15 Henrich, *The Secret*. The quote is from p. 99.

16 Maxime Derex, Jean-François Bonnefon, Robert Boyd, Alex Mesoudi, 'Causal understanding is not necessary for the improvement of culturally evolving technology', https://psyarxiv.com/nm5sh/.

17 Henrich, *The Secret*, ch. 2.

18 For example, A. Whiten et al., 'Social Learning in the Real-World', *PLOS ONE* 11.7 (2016), https://doi.org/10.1371/journal.pone.0159920.

19 Tyler Cowen and Joseph Henrich in conversation, https://medium.com/conversations-with-tyler/joe-henrich-culture-evolution-weird-psychology -social-norms-9756a97850ce.

32 养老金

1 Kim Hill and A.Magdalena Hurtado, *Aché Life History: The Ecology and Demography of a Foraging People* (London: Taylor & Francis, 1996), pp. 235–6.

2 Jared Diamond,*The World Until Yesterday: What Can We Learn from Traditional Societies?* (Harmondsworth: Penguin Books, 2012), pp. 215–16.

3 Diamond, *World Until Yesterday*, pp. 210, 227–8.

4 Diamond, *World Until Yesterday*, p. 234.

5 Robert L. Clark, Lee A. Craig and Jack W. Wilson, *A History of Public Sector Pensions in the United States* (Philadelphia: University of Pennsylvania Press, 2003).

6 Sarah Laskow, 'How Retirement Was Invented', *Atlantic*, 24 October 2014, https://www.theatlantic.com/business/archive/2014/10/how-retirement-was-invented/381802/.

7 *Social protection for older persons: Policy trends and statistics 2017–19*, International Labour Office, Social Protection Department, Geneva, 2018, available at https://www.ilo.org/wcmsp5/groups/public/---ed_protect/---soc_sec/documents/publication/wcms_645692.pdf.

8 World Bank, *Averting the Old Age Crisis: Policies to Protect the Old and Promote Growth* (1994) describes itself as 'the first comprehensive, global examination of this complex and pressing set of issues'.

9 OECD, *Pensions at a Glance, 2011* (2011), Figure 1.3, available at https:// www.oecd-ilibrary.org/docserver/pension_glance-2011-5-en.pdf.

10 https://www.oecd-ilibrary.org/economics/oecd-factbook-2015-2016/ total-fertility-rates_factbook-2015-table3-en.

11 World Economic Forum, 'We'll Live to 100 – How Can We Afford It?', May 2017, available at: http://www3.weforum.org/docs/WEF_White_ Paper_We_Will_Live_to_100.pdf.

12 *Economist*, *Falling Short. Pensions Special Report*, 9 April 2011, p. 7.

13 *Economist*, *Falling Short*, p. 1.

14 OECD, *Financial Incentives and Retirement Savings* (2018), available at: https:// doi.

org/10.1787/9789264306929-en.

15 ‘We’ll Live to 100’ .

16 https://www.youtube.com/watch?v=mS9LCR5P5wI.

17 Henrik Cronqvist, Richard H. Thaler and Frank Yu, *When Nudges Are Forever: Inertia in the Swedish Premium Pension Plan,* AEA Papers and Proceedings 108 (May 2018).

18 See e.g. World Economic Forum, *Investing in (and for) Our Future* (2019), p. 21, available at: http://www3.weforum.org/docs/WEF_Investing_in_our_ Future_report_2019.pdf.

19 Diamond, *World Until Yesterday*, p. 214.

33 QWERTY 键盘

1 Koichi Yasuoka and Motoko Yasuoka, ‘On the Prehistory of QWERTY’ , *ZINBUN* 42 (2011): 161–74, https://doi.org/10.14989/139379.

2 Paul David, ‘Clio and the Economics of QWERTY’ , *American Economic Review* 75 (May 1985): 332–7.

3 Jimmy Stamp, ‘Fact of fiction? The Legend of the QWERTY keyboard’ , *Smithsonian Magazine* 3 (May 2013), https://www.smithsonianmag.com/ arts-culture/fact-of-fiction-the-legend-of-the-qwerty-keyboard-49863249/.

4 Stan Liebowitz and Stephen Margolis, ‘The Fable of the Keys’ , *Journal of Law & Economics* XXXIII (April 1990), https://www.utdallas.edu/~liebowit/ keys1.html.

5 Victor Keegan, ‘Will MySpace Ever Lose Its Monopoly?’ , *Guardian*, 8 February 2007, https://www.theguardian.com/technology/2007/feb/08/ business.comment.

34 朗式蜂箱

1 Bernard Mandeville, *The Fable of the Bees or Private Vices, Publick Benefits*, vol. 1 (1732).

2 James Meade, ‘External Economics and Diseconomies in a Competitive Situation’ , *Economic Journal* 62.245 (1952), https://www.jstor.org/ stable/2227173.

3 Bee Wilson, *The Hive: The Story of the Honeybee and Us* (London: John Murray, 2004).

4 Randal Rucker and Walter Thurman, ‘Colony Collapse Disorder: The Market Response to Bee Disease’ , *PERC Policy Series* 50 (2012).

5 https://patents.google.com/patent/US9300A/en.

6 Wilson, *Hive,* pp. 222–5.

7 Steven N. S. Cheung, ‘The Fable of the Bees: An Economic Investigation’ , *Journal of Law and Economics* 16.1 (1973): 11–33.

8 *Economic Impacts of the California Almond Industry* (University of California Agricultural Issues Center), Appendix 2, http://aic.ucdavis.edu/almonds/ Economic%20Impacts%20of%20California%20Almond%20Industry_ Full%20Report_FinalPDF_

v2.pdf .

9 Byard Duncan, 'California's almond harvest has created a golden opportunity for bee thieves' , *Reveal News*, 8 October 2018, https://www. revealnews.org/article/californias-almond-harvest-has-created-a-golden-opportunity-for-bee-thieves/.

10 Sources vary as to how many. An article in *Scientific American* says between 20 and 80 billion, depending on various assumptions, https://www.scientificamerican.com/article/migratory-beekeeping-mind-boggling-math/; Dave Goulson's *Bee Quest* (London: Jonathan Cape, 2017) puts the number at 80 billion. Professor Goulson is a bumblebee expert but gives no source for this number.

11 Wilson, *Hive*, p. 54.

12 Goulson, *Bee Quest*, pp. 115–20.

13 Shawn Regan, 'How Capitalism Saved The Bees' , https://www.perc. org/2017/07/20/how-capitalism-saved-the-bees/; Econtalk podcast: Wally Thurman on bees, beekeeping and Coase, http://www.econtalk.org/wally-thurman-on-bees-beekeeping-and-coase/ 16 Dec 2013. Also the House of Commons Library report on the UK Bee Population, published 10 November 2017, concluded that wild bee populations in the UK were in decline, while managed populations of honeybees and bumblebees were expanding, https://researchbriefings.parliament.uk/ResearchBriefing/ Summary/CDP-2017-0226.

14 https://www.gov.uk/government/news/a-boost-for-bees-900-million-countryside-stewardship-scheme.

35 水坝

1 Norman Smith, *A History of Dams* (London: Peter Davies, 1971), http:// www.hydriaproject.info/en/egypt-sadd-al-kafara-dam/waterworks22/.

2 'The Ups and Downs of Dams' , *Economist*, 22 May 2010, https://www. economist.com/special-report/2010/05/22/the-ups-and-downs-of-dams.

3 *BP Statistical Review of World Energy* (2019), p. 9, https://www. bp.com/content/dam/bp/business-sites/en/global/corporate/pdfs/ energy-economics/statistical-review/bp-stats-review-2019-full-report.pdf.

4 Smith, *Dams*.

5 Charles Perrow, *Normal Accidents* (Chichester: Princeton University Press, 1999); Matthys Levy and Mario Salvadori, *Why Buildings Fall Down* (New York: WW Norton, 2002).

6 Protocol Additional to the Geneva Conventions of 12 August 1949, and relating to the Protection of Victims of International Armed Conflicts (Protocol I), 8 June 1977. Article 56, https://ihl-databases.icrc.org/ihl/ WebART/470-750071.

7 Benedict Mander, 'Brazil's Itaipú dam treaty with Paraguay up for renewal' , *Financial Times*, 20 September 2017, https://www.ft.com/content/bf02af96-7eb8-11e7-ab01-a13271d1ee9c.

8 'Ups and Downs', *Economist.*
9 120,000, according to both anthropologist Thayer Scudder – https://link. springer.com/book/10.1007%2F978-981-10-1935-7 – and Smith, *Dams*. The National Geographic Society puts the figure much lower, at 50,000, https://www.nationalgeographic.org/thisday/jul21/aswan-dam-completed/.
10 Elinor Ostrom, 'Incentives, Rules of the Game, and Development', Annual Bank Conference of Development Economics, World Bank, May 1995.
11 Esther Duflo and Rohini Pande, 'Dams', *Quarterly Journal of Economics*, MIT Press 122.2 (2007): 601–46.
12 Sheila M. Olmstead and Hilary Sigman, 'Damming the Commons: An Empirical Analysis of International Cooperation and Conflict in Dam Location', *Journal of the Association of Environmental and Resource Economists,* University of Chicago Press 2.4 (2015): 497–526.
13 Heba Saleh and Tom Wilson, 'Tensions rise between Ethiopia and Egypt over use of river Nile', *Financial Times*, 20 October 2019, https://www. ft.com/content/b0ae7a52-f18d-11e9-ad1e-4367d8281195.
14 Asit K. Biswas, 'Aswan Dam Revisited: The Benefits of a Much-Maligned Dam', *Development and Cooperation* 6 (November/December 2002): 25–7, https://www.icid.org/aswan_paper.pdf; and 'The Aswan High Dam', https://www.water-technology.net/projects/aswan-high-dam-nile-sudan-egypt/.
15 Duflo and Pande, 'Dams'.

36 火

1 E. C. Pulaski, 'Surrounded by Forest Fires: My Most Exciting Experience as a Forest Ranger', American Forestry, available at https://foresthistory. org/wp-content/uploads/2017/02/Surrounded-by-Forest-Firest-By-E.C.-Pulaski.pdf.
2 Pulaski, 'Surrounded'.
3 The Great Fire of 1910. Available at: https://www.fs.usda.gov/Internet/ FSE_DOCUMENTS/stelprdb5444731.pdf.
4 Pulaski, 'Surrounded'.
5 Andrew C. Scott, David M. J. S. Bowman, William J. Bond, Stephen J. Pyne, Martin E. Alexander, *Fire on Earth – an Introduction* (Chichester: Wiley-Blackwell, 2014).
6 Andrew C. Scott, *Burning Planet: The Story of Fire Through Time* (Oxford: Oxford University Press, 2018).
7 Charles Q. Choi, 'Savanna, Not Forest, Was Human Ancestors' Proving Ground', 3 August 2011, https://www.livescience.com/15377-savannas-human-ancestors-evolution.html.
8 'I Wan'na Be Like You (The Monkey Song)', lyrics available at: http:// disney.wikia.com/wiki/I_Wan%27na_Be_Like_You.

9 Dennis Sandgathe and Harold L. Dibble, 'Who Started the First Fire?' , 26 January 2017, https://www.sapiens.org/archaeology/neanderthal-fire/.
10 J. A. J. Gowlett, 'The discovery of fire by humans: a long and convoluted process' , available at: http://rstb.royalsocietypublishing.org/ content/371/1696/20150164.
11 Martha Carney, 'Local knowledge says these raptors hunt with fire' , 25 February 2018, https://www.futurity.org/firehawks-fire-birds-1687992-2/.
12 Sandgathe and Dibble, 'Who Started' .
13 Gowlett, 'The discovery' .
14 Scott, *Burning Planet.*
15 Richard Wrangham, *Catching Fire: How Cooking Made Us Human* (London: Profile Books, 2009).
16 J. A. J. Gowlett, 'Firing Up the Social Brain' , University of Liverpool, *Proceedings of the British Academy* 158 (January 2012), https://www. researchgate.net/publication/281717936_Firing_Up_the_Social_Brain.
17 Stephen J. Pyne, 'The Fire Age' , 5 May 2015, https://aeon.co/essays/ how-humans-made-fire-and-fire-made-us-human.
18 World Health Organization, 'Household air pollution and health' , 8 May 2018, http://www.who.int/news-room/fact-sheets/detail/household-air-pollution-and-health.
19 Scott, *Burning Planet.*
20 Scott, *Burning Planet.*
21 Greg Ip, *Foolproof: Why Safety Can Be Dangerous and How Danger Makes Us Safe* (London: Hachette UK, 2015).

37 石油

1 Lisa Margonelli, *Oil on the Brain* (New York: Penguin Random House, 2007), p. 285.
2 'Pithole's Rise And Fall' , *New York Times*, 26 December 1879, https:// timesmachine.nytimes.com/timesmachine/1879/12/26/80704720.pdf.
3 Matthew Yeomans, *Oil* (New York: New Press, 2004), pp. xvi–xvii.
4 *BP Statistical Review of World Energy 2018*, p. 9, https://www. bp.com/content/dam/bp/business-sites/en/global/corporate/pdfs/ energy-economics/statistical-review/bp-stats-review-2018-full-report.pdf.
5 Eliot Jones, *The Trust Problem in the United States* (New York: Macmillan, 1921), p. 47, https://archive.org/details/ trustprobleminu00jonegoog/page/n72.
6 Maria Gallucci, 'Container Ships Use Super-Dirty Fuel. That Needs To Change' , *Wired*, 9 November 2017, https://www.wired.com/story/container-ships-use-super-dirty-fuel-that-needs-to-change/.
7 James Hamilton, 'Oil Shocks and Recession' , *Econbrowser*, April 2009, http://econbrowser.com/archives/2009/04/oil_shocks_and_1; and Justin Lahart, 'Did The Oil Price Boom Of 2008 Cause Crisis?' , *Wall Street Journal*, 3 April 2009, https://

blogs.wsj.com/economics/2009/04/03/did-the-oil-price-boom-of-2008-cause-crisis/.

8 Daniel Yergin, *The Prize* (London: Simon and Schuster, 1991), pp. 11–12.

9 'Britain Fights Oil Nationalism', *New York Times Archive*, https:// archive.nytimes.com/www.nytimes.com/library/world/ mideast/041600iran-cia-chapter1.html.

10 Javier Blas and Will Kennedy, 'Saudi Aramco's $2 Trillion Zombie IPO', *Bloomberg*, 7 July 2018, https://www.bloomberg.com/news/ articles/2018-07-07/saudi-aramco-s-2-trillion-zombie-ipo.

11 Anthony J. Venables, 'Using Natural Resources for Development: Why Has It Proven So Difficult?', *Journal of Economic Perspectives* 30.1: 161–84, doi:10.1257/jep.30.1.161; and Michael Ross, 'What Have We Learned about the Resource Curse?', *Annual Review of Political Science* 18 (2015): 239–59, doi:10.1146/annurev-polisci-052213-040359.

12 Alexandra Starr, 'Caracas: Living Large On Oil', *American Scholar*, 1 March 2007, https://theamericanscholar.org/letter-from-caracas/#.XFg50lz7SUk.

13 Bill Gates, 'Beating Nature at Its Own Game', *Gates Notes*, 14 March 2018, https://www.gatesnotes.com/Energy/Beating-Nature.

14 Spencer Dale, 'New Economics of Oil', Speech to the Society of Business Economists Annual Conference, 13 October 2015.

38 橡胶硫化工艺

1 Sharon Sliwinski, *The Kodak on the Congo* (London: Autograph ABP, 2010), available at: https://www.academia.edu/2464487/ In_the_early_1900s_the_missionaries_Alice_Seeley_Harris.

2 Adam Hochschild, *King Leopold's Ghost* (New York/Boston: Mariner Books, 1999), p. 120.

3 Sliwinski, *Kodak on the Congo*.

4 Hochschild, *Leopold's Ghost*, p. 120.

5 Bradford Kinney Peirce, *Trials of an Inventor: Life and Discoveries of Charles Goodyear* (New York: Carlton & Porter, 1868).

6 Charles Sack, *Noble Obsession: Charles Goodyear, Thomas Hancock, and the Race to Unlock the Greatest Industrial Secret of the Nineteenth Century* (New York: Hyperion, 2002).

7 Sack, *Noble Obsession*.

8 Sack, *Noble Obsession*.

9 Sack, *Noble Obsession*.

10 Hochschild, *Leopold's Ghost*, p. 158.

11 Sack, *Noble Obsession*.

12 Hochschild, *Leopold's Ghost*, p. 158.

13 Hochschild, *Leopold's Ghost*, pp. 160–2.

14 World Rubber Industry, 23 June 2016, https://www.prnewswire.com/ news-releases/world-rubber-industry-300289614.html.

15 U.S. Synthetic Rubber Program, American Chemical Society, https:// www.acs.org/content/acs/en/education/whatischemistry/landmarks/ syntheticrubber.html.

16 Sheldon Brown and John Allen, 'Bicycle Tires and Tubes', https://www.sheldonbrown.com/tires.html.

17 Michelle Labbe, 'Properties of Natural & Synthetic Rubber', Sciencing, https://sciencing.com/properties-natural-synthetic-rubber-7686133.html.

18 Charles C. Mann, 'Why We (Still) Can't Live Without Rubber', *National Geographic*, December 2015, https://www.nationalgeographic.com/ magazine/2016/01/southeast-asia-rubber-boom/.

19 Mbom Sixtus, 'Indigenous communities at risk as Chinese rubber firm uses land', 10 December 2018, https://www.aljazeera.com/indepth/ features/indigenous-communities-risk-chinese-rubber-firm-land-181209211730629.html.

39 沃德箱

1 Robert Fortune, *Three Years Wanderings in the Northern Provinces of China* (London: Spottiswoode and Shaw, 1847), available at: http://www. gutenberg.org/files/54720/54720-h/54720-h.htm.

2 Nathaniel Bagshaw Ward, *On the Growth of Plants in Closely Glazed Cases* (London: John van Voorst, 1842).

3 Maggie Campbell-Culver, *The Origin of Plants: The people and plants that have shaped Britain's garden history since the year 1000* (London: Transworld, 2001).

4 Ward, *Growth of Plants*.

5 Ward, *Growth of Plants*.

6 Toby Musgrave, Chris Gardner, Will Musgrave, *The Plant Hunters. Two Hundred Years of Adventure and Discovery Around the World* (London: Seven Dials, 1999).

7 Musgrave et al. *The Plant Hunters*.

8 Christopher Thacker, *The History of Gardens* (Berkeley, CA: University of California Press, 1979).

9 https://en.wikipedia.org/wiki/William_Cavendish,_6th_Duke_of_Devonshire.

10 R. R. Resor, 'Rubber in Brazil: Dominance and Collapse, 1876–1945', *Business History Review* 51.03 (1977): 341–66, doi:10.2307/3113637.

11 Sarah Rose, *For All the Tea in China: Espionage, Empire and the Secret Formula for the World's Favourite Drink* (London: Random House, 2013).

12 Rose, *For All the Tea*.

13 Fortune, *Three Years Wanderings*.

14 Luke Keogh, 'The Wardian Case: How a Simple Box Moved the Plant Kingdom', *Arnoldia* 74.4 (May 2017), Arnold Arboretum of Harvard University, available at: http://

arnoldia.arboretum.harvard.edu/pdf/ issues/2017-74-4-Arnoldia.pdf.

15 Keogh, 'Wardian Case' .

16 Daniel R. Headrick, *The Tools of Empire: Technology and European Imperialism in the Nineteenth Century* (Oxford: Oxford University Press, 1981).

40 玻璃纸

1 'You're The Top' , Cole Porter, lyrics at: https://www.lyricsmode.com/ lyrics/c/cole_porter/youre_the_top.html.

2 'Plastic-wrapped bananas and the "kiwi spoon" : your packaging peeves' , *Guardian*, 29 August 2017, https://www.theguardian.com/ sustainable-business/2017/aug/29/plastic-packaging-peeves-straws-avocados-single-use-waste-supermarkets-your-photos.

3 'Are seafood lovers really eating 11,000 bits of plastic per year?' , Reality Check team, BBC News, 17 December 2017, https://www.bbc.co.uk/news/ science-environment-42270729.

4 Stephen Fenichell, *Plastic: The Making of a Synthetic Century* (London: Harper-Business, 1996).

5 Heather S. Morrison, *Inventors of Food and Agriculture Technology* (New York: Cavendish Square Publishing, 2015).

6 Ai Hisano, *Cellophane, the New Visuality, and the Creation of Self-Service Food Retailing*, Harvard Business School Working Paper (2017): 17–106.

7 David A. Hounshell, John Kenly Smith, Jr, Victor Smith, *Science and Corporate Strategy: Du Pont R and D, 1902–1980* (Cambridge: Cambridge University Press, 1988).

8 *Inventors and Inventions*, vol. 1, Marshall Cavendish, 2008.

9 Hounshell et al., *Science and Corporate Strategy*.

10 Hisano, *Cellophane*.

11 Craig Davidson and Fred Orval Briton, *How to Make Money Selling Meat* (The Progressive Grocer, 1937), cited in Hisano, *Cellophane*.

12 Hisano, *Cellophane*.

13 Mary Bellis, 'The Inventor of Saran Wrap' , Thoughtco, 19 November 2019, https://www.thoughtco.com/history-of-pvdc-4070927.

14 Alan Greene, *Raising Baby Green: The Earth-Friendly Guide to Pregnancy, Childbirth, and Baby Care* (San Francisco: John Wiley & Sons, 23 Dec 2010), p. 151, https://books.google.co.uk/books?id=GstzPDifvsIC&pg=PA151.

15 https://en.wikipedia.org/wiki/Phase-out_of_lightweight_plastic_bags.

16 'Types of Plastic Packaging' , The Waste and Resources Action Programme (WRAP), http://www.wrap.org.uk/collections-and-reprocessing/ dry-materials/plastics/guidance/types-plastic-packaging.

17 Alexander H. Tullo, ‘The cost of plastic packaging’, *Chemical & Engineering News* 94.41 (17 October 2016): 32–7, https://cen.acs.org/articles/94/i41/ cost-plastic-packaging.html.

18 See e.g. Lars G. Wallentin, ‘Multi-layer materials’, 6 January 2018, http:// www.packagingsense.com/2018/01/06/multi-layer-materials/ and Tom Szaky, ‘Is less packaging really good for the environment?’, 12 March 2015, https://www.weforum.org/agenda/2015/03/is-less-packaging-really-good-for-the-environment/.

19 *Packaging in Perspective*, Advisory Committee on Packaging, October 2008, http://webarchive.nationalarchives.gov.uk/20130403095620/http:// archive.defra.gov.uk/environment/waste/producer/packaging/documents/ packaginginperspective.pdf.

20 *Packaging in Perspective*.

21 Sam Knight, ‘Plastic – The Elephant In The Room’, *Financial Times*, 26 April 2008.

22 Knight, ‘Plastic’.

23 *Packaging in Perspective*.

24 *Life Cycle Assessment of grocery carrier bags*, Environmental Project no. 1985, The Danish Environmental Protection Agency (February 2018), https://www2.mst.dk/Udgiv/ publications/2018/02/978-87-93614-73-4.pdf.

25 *Life Cycle Assessment*.

26 See e.g. *The New Plastics Economy: Rethinking the future of plastics*, Ellen MacArthur Foundation, 19 January 2016, https://www.ellenmacarthurfoundation.org/publications/the-new-plastics-economy-rethinking-the-future-of-plastics.

41 回收利用

1 https://en.wikipedia.org/wiki/Palimpsest.

2 Martin Medina, *The World's Scavengers: Salvaging for Sustainable Consumption and Production* (Lanham, MD): AltaMira Press, 2007), pp. 20–21.

3 Dard Hunter, *Papermaking: The History and Technique of an Ancient Craft*, 2nd ed (New York: Knopf, 1957), p. 54, quoted on ‘Some of the Earliest Paper Recycling Occurred in Japan’, Jeremy Norman's online History of Information, http://www.historyofinformation.com/expanded.php?id=3977.

4 Medina, *The World's Scavengers*, 2007), p. 70.

5 *Life*, 1 August 1955, available at: https://books.google.co.uk/ books?id=xlYEAAAAMBAJ&pg=PA43.

6 Olivia B. Waxman, ‘The History of Recycling in America Is More Complicated Than You May Think’, *Time*, 15 November 2016, http://time. com/4568234/history-origins-recycling/.

7 https://www.youtube.com/watch?v=j7OHG7tHrNM.

8 Ginger Strand, ‘The Crying Indian’, *Orion* Magazine, 20 November 2008, https://orionmagazine.org/article/the-crying-indian/.

9 Finis Dunaway, 'The "Crying Indian" ad that fooled the environmental movement', *Chicago Tribune*, 21 November 2017, https://www. chicagotribune.com/news/opinion/commentary/ct-perspec-indian-crying-environment-ads-pollution-1123-20171113-story.html.

10 Michele Nestor, 'Facing the Reality of Recycling Economics', Waste360, 4 August 2016, https://www.waste360.com/business/facing-reality-recycling-economics.

11 Dunaway, '"Crying Indian" ad'.

12 Monic Sun and Remi Trudel, 'The Effect of Recycling versus Trashing on Consumption: Theory and Experimental Evidence', Boston University, 16 May 2016. Available at: https://www.researchgate.net/profile/Monic_Sun/publication/303263301_The_Effect_of_Recycling_versus_ Trashing_on_Consumption_Theory_and_Experimental_Evidence/links/573a555d08ae9f741b2ca8e1/The-Effect-of-Recycling-versus-Trashing-on-Consumption-Theory-and-Experimental-Evidence.pdf.

13 John Tierney, 'The Reign of Recycling', *New York Times*, 3 October 2015, https://www.nytimes.com/2015/10/04/opinion/sunday/ the-reign-of-recycling.html.

14 Tierney, 'Reign of Recycling'.

15 Tita, 'Recycling'.

16 'Emerging economies are rapidly adding to the global pile of garbage', *Economist*, 27 September 2018, https://www.economist.com/ special-report/2018/09/29/emerging-economies-are-rapidly-adding-to-the-global-pile-of-garbage.

17 *Towards the Circular Economy*, World Economic Forum, January 2014, http://www3.weforum.org/docs/WEF_ENV_TowardsCircularEconomy_ Report_2014.pdf.

18 https://www.bbc.co.uk/programmes/m0000t55.

19 Monica Nickelsburg, 'Meet the TrashBot: CleanRobotics is using machine learning to keep recycling from going to waste', 5 February 2018, https:// www.geekwire.com/2018/meet-trashbot-cleanrobotics-using-machine-learning-keep-recycling-going-waste/.

20 Hook and Reed, 'World's recycling system'.

42 矮秆小麦

1 Noel Vietmeyer, *Our Daily Bread: The Essential Norman Borlaug* (Lorton: Bracing Books, 2011).

2 Dr Paul R. Ehrlich, *The Population Bomb* (New York: Ballantine Books, 1968).

3 Vietmeyer, *Daily Bread*.

4 Charles C. Mann, *The Wizard and the Prophet: Two Groundbreaking Scientists and Their Conflicting Visions of the Future of Our Planet* (New York: Picador, 2018).

5 http://www.worldometers.info/world-population/ world-population-by-year/.

6 'Thomas Malthus (1766–1834)', BBC History, http://www.bbc.co.uk/ history/historic_figures/malthus_thomas.shtml.

7 Thomas Malthus, *An Essay on the Principle of Population, as it Affects the Future Improvement of Society with Remarks on the Speculations of Mr. Godwin, M. Condorcet, and Other Writers* (London, 1798).

8 *World Population Prospects: The 2017 Revision*, 21 June 2017, UN Department of Economic and Social Affairs, https://www.un.org/development/desa/ publications/world-population-prospects-the-2017-revision.html.

9 Mann, *The Wizard*.

10 Paul Ehrlich, 'Collapse of civilisation is a near certainty within decades' , interview with Damian Carrington, *Guardian*, 22 March 2018, https:// www.theguardian.com/cities/2018/mar/22/collapse-civilisation-near-certa in-decades-population-bomb-paul-ehrlich.

11 Mann, *The Wizard*.

12 Daniel Norero, 'GMO crops have been increasing yield for 20 years, with more progress ahead' , Cornell Alliance for Science, 23 February 2018, https://allianceforscience.cornell.edu/blog/2018/02/gmo-crops-increasing-yield-20-years-progress-ahead/.

13 Eric Niiler, 'Why Gene Editing Is the Next Food Revolution' , *National Geographic*, 10 August 2018, https://www.nationalgeographic.com/ environment/future-of-food/food-technology-gene-editing/.

14 Mann, *The Wizard*.

43 太阳能光伏

1 Ken Butti and John Perlin, *A Golden Thread: 2500 Years of Solar Architecture and Technology* (London: Marion Boyars, 1981).

2 Varun Sivaram, *Taming the Sun* (Cambridge, MA: MIT Press, 2018), p. 29.

3 Werner Weiss and Franz Mauthner, *Solar Heat Worldwide: Markets and Contribution to the Energy Supply 2010* (Gleisdorf: Institute for Sustainable Technologies, 2012), cited by Sivaram, *Taming*, p. 30.

4 Jon Gertner, *The Idea Factory* (London: Penguin, 2012), pp. 170–2.

5 Chris Goodall, *The Switch* (London: Profile, 2016).

6 Goodall, *The Switch*; also the International Renewable Energy Agency, http://www.irena.org/-/media/Images/IRENA/Costs/Chart/ Solar-photovoltaic/fig-62.png.

7 T. P. Wright, 'Factors Affecting the Cost of Airplanes' , *Journal of the Aeronautical Sciences* 3 (February 1936).

8 BCG Research summarised by Goodall in *The Switch*; also Martin Reeves, George Stalk and Filippo S. Pasini, 'BCG Classics Revisited: The Experience Curve' , https://www.bcg.com/publications/2013/growth-business-unit-strategy-experience-curve-bcg-classics-revisited.aspx.

9 François Lafond, Aimee G. Bailey, Jan D. Bakker, Dylan Rebois, Rubina Zadourian,

Patrick McSharry, J. Doyne Farmer, 'How well do experience curves predict technological progress?', *Technological Forecasting and Social Change*, 128 (2017), https://arxiv.org/abs/1703.05979.

10 Goodall, *The Switch*.

11 Sivaram, *Taming*, pp. 13–14.

12 Goodall, *The Switch*; Ed Crooks, 'US China solar duties fail to halt imports as EU prepares its move', *Financial Times*, 2 June 2013, https://www.ft.com/ content/a97482e8-c941-11e2-bb56-00144feab7de.

13 Pilita Clark, 'The Big Green Bang', *Financial Times*, 18 May 2017, https:// www.ft.com/content/44ed7e90-3960-11e7-ac89-b01cc67cfeec.

44 霍列瑞斯穿孔制表机

1 https://en.wikipedia.org/wiki/List_of_public_corporations_by_market_ capitalization (accessed 26 June 2019).

2 See e.g. 'The world's most valuable resource is no longer oil, but data', *Economist*, 6 May 2017, https://www.economist.com/leaders/2017/05/06/ the-worlds-most-valuable-resource-is-no-longer-oil-but-data.

3 https://en.wikipedia.org/wiki/List_of_public_corporations_by_market_ capitalization (accessed 26 June 2019) – see figures for first quarter 2011.

4 Bernard Marr, 'Here's Why Data Is Not The New Oil', *Forbes*, 5 March 2018, https://www.forbes.com/sites/bernardmarr/2018/03/05/heres-why-data-is-not-the-new-oil/.

5 A typical video ad on YouTube in 2019 cost between $0.10 and $0.30, according to Betsy McLeod, 'How much does it cost to advertise on YouTube in 2019?', Blue Corona, 27 February 2018, https://www. bluecorona.com/blog/how-much-does-it-cost-to-advertise-youtube.

6 Geoffrey D. Austrian, *Herman Hollerith: Forgotten Giant of Information Processing* (New York: Columbia University Press, 1982).

7 United States Census Bureau, 'Census in the Constitution', https:// www.census.gov/programs-surveys/decennial-census/about/ census-constitution.html.

8 James R. Beniger, *The Control Revolution: Technical and Economic Origins of the Information Society* (Cambridge, MA: Harvard University Press, 1986), p. 409.

9 Beniger, *Control Revolution*, p. 412.

10 Beniger, *Control Revolution*, p. 412.

11 Austrian, *Herman Hollerith*.

12 Robert L. Dorman, 'The Creation and Destruction of the 1890 Federal Census', *American Archivist* 71 (Fall/Winter 2008): 350–83.

13 Beniger, *Control Revolution*, p. 416.

14 Beniger, *Control Revolution*, p. 416.

15 Austrian, *Herman Hollerith*.

16 Adam Tooze, *Statistics and the German State 1900–1945: The Making of Modern Economic Knowledge* (Cambridge: Cambridge University Press, 2008).

17 Beniger, *Control Revolution*, p. 408.

18 Edwin Black, *IBM and the Holocaust: The Strategic Alliance between Nazi Germany and America's Most Powerful Corporation* (Washington DC, Dialog Press, 2001).

19 Beniger, *Control Revolution,* pp. 420–1.

20 https://en.wikipedia.org/wiki/List_of_public_corporations_by_market_ capitalization (accessed 26 June 2019) – see figures for first quarter 2013.

45 陀螺仪

1 Sean A. Kingsley, *The Sinking of the First Rate Victory (1744): A Disaster Waiting to Happen?* (London: Wreck Watch Int., 2015), http://victory1744. org/documents/ OMEPapers45_000.pdf.

2 https://www.telegraph.co.uk/history/11411508/Tory-Lord-defends-th e-treasure-hunt-for-HMS-Victory.html.

3 Sylvanus Urban, *The Gentleman's Magazine and Historical Chronicle*, London, vol. XXIV, for the year MDCCLIV, https://books.google.co.uk/ books?id=0js3AAAAYAAJ&pg=PA447.

4 Urban, *Gentleman's Magazine*.

5 Urban, *Gentleman's Magazine*.

6 https://blog.sciencemuseum.org.uk/john-smeaton-whirling-speculum/.

7 Urban, *Gentleman's Magazine*.

8 Silvio A. Bedini, *History Corner: The Artificial Horizon*, in *Professional Surveyor Magazine* Archives online, http://atlantic-cable.com/Article/Combe/ ArtificialHorizon/article.idc.html.

9 Ljiljana Veljović, 'History and Present of Gyroscope Models and Vector Rotators' , *Scientific Technical Review* 60.3–4 (2010): 101–111, http://www.vti. mod.gov.rs/ntp/rad2010/34-10/12/12.pdf.

10 Mario N. Armenise, Caterina Ciminelli, Francesco Dell' Olio, Vittorio M. N. Passaro, *Advances in Gyroscope Technologies* (Berlin: Springer, 2010).

11 'mCube Redefines MEMS Sensor Innovation by Unveiling the World's Smallest 1x1mm Accelerometer' , mCube, 27 October 2015, http://www. mcubemems.com/news-events/press-releases/mcube-mc3571-pr/.

12 'Light-powered gyroscope is world's smallest: Promises a powerful spin on navigation' , Nanowerk, 2 April 2015, https://www.nanowerk.com/ nanotechnology-news/newsid=39634.php.

13 'Remote Piloted Aerial Vehicles: An Anthology' , http://www.ctie.monash. edu.au/hargrave/rpav_home.html#Beginnings.

14 'The history of drones and quadcopters' , Quadcopter Arena, https:// quadcopterarena.

com/the-history-of-drones-and-quadcopters/.
15 Andrew J. Hawkins, 'Ehang's passenger-carrying drones look insanely impressive in first test flights', The Verge, 5 February 2018, https://www. theverge.com/2018/2/5/16974310/ehang-passenger-carrying-drone-first-test-flight.
16 Jiayang Fang, 'How e-commerce is transforming rural China', *New Yorker*, 16 July 2018, https://www.newyorker.com/magazine/2018/07/23/how-e-commerce-is-transforming-rural-china.
17 Nicole Kobie, 'Droning on: the challenges facing drone delivery', http:// www.alphr.com/the-future/1004520/droning-on-the-challenges-facin g-drone-delivery.
18 Neil Hughes, 'Startup plots drone-delivered packages that could securely fly in your window', 18 October 2016, https://oneworldidentity. com/startup-plots-drone-delivered-packages-that-could-secure ly-fly-in-your-window/.
19 'Can Amazon's Drones Brave Winter Storms?', PYMNTS, 1 January 2016, https://www.pymnts.com/in-depth/2016/can-amazons-drones-brave-winter-storms/.

46 电子数据表

1 Steven Levy, 'A Spreadsheet Way of Knowledge', Medium, 24 October 2014, https://medium.com/backchannel/a-spreadsheet-way-of-knowledge-8de60af7146e; *Harper's*, November 1984; *Planet Money*, 'Spreadsheets!', Episode 606, February 2015, http://www.npr.org/sections/ money/2015/02/25/389027988/episode-606-spreadsheets.
2 Dan Bricklin's personal website: http://www.bricklin.com/jobs96.htm.
3 Levy, 'A Spreadsheet Way of Knowledge'.
4 Peter Davis, 'The Executive Computer: Lotus 1-2-3 faces up to the upstarts', *New York Times*, 13 March 1988, https://www.nytimes.com/1988/03/13/ business/the-executive-computer-lotus-1-2-3-faces-up-to-the-upstarts.html.
5 Daniel and Richard Susskind, *The Future of the Professions* (Oxford: Oxford University Press, 2015), esp. ch. 2.
6 Stephen G. Powell, Kenneth R. Baker and Barry Lawson, 'A critical review of the literature on spreadsheet errors', *Decision Support Systems* 46.1 (December 2008): 128–38, http://dx.doi.org/10.1016/j.dss.2008.06.001.
7 Ruth Alexander, 'Reinhart, Rogoff ... and Herndon: The student who caught out the profs', BBC, 20 April 2013, https://www.bbc.co.uk/news/ magazine-22223190.
8 Lisa Pollack, 'A Tempest in a Spreadsheet', *Financial Times* Alphaville, https://ftalphaville.ft.com/2013/01/17/1342082/a-tempest-in-a-spreadsheet/; Duncan Robinson, 'Finance Groups Lack Spreadsheet Controls', *Financial Times*, 18 March 2013, https://www.ft.com/ content/60cea058-778b-11e2-9e6e-00144feabdc0#axzz2YaLVTi2m.

47 聊天机器人

1 Robert Epstein, 'From Russia, with Love: How I Got Fooled (and Somewhat Humi-

liated) by a Computer' , *Scientific American Mind* 18.5 (October/November 2007): 16–17.

2 A. M. Turing, 'Computing Machinery and Intelligence' , *Mind* 59 (1950): 433–60.

3 Brian Christian, *The Most Human Human* (New York: Doubleday, 2011).

4 Elizabeth Lopatto, 'The AI That Wasn't' , Daily Beast, 10 June 2014, https:// www.thedailybeast.com/the-ai-that-wasnt-why-eugene-goostman-didnt-pass-the-turing-test.

5 Brian Christian, 'The Samantha Test' , *New Yorker*, 30 December 2013.

6 Kenneth M. Colby, James B. Watt and John P. Gilbert, 'A Computer Method for Psychotherapy: Preliminary Communication' , *Journal of Nervous and Mental Diseases* 142.2 (1966): 148.

7 Erin Brodwin, 'I spent 2 weeks texting a bot about my anxiety' , *Business Insider*, 30 January 2018, https://www.businessinsider.com/therapy-chatbot-depression-app-what-its-like-woebot-2018-1; Dillon Browne, Meredith Arthur and Miriam Slozberg, 'Do Mental Health Chatbots Work?' , Healthline, 6 July 2018, https://www.healthline.com/health/mental-health/ chatbots-reviews.

8 Chris Baraniuk, 'How Talking Machines Are Taking Call Centre Jobs' , BBC News, 24 August 2018.

9 Alastair Sharp and Allison Martell, 'Infidelity website Ashley Madison facing FTC probe, CEO apologizes' , Reuters, 5 July 2016, https://www. reuters.com/article/us-ashleymadison-cyber-idUSKCN0ZL09J.

10 Christian, *Most Human Human*.

11 John Markoff, 'Automated Pro-Trump Bots Overwhelmed Pro-Clinton Messages, Researchers Say' , *New York Times*, 17 November 2016, https:// www.nytimes.com/2016/11/18/technology/automated-pro-trump-bot s-overwhelmed-pro-clinton-messages-researchers-say.html.

12 Adam Smith, *The Wealth of Nations* (1776), available at https://www.ibiblio. org/ml/libri/s/SmithA_WealthNations_p.pdf.

13 David Autor, 'Why Are There Still So Many Jobs? The History and Future of Workplace Automation' , *Journal of Economic Perspectives* 29.3 (Summer 2015): 3–30.

14 F. G. Deters and M. R. Mehl, 'Does Posting Facebook Status Updates Increase or Decrease Loneliness? An Online Social Networking Experiment' , *Social Psychological and Personality Science* 4.5 (2012), 10.1177/1948550612469233, doi:10.1177/1948550612469233.

48 立方星

1 Robert Smith, 'What Happened When "Planet Money" Went On A Mission To Adopt A Spacecraft' , NPR, 30 January 2018, https://www. npr.org/2018/01/30/581930126/what-happened-when-planet-money-w ent-on-a-mission-to-adopt-a-spacecraft.

2 Clive Cookson, 'Nano-satellites dominate space and spread spies in the skies' ,

Financial Times, 11 July 2016, https://www.ft.com/content/33ca3cba-3c50-11e6-8716-a4a71e8140b0.

3 Quoted in Leonard David, ‘Cubesats: Tiny Spacecraft, Huge Payoffs’, Space.com, 8 September 2004, https://www.space.com/308-cubesats-tin y-spacecraft-huge-payoffs.html.

4 John Thornhill, ‘A Space Revolution: do tiny satellites threaten our privacy?’, *Financial Times Magazine*, 17–18 February 2018, https://www. ft.com/content/c7e00344-111a-11e8-940e-08320fc2a277; R. S. Jakhu and J. N. Pelton, ‘Small Satellites and Their Regulation’, SpringerBriefs in Space Development, doi: 10.1007/978-1-4614-9423-2_3, Springer New York, 2014.

5 Swapna Krishna, ‘The Rise of Nanosatellites’, *The Week*, 25 April 2018, http://theweek.com/articles/761349/rise-nanosatellites.

6 Interview with Adam Storeygard, 11 July 2018.

7 Rocket Labs have been reported as offering a $100,000 launch for a 1U CubeSat: Jamie Smyth, ‘Small satellites and big data: a commercial space race hots up’, *Financial Times*, 24 January 2018, https://www.ft.com/ content/32d3f95e-f6c1-11e7-8715-e94187b3017e. The rocket brokers Spaceflight were quoting $295,000 for a 3U CubeSat in July 2018: http://spaceflight.com/schedule-pricing/.

8 Samantha Mathewson, ‘India Launches Record-Breaking 104 Satellites on Single Rocket’, Space.com, 15 February 2017, https://www.space.com/3570 9-india-rocket-launches-record-104-satellites.html.

9 Jon Porter, ‘Amazon will launch thousands of satellites to provide internet around the world’, The Verge, 4 April 2019, https://www.theverge. com/2019/4/4/18295310/amazon-project-kuiper-satellite-internet-low-earth-orbit-facebook-spacex-starlink.

10 Nanoracks company website: http://nanoracks.com/about-us/our-history/.

11 ‘Space 2: Wait, Why Are We Going To Space?’, *Planet Money*, 1 December 2017, https://www.npr.org/templates/transcript/transcript. php?storyId=566713606.

12 Dave Donaldson and Adam Storeygard, ‘The View from Above: Applications of Satellite Data in Economics’, *Journal of Economic Perspectives* 30.4 (Fall 2016): 171–98, https://www.aeaweb.org/articles?id=10.1257/jep.30.4.171.

13 Interview with Josh Bumenstock, 10 July 2018.

49 老虎机

1 Natasha Dow Schüll, *Addiction by Design: Machine Gambling in Las Vegas* (Woodstock: Princeton University Press, 2012).

2 Clifford Geertz, *The Interpretation of Cultures: Selected Essays* (New York: Basic Books, 1973).

3 Tim Harford, *The Logic of Life* (New York: Random House, 2008).

4 Rob Davies, ‘Maximum stake for fixed-odds betting terminals cut to £2’,

Guardian, 17 May 2018, https://www.theguardian.com/uk-news/2018/may/17/maximum-stake-for-fixed-odds-betting-terminals-cut-to-2.

5 Schüll, *Addiction by Design*.

6 Alexander Smith, 'Historical Interlude: The History of Coin-Op Part 2, From Slot Machines to Sportslands', They Create Worlds blog, 25 March 2015, https://videogamehistorian.wordpress.com/2015/03/25/historical-interlude-the-history-of-coin-op-part-2-from-slot-machines-to-sportlands/.

7 'No-armed Bandit', *99 Percent Invisible*, Episode 78, 30 April 2013, https://99percentinvisible.org/episode/episode-78-no-armed-bandit/.

8 University of Waterloo Gambling Research Lab video, 'Losses Disguised as Wins', 22 January 2013, https://uwaterloo.ca/gambling-research-lab/about/ video-stories.

9 C. Graydon, M. J. Dixon, M. Stange and J. A. Fugelsang, 'Gambling despite financial loss – the role of losses disguised as wins in multi-line slots', *Addiction* 114 (2019): 119–24, https://doi.org/10.1111/add.14406.

10 March Cooper, 'Sit and Spin: How slot machines give gamblers the business', *Atlantic*, December 2005, https://www.theatlantic.com/magazine/ archive/2005/12/sit-and-spin/304392/.

11 Lauren Slater, *Opening Skinner's Box* (London: Bloomsbury, 2004).

12 R. B. Breen and M. Zimmerman, 'Rapid Onset of Pathological Gambling in Machine Gamblers'. *Journal of Gambling Studies* 18.1 (Spring 2002): 31–43, doi:10.1023/A:1014580112648.

13 Nathan Lawrence, 'The Troubling Psychology of Pay-to-Loot Systems', IGN, 24 April 2017, https://uk.ign.com/articles/2017/04/24/the-troubling-psychology-of-pay-to-loot-systems.

14 Jackson Lears, *Something for Nothing* (New York: Viking, 2003).

50 国际象棋算法

1 'Kasparov vs Turing', University of Manchester press release, 26 June 2012, https://www.manchester.ac.uk/discover/news/kasparov-versus-turing/.

2 Frederic Friedel and Garry Kasparov, 'Reconstructing Turing's "Paper Machine"', ChessBase, 23 September 2017, https://en.chessbase.com/post/ reconstructing-turing-s-paper-machine.

3 https://twobithistory.org/2018/08/18/ada-lovelace-note-g.html.

4 Donald E. Knuth, 'Ancient Babylonian Algorithms', *Communications of the ACM* 15.7 (July 1972): 671–7; Jeremy Norman, 'Ancient Babylonian Algorithms: The Earliest Programs', http://www.historyofinformation.com/ detail.php?id=3920.

5 http://mathworld.wolfram.com/EuclideanAlgorithm.html.

6 Christopher Steiner, *Automate This* (New York: Portfolio Penguin, 2012); Claude E.

Shannon, 'A Symbolic Analysis of Relay and Switching Circuits', *Transactions of the American Institute of Electrical Engineers* 57.12 (December 1938): 713–23.

7 Claude E. Shannon, 'Programming a Computer for Playing Chess', *Philosophical Magazine* series 7, 41.314 (March 1950).

8 Douglas Hofstadter, *Gödel, Escher, Bach: An Eternal Golden Braid* (New York: Basic Books, 1979).

9 https://video.newyorker.com/watch/chess-grandmaster-garry-kasparov-replays-his-four-most-memorable-games/ – from around 5 minutes in.

10 James Somers, 'The Man Who Would Teach Machines to Think', *Atlantic*, November 2013, https://www.theatlantic.com/magazine/archive/2013/11/ the-man-who-would-teach-machines-to-think/309529/.

11 https://vqa.cloudcv.org/.

12 AI Index Report, 2019, https://hai.stanford.edu/ai-index/2019.

13 Hannah Kuchler, 'Google AI system beats doctors in detection tests for breast cancer', *Financial Times*, 1 January 2020, https://www.ft.com/con tent/3b64fa26-28e9-11ea-9a4f-963f0ec7e134; Daniel Susskind, *A World Without Work* (London: Allen Lane, 2020).

14 David H. Autor, Frank Levy and Richard J. Murnane, 'The skill content of recent technological change: An empirical exploration', *Quarterly Journal of Economics* 118.4 (2003): 1279–1333; Susskind, *World Without Work*.

15 Garry Kasparov, 'Chess, a *Drosophila* of reasoning', *Science*, 7 December 2018.

16 James Somers, 'How the artificial intelligence program AlphaZero mastered its games', *New Yorker*, 28 December 2018, https://www.newyorker.com/ science/elements/how-the-artificial-intelligence-program-alphazero-mastered-its-games.